〈 華志文化

華志文化

理想國
西方知識界必讀的經典

柏拉圖（古希臘）
Ploto/原著
吳松林、林國敬/譯者

本書是柏拉圖的盛年之作，大氣磅薄，博大精深，含哲學、教育、軍事、政治、倫理、文藝、詩歌，被稱為「哲學大全」。後世哲學家都從這裡創造各學說體系。

名家名譯
大師智慧

The Republic

西方文化最偉大的哲學家
人類正義問題的開山之作
天才般規劃了未來理想社會的藍本

《理想國》猶如《論語》，是一部不可不讀的經典，是柏拉圖的一篇重要對話錄，以蘇格拉底之口的對話方式設計了一個真、善、美相統一的政體，即可達到公正的理想國。

【推薦語】

　　柏拉圖延續了其師蘇格拉底的經典對話形式，囊括了他在政治學、倫理學、教育學、本體論和認識論等領域的成就；把哲學還給大眾，然思想回歸生活。延續哲學經典名著譯本的嚴謹性、權威性的特色以外，著重於通俗化、大眾化，盡可能用明白曉暢的語言來表述哲學巨匠的觀，使得西方古典哲學不再是讓人望而生畏的廟堂供奉，而是普及大眾的思想礦山。

＊ 前言 ＊

　　《理想國》是西方文化的經典，也是西方知識界必讀的經典。這本書是柏拉圖的盛年之作，大氣磅薄，思想博大精深，涉及當時各個方面的問題，包括哲學、教育、軍事、政治、倫理、文藝、詩歌，等等，被稱為「哲學大全」。後世哲學家無不從這裡汲取自身的營養，建構自己的學說體系。有學者指出：「關於全部西方哲學傳統的普遍特徵，可以最穩妥地概括為：全部西方哲學傳統都是對柏拉圖的一系列注腳。」①可見，《理想國》猶如中國之《論語》，是一部不可不讀的經典。

<small>① 英國數學家、哲學家阿佛列·諾夫·懷海德的言論。</small>

　　但鑒於中譯本專業術語過多、句式複雜，廣大讀者望而卻步，故此打算以通俗的語言重新移譯，意在為廣大讀者提供一本淺顯、明瞭但又不失深度的譯本。下面大致介紹一下全書的脈絡，以便讀者對全書有一個高屋建瓴的把握。

　　全書分為十卷，借蘇格拉底之口圍繞「什麼是正義」、「正義的性質是什麼」以及「正義者有利，還是不正義者更有利」幾個主題展開對話。

　　第一卷：開篇提出正義與不正義是什麼的問題，蘇格拉底和眾人圍繞這一問題展開激烈的討論，從中可以深刻地體驗到「辯證法」的風格和力量。蘇格拉底運用「辯證法」一步步揭露對方觀點的矛盾之處，進而一步步將其引向真理的大道。

　　第二卷：為了更容易發現正義與不正義之間的區別，他們著手建立理想國，論述了理想國中的法律、制度、教育等問題。

　　第三卷：繼續討論理想國中的教育，著重於什麼樣的詩歌和音

理想國The Republic

樂有益於人的教化問題。

第四卷：將人的靈魂分為三部分，即理性、激情和欲望，得出正義者應該是什麼樣的人，不正義者會是什麼樣的人，最後推出正義的定義。

第五卷：討論理想國中婦女和兒童的教育問題，以及婚嫁問題。接著提出理想國如何實現的問題，由此進入討論哲學家為王的主題。

第六卷：討論什麼是哲學家，哲學家應該具有什麼樣的知識。這卷柏拉圖提出兩個世界的劃分，將人的認識分為四部分，即四線段比喻說。此外他將善的理念作為最高的認識對象，作為人的最高價值依歸，更是哲學家所要追求的對象。

第七卷：討論人如何認識善的理念，從而成為一個真正的智者和正義者。柏拉圖認為應該透過學習算術、幾何、天文學、音律等入門知識，然後再透過學習辯證法，最後才能通達對善本身的認識。擁有這樣知識的人才是完美的人，在他統治下的國家才是完美的國家，從而回答了理想國何以可能實現的問題。

第八卷：重新回答第五卷中所提出的問題，比較最善政治與最惡政治之間的不同，意在回答正義者是不是最幸福的，不正義者是不是最不幸的問題。這卷柏拉圖還集中闡述四種政體以及這些政體下的個人性格。

第九卷：繼續第八卷的內容，比較最善和最善政治下的個人生活，得出最正義的人是最幸福的，最不正義的人是最不幸的結論，駁斥斯拉雪麥格關於不正義者是幸福的，正義者是不幸的論調。

第十卷：討論模仿的本質，認為天地萬物都是對理念的模仿，詩人和畫家是對模仿的模仿，所以難以接近善的理念。繼而回到正義者所應有的報酬和不正義者應有的懲罰上，以神話故事回答了正義者獲得種種報酬，不正義者獲得種種懲罰，並以之作為終極依據。

　　從以上的脈絡可以看出，《理想國》涉及各個領域，主題鮮明，邏輯森然，首尾一貫，不可不謂是一部恢宏巨著。

　　最後要向吳獻書先生致敬，他所翻譯的《理想國》譯本，在中文譯文版本中倍受推崇，本文稿在翻譯過程中著重參考了他的譯本。吳佳佳女士、李其中先生以及徐玲玲編輯在對文稿的整理和文字校對上給予了熱心的幫助，寧莉娜教授對本文稿的翻譯提出了許多有價值的意見，在此一併感謝！

　　　　　　　　　　　　　　　　林國敬謹識

理想國 The Republic

目 錄

第一卷 財產 正義 節制

　　參與論辯的人物有蘇格拉底、克拉根①、哀地孟德②、派拉麥克③、塞弗拉④、斯拉雪麥格⑤、克立托分⑥；另外還有眾多的旁聽者。以下的辯論是蘇格拉底在辯論結束後第二天於貝而斯⑦塞弗拉家轉述給泰茂、罕莫克拉底、克立西和一個不知姓名的人聽的。

　　我昨天和哀理斯敦⑧的兒子克拉根到了貝而斯，打算參加女神的獻祭，然後再看看當地人是如何舉辦這次賽會的，因為這是他們第一次舉辦這麼個大型賽會。到了這裡，我如願地參加了女神獻祭，觀看了賽會，覺得非常愜意。賽會舉辦得很好，跟司拉司⑨人舉辦的差不多。玩了許久之後，我覺得興致也差不多了，就準備回城。這時，塞弗拉的兒子派拉麥克遠遠地看見了我，便派他的僕人趕過來挽留我們，這個僕人從身後拉住我的衣服說：「派拉麥克先生請你們稍稍等一下。」

今譯為：「格勞孔」。

②今譯為：「阿得曼托斯」。

③今譯為：「玻勒馬霍斯」。

今譯為：「克法洛斯」。

今譯為：「沙拉敘馬霍斯」。詭辨派學家。

今譯為：「克勒托豐」。

⑦今譯為：「比雷埃夫斯港」。

⑧今譯為：「阿里斯同」。

今譯為：「色雷斯」。現屬希臘。

我轉過頭來，看見是派拉麥克的僕人，便問他：「你家主人在什麼地方啊？」

僕人：請你們稍稍等一下，我家主人馬上就到。

克拉根：那我們就等等他吧。

不一會兒，派拉麥克就到了，和他一起來的還有克拉根的弟弟哀地孟德、牛錫的兒子牛賽拉得，還有一些看過賽會的人。

派拉麥克：蘇格拉底，你們打算回城了嗎？

蘇格拉底：是的。

派拉麥克：你看看我們的人數是不是很多？

蘇格拉底：的確很多。

派拉麥克：你認為你們能強得過我們嗎？不是的話，你們就留在這裡。

蘇格拉底：我如果能說服你們讓我們回城也不可以嗎？

派拉麥克：如果我不喜歡聽你說教，你又怎麼能說服我們呢？

克拉根：是不能說服的。

派拉麥克：我是絕對不會聽你說教的，你就死了這條心吧。

哀地孟德：今天晚上有火炬賽馬，是為了向女神獻祭，你們難道還不知道嗎？

蘇格拉底：有馬嗎？這倒是第一次。是不是騎在馬背上，手裡拿著火把進行接力比賽啊？

哀地孟德：是的。今天晚上的慶祝會盛況非凡，你們應該留下來看一看啊！吃過晚飯後我們就去逛逛、看看表演。到那時肯定會有很多年輕人在那裡，我們可以借此機會暢談一番。我都為你們考慮好了，你們就不要再走了，留下來吧！

克拉根：真是非常感謝你們的殷勤挽留，那我們就留下來吧。

蘇格拉底：好的。

我們就和派拉麥克到了他的家裡，拜見了他的弟兄連歐斯和雨雪地麥，還有開而雪杜牛地方的司拉雪麥格、彼牛地方的楷莫乃

斯，哀李斯托泥麥的兒子克立托分。少長咸集，派拉麥克的父親塞弗拉也在家裡。他的父親年歲很大，我已經很久沒看見過他。他坐在帶靠墊的椅子上，頭上戴了花圈，大概正要準備獻祭。房子裡有很多椅子，被排列成半圓形，我們就在塞弗拉旁邊坐了下來。塞弗拉殷勤地款待我，並向我問好。

塞弗拉：蘇格拉底，你很久都沒有來看過我了。如果我身子骨還硬朗就能出來看你，也就不用你來了，但是我已經老了啊，不再像以前那樣能輕鬆進城拜訪你，所以也就希望你能常來看看我啊。當一個人對肉體上的享受越來越少時，那他對精神上的暢談也就要求越多。所以我希望你不要拒絕我的請求，你可以把這裡當成你逍遙的地方，也可以和這裡的年輕人交遊，雖然我年長於你，但請你不要拘束。

蘇格拉底：塞弗拉，平心而論，我很高興能和年長的人暢聊，我向來認為年長的人就像已經翻越千山萬水的老旅客，你們曾經遇到的坎坷也可能是我之後要經歷的，所以我對於過來人十分願意與他們探討一下旅途中的艱難險阻。塞弗拉，您的年紀已經跨進了詩人所謂的「老年之階」，所以我希望您能夠告訴我，人到了老年階段是否會更艱難？或者您有什麼其他的高見，能夠告訴我的？

塞弗拉：蘇格拉底，我很願意把我所領悟到的告訴你。我已經是上了年紀的人，正如古語所說：物以類聚，人以群分，像我們這樣年紀的人往往喜歡聚在一起，聊聊彼此的心事。我們聊得最多的無非就是「我不能像以前那樣吃喝玩樂，或是體驗愛情的快樂了」、「這些美好的事物已成過往了」或「兒時的快樂現在去哪找呢，這一生也就這樣啦」等。有些人則埋怨至親好友的忽視，有些人感慨年老是痛苦的根源。但依我看來，這說法不對。如果年老是造成種種苦難的成因，那麼我和其他老人應該有相同的感受，然而我和我熟識的人都沒有這樣的經歷，所以我敢斷言他們的抱怨並不恰當。我記得曾經有人問老詩人沙弗克里[10]：「人在老的時候還用得著談

11

情說愛嗎？你還是年輕時候的沙弗克里嗎？」他回答說：「別說了，我很高興我已經脫離你們所說的情愛了，這種脫離就像從一個暴君那裡脫離苦海一樣。」他的說法實在太確切了！我每次想到他說的這段話都會感歎它的真確性。到了老年時代，對於情愛一事已沒了興趣，但能使人清心寡欲，體會到另一番自由隨性的快樂感受，這種境界不僅是像從一個暴君手裡脫離苦海，更是從無數暴君那裡脫離苦海。之前那些年老者之所以會抱怨連連，其原因不在於年紀，而是在於他們的性情。如果一個人的性情是恬靜的、心平氣和的，那年齡大了對他們來說不是一種痛苦，要不然的話，不管是年老還是年少都少不了煩惱。

⑩今譯為：「索福克勒斯」（西元前 496 年～西元前 406 年），古希臘三大悲劇詩人之一。

我對於塞弗拉的話頗為佩服，並且想聽他繼續說下去，所以我故意激他。

蘇格拉底：您說得很對，但是我想一般人未必對您的話深信不疑，他們會認為您感覺不到年老所帶來的痛苦，是因為您家財萬貫，而不在於您的性情，有了錢就有了保障，那自然就能感到生活的美好了，這是人人都懂的道理。

塞弗拉：你說得很對，我也覺得別人是不會相信我所說的話，因為他們說的也很有道理，只是理由還不充足。以前哀拉分人⑪妄想誹謗西米斯托克里⑫，說他能夠功成名就並不是因為他的赫赫功績，而是因為他是一個雅典人。西米斯托克里回應說：「的確如此，如果我是哀拉分人，你是雅典人，那我和你都不會成名。」我今天也可以用這樣的方式來回答那些年老但卻不自省的人。一個好人卻一生貧困，他在年老的時候固然不好受，但一個惡人即使富有，他到了年老之時依舊是諸多憂懼，坐臥不安，他又哪來的快樂呢？

⑪今譯為：「塞里福斯人」。

⑫今譯為：「色彌斯托克勒」。西元前 4 世紀時期，雅典著名政治家。

蘇格拉底：我想問問您，您的財產大半是祖宗留下來的還是自己賺來的？

塞弗拉：大半都是我自己賺來的。你更想知道我自己賺來的佔多少吧。我賺錢的能力是介於祖父和父親之間的。我祖父所繼承的財產和我現在擁有的差不多，但是透過我祖父的經營，它翻了好幾倍。傳到我父親衰連衰尼斯[13]手裡後，就減少了不少，留給我的財產比我現在擁有的要少得多。至於我，只要將來留給子孫的財產能比我父親留給我的多，我就心滿意足了。

[13]今譯為：「呂薩略斯」

蘇格拉底：我之所以會這樣問是因為我覺得您不是個守財奴。大凡繼承遺產的人，不像那些辛辛苦苦自己賺錢的人那麼貪財。他們不僅因為錢有用才喜歡它，而更是因為這是他們辛苦得來的，內心生出了一種強烈的佔有欲，就像詩人愛自己的詩篇，父母疼愛自己的兒女一樣。我看到這種人，就覺得他們很討厭，他們說的內容不外乎是讚美金錢之類的。

塞弗拉：你說得很對。

蘇格拉底：真的，我還想向您請教一個問題，可以嗎？依您看來，您從財富上得到的最大的幸福是什麼？

塞弗拉：只有一樣，我也知道這說出來許多人未必會相信。蘇格拉底，容我慢慢告訴你。當一個人知道自己將要死亡的時候，會有一種恐慌和憂慮在他的腦子裡久久不散，即來世會受到今世所做之惡的懲罰。以前聽這些話就覺得很好笑，但是到了現在我總覺得這話不像是假的，所以便感到疑惑不安，經常回憶自己之前有沒有害過什麼人。人之所以到了現在才有這樣的憂慮和擔心，大概是年紀大了精神衰弱的緣故，又或是像漂泊的孤舟將要抵達岸邊，因此對岸上的事物看得更加清晰的緣故。如果知道自己造孽頗深，就會過度悲觀，常常會像小孩子從夢中驚醒一樣，驚恐萬分。但是那些問心無愧的人，「希望」兩個字就是他們心靈的看護神，就像賓

大⑭說的：「清心寡欲、待人正義者 / 希望就在你的心裡 / 滋養你的靈魂 / 讓年老的人不再恐慌 / 她是你終身的好伴侶」。他說得多麼精煉且確切啊！財富之所以對人有好處就在於當一個人有了錢之後，他終其一生，也不至於去詐欺他人。那麼在他死的時候，心中是坦然的，就不會因祭神不誠心而感到恐懼，欠債未還清而感到憂慮。但這也不是所有人都會這樣，那些惡人雖然富有卻免不了這樣的憂慮。所以依我看來，凡是通情達理的人，他在錢財上得到的好處固然有很多，但是其中最大的好處還是問心無愧，沒有恐慌和憂慮。

⑭今譯為：品達。品達（約西元前 522～西元前 442 年）希臘著名詩人，有「抒情詩人」之魁之稱。

蘇格拉底：太對了，但是您怎麼不說說正義呢？正義究竟是什麼，不說謊、償還債務就是正義嗎？除了這個沒有其他的了？這樣做會不會有時是正義的，而有時卻是不正義的呢？假設您的一個朋友頭腦清醒的時候把武器交給您；但是後來他瘋了，再來找您要回武器，這個時候您應該還給他嗎？想想也知道這是不行的。假如您把武器還給他，那倒是不正義的，因為您不歸還武器，就相當於您不去理睬一個滿嘴說胡話的人。

塞弗拉：的確如此。

蘇格拉底：所以說不撒謊、有債照還，不能作為正義的正確定義。

派拉麥克：假如雪蒙拿⑮的說法可信，那麼這個定義就是對的。

⑮今譯為：「西蒙尼得」。（西元前 556～西元前 467 年），希臘抒情詩人。

塞弗拉：我要去看他們祭神了，至於正義的問題，就交給派拉麥克和在座的各位了。

蘇格拉底：那麼，派拉麥克就是您的接班人了，對嗎？

塞弗拉：當然。（說著就含笑離開了。）

我對派拉麥克說：辨論的接班人，請你告訴我雪蒙拿所說的正義以及你自己對正義的見解。

派拉麥克：他認為欠債還錢就是正義，我覺得這種說法很正確。

蘇格拉底：雪蒙拿是有大智慧的人，我不能隨便懷疑他說的話。他所說的，你或許能理解，但是我卻不能。就像我們剛剛所說的不應該把代替保管在自己這裡的武器還給那個瘋了的朋友，雪蒙拿肯定也會這麼認為，但是將別人的東西視為己有，不就是負債不還嗎？

派拉麥克：是的。

蘇格拉底：當一個人瘋了的時候來索要放在我這兒的武器，絕對不能還，是嗎？

派拉麥克：是的，絕對不該還。

蘇格拉底：你說雪蒙拿認為欠債還錢是正義，是不是並不包括我舉的這個例子？

派拉麥克：是的。根據他的意思，是說朋友之間應該與人為善，而不是與人為惡。

蘇格拉底：假設有人想要還給朋友存放在自己這兒的錢，又假設正好處於特殊時期，還錢於他就等於是害了他，那麼，這就不算是欠債還錢了。你看，這是不是就是雪蒙拿真正的意思呢？

派拉麥克：的確是的。

蘇格拉底：對於我們的敵人，我們應不應該欠債還錢呢？

派拉麥克：當然要還。但是我認為敵人對於敵人所欠下的債無非是惡。

蘇格拉底：所以說雪蒙拿所定義的正義和其他詩人一樣，都是含糊不清的。他所說的正義，即每個人都能得到他應該得到的，這就是他所謂的「還債」。

派拉麥克：他的意思應該就是如此。

蘇格拉底：天哪！假設我問他醫術帶給人的是什麼，會帶給哪些人，他會怎麼回答呢？

派拉麥克：他肯定說：「醫術應當以藥品、飲食、飲料來給予人類。」

蘇格拉底：那麼烹調術給予的是什麼？會給予哪些東西呢？

派拉麥克：調和五味，賦予人以美食。

蘇格拉底：正義給予的是什麼？又是給予什麼人呢？

派拉麥克：假設根據上面的意思，以此類推，那麼正義就是把善給予友人，把惡給予敵人。

蘇格拉底：這就是你的意思？

派拉麥克：是的。

蘇格拉底：當人生病的時候，誰最能把善給予朋友，把惡給予敵人？

派拉麥克：醫生。

蘇格拉底：當我們在航海途中遇到風險，什麼人最能把善給予朋友，把惡給予敵人？

派拉麥克：舵手。

蘇格拉底：一個正義者，在什麼事情上最能把善給予朋友，把惡給予敵人？

派拉麥克：在戰爭中與盟軍一起攻敵的時候。

蘇格拉底：親愛的派拉麥克，當人們不生病的時候，醫生是沒有用處的。

派拉麥克：是的。

蘇格拉底：當人們不航海的時候，舵手是沒有用處的。

派拉麥克：是的。

蘇格拉底：那麼不打仗的時候，正義者豈不也是無用的？

派拉麥克：不對，不對，這和我的意思大相逕庭。

蘇格拉底：依你的意思，正義是什麼呢？它在平時和戰時一樣

都有用處嗎？

派拉麥克：是的。

蘇格拉底：就像種田不可以沒有農民嗎？

派拉麥克：是的。

蘇格拉底：也像要有鞋穿不可以沒有鞋匠嗎？

派拉麥克：是的。

蘇格拉底：在平時的時候，什麼事情上不可以沒有正義？

派拉麥克：比如訂合同立契約等事情上。

蘇格拉底：你所說的訂合同立契約，是指多人的合夥關係嗎？

派拉麥克：是的。

蘇格拉底：下棋的時候，正義者和下棋能手誰是最有可能獲取勝利的？

派拉麥克：當然是下棋能手。

蘇格拉底：在砌磚蓋瓦建屋的事情上，和正義者做夥伴比起和瓦匠做夥伴更有用嗎？

派拉麥克：不是，不是，正好相反。

蘇格拉底：以此類推，奏樂的時候，琴師肯定比正義者更懂音樂，更適合做夥伴。那麼正義者在什麼事情的組合上才有用呢？

派拉麥克：在金錢的組合上，是有用的。

蘇格拉底：是的，但是要把怎麼花錢的事情除外。假設你想要購買或出售一匹馬，你未必會和正義者商量而是會問馬販子，是不是？

派拉麥克：是的。

蘇格拉底：假設你要買一艘船，和舵手商量比和正義者商量是不是更有用？

派拉麥克：是的。

蘇格拉底：那麼正義者究竟在怎麼樣的金錢關係上才有用呢？

派拉麥克：在你要妥善保管錢的時候是有用的。

蘇格拉底：你的意思是說，不是用錢而是去存錢的時候？

派拉麥克：是的。

蘇格拉底：你說這話和說當金錢無用的時候正義才有用沒有什麼區別吧？

派拉麥克：看來是這樣。

蘇格拉底：當你想要保管修枝刀的時候，那麼正義對個人和國家都是有用的，但是當你想要用修枝刀的時候，那麼有用的就是花匠的技術了，而不是正義。

派拉麥克：看來是這樣。

蘇格拉底：假設你想保管盾或琴，那麼正義是有用的，但是到你要使用的時候，軍人和琴師的技術才是有用的，而不是正義。

派拉麥克：是的。

蘇格拉底：以此類推，世間萬物都可以這樣認為：如果一件物品有用，那麼正義就沒用；正義有用，那麼這件物品就沒用。

派拉麥克：依照推論，確實是這樣的。

蘇格拉底：那麼正義的用處真是很少啊，我覺得我們應當更深入地討論它：當兩個人打架的時候，那個最善於攻擊的人是不是也是最善於防守的人？

派拉麥克：是的。

蘇格拉底：那麼最善於抵禦疾病的人是不是就是經常感染疾病的人？

派拉麥克：是的。

蘇格拉底：一個善於防守陣地的軍人，是不是也是一個善於襲擊敵人的人？

派拉麥克：是的。

蘇格拉底：照這樣說一個最善於看守物品的人，也就是一個最便於偷這件物品的人。

派拉麥克：按照這一推論，確實是這樣的。

蘇格拉底：那麼正義的人既是最善於保管金錢的人也是最善於偷取金錢的人。

派拉麥克：照你這個說法，的確是這樣。

蘇格拉底：那麼正義的人到頭來就是一個小。這種見解，我認為你一定是向花滿⑯學的。因為花滿稱頌他所崇拜的握托李格⑰時說：「握托李格在雞鳴狗盜和背信棄義上實在是無人可及。」所以你和花滿、雪蒙拿都認為正義是偷竊一類的東西，只不過這種偷竊的目的是為了以善報友、以惡報敵。你的意思是這樣嗎？

⑯ 今譯為：「荷馬」。古希臘盲人詩人。

⑰ 今譯為：「奧托呂科斯」。

派拉麥克：不是，不是，我雖然弄不清你剛剛所說的為什麼會是這樣，但是我的真實意思卻不是這樣的。

蘇格拉底：除此之外還有一個問題：你所說的朋友是指那些表面看起來是好人，還是那些從根本就是真正的好人呢？你所說的敵人是指那些外表看起來是壞人，還是那些從根本上就是真正的壞人呢？

派拉麥克：無論是真的還是假的，自己認為是好的人就會把他當朋友；自己認為是壞的就會把他當敵人。

蘇格拉底：確實，但是人們不會弄錯嗎？你認為好的人，可能其他人認為是壞的；你認為是壞的人，其他人反而認為是好的。這不是很常見的嗎？

派拉麥克：是很常見。

蘇格拉底：那麼，豈不是把好人看作敵人，把壞人看作朋友了嗎？

派拉麥克：是的。

蘇格拉底：那麼，他們就會以善報敵、以惡報友，這不就錯了嗎？

派拉麥克：是錯了。

蘇格拉底：但是好人一定是正義的，是不會做不正義之事的。

派拉麥克：這是自然。

蘇格拉底：但是按照你的說法，以惡對待好人，反而成了正義，是嗎？

派拉麥克：不！不！不！這是不道德的說法。

蘇格拉底：那麼，我們是不是應該以善報答正義者，用惡報答不正義者呢？

派拉麥克：這種說法比較好。

蘇格拉底：你有注意到一個事實嗎？世上那些不識好歹的人常常把壞人當朋友，把好人當敵人。那些實際上不好的朋友，就應該以惡待之；那些實際上好的敵人，就應該以善待之。如果這種說法才是正確的，那麼我們的結論就剛好與雪蒙拿的意思相反了。

派拉麥克：說得對！說得對！我認為我們誤解了朋友和敵人這兩個字的定義，應該立即糾正啊。

蘇格拉底：但是定義錯在哪兒呢？

派拉麥克：我們誤把看起來是好的人當作了朋友，或是僅憑猜想就認為對方是好人。

蘇格拉底：那麼這種錯誤的說法怎麼改正呢？

派拉麥克：我們應該把真正的好人，而不是那些表面看起來像好人的人，當作朋友。關於敵人，一樣可以這樣解釋。

蘇格拉底：你的意思是應該把真正的好人當朋友，把真正的壞人當敵人，是嗎？

派拉麥克：是的。

蘇格拉底：那麼我們是不是應該對之前的定義進一步完善呢？我們應該將它改為：真正的善良的朋友當報之以善，真正邪惡的敵人當報之以惡，這才是正義。你覺得如何？

派拉麥克：在我看來，這個定義更接近真理。

蘇格拉底：那麼，正義的人是可以去傷害他人的嗎？

派拉麥克：傷害真正邪惡的敵人，有什麼不可以的呢？

蘇格拉底：假設一匹受傷的馬，它會變得更好呢，還是會更壞？

派拉麥克：當然是會更壞。

蘇格拉底：這是馬所固有的東西變壞了，而不是狗所固有的東西變壞了，對嗎？

派拉麥克：沒錯。

蘇格拉底：假如是狗受傷了，那麼就是狗所固有的東西變壞了，而不是馬，對嗎？

派拉麥克：當然是狗！

蘇格拉底：那麼人如果受傷了，其所傷害的不就是人所固有的東西，而這個東西就是善德，對嗎？

派拉麥克：很對。

蘇格拉底：正義不就是人的善德嗎？

派拉麥克：是的。

蘇格拉底：那麼，去傷害他人不就是強迫別人去做不正義的事嗎？

派拉麥克：按以上推理來說，確實會是這樣。

蘇格拉底：那麼，音樂家能夠憑藉其音樂上的技能讓人不懂音樂嗎？

派拉麥克：真的不能。

蘇格拉底：善於騎馬的人能夠憑藉其騎馬的技能讓人不會騎馬嗎？

派拉麥克：這怎麼可能？

蘇格拉底：那麼，正義者能以他的正義使人做不正義的事嗎？換言之，善人能夠以他的善德使人為惡嗎？

派拉麥克：這是沒有道理的。

蘇格拉底：就像炎熱不能生出寒冷，對嗎？

派拉麥克：是的。

蘇格拉底：乾燥不能生出潮濕，對嗎？

派拉麥克：對的。

蘇格拉底：那麼，善人是不能為惡傷人的，對嗎？

派拉麥克：是的，確實不能傷人。

蘇格拉底：因此，正義者不應該傷害朋友或他人，假如這樣做了，那麼就是不正義者了，你認為我說的對嗎？

派拉麥克：蘇格拉底啊，你說得太對了！

蘇格拉底：那麼，假設現在有人以還債作為正義，而他所謂的還債便是以善報答朋友的善，以惡報答敵人的惡，你還會覺得這是有道理的嗎？根據我們以上的討論，在我看來，這一觀點是毫無充分理由的，因為傷害他人這本身便是不正義的行為，你覺得呢？

派拉麥克：我現在很贊同你的看法。

蘇格拉底：然而，雪蒙拿、排哀[18]、畢塔葛[19]和其他一些賢哲都主張正義是「以善報友，以惡報敵」的說法。現在，你和我是不是需要對他們進行有力的還擊呢？

[18] 今譯為：「畢阿斯」。古希臘七賢之一，生活在西元前6世紀前後。

[19] 今譯為：「庇塔庫斯」古希臘七賢之一。

派拉麥克：我願和你一起戰鬥。

蘇格拉底：你知道這一說法到底是誰的主張嗎？

派拉麥克：我不知道，你告訴我。

蘇格拉底：我認為此說的提倡者應該是畢哀特，或者潘笛克，或者旦格西，或者西白之益司孟牛和一些有權有勢的富人，因為他們都是一群極其重視財富和權利地位的人。

派拉麥克：確實沒錯。

蘇格拉底：既然他們的定義是不準確的，那麼正義到底應該怎麼解釋呢？

當我們的辯論還在進行的時候，斯拉雪麥格多次想要插進來說

話，但眾人都想聽完這次辨論，看看結果到底如何，所以就把他給強行攔下了。到了我跟派拉麥克的辨論稍有停歇的時候，斯拉雪麥格再也憋不住了，他抖擻了一下精神，怒不可遏地站起來，就像一隻怒吼的猛獸想把我們給吞了似的。我和派拉麥克見了，不禁打了幾個冷戰。他向眾人大聲地吼。

斯拉雪麥格：蘇格拉底啊，你怎麼這麼固執、冥頑不靈啊！你吹我捧的，什麼玩意兒！你們怎麼也笨拙到這個地步，只顧投降！你要是真知道正義是什麼，就直接說出來，別老提問題讓別人來回答。別人回答了，你不僅不贊同，還以詰難他人的回答來逞能，這算什麼？只提問而不回答，大有人在，我絕不接受你類似的模糊言談。如果你想以正義是責任、好處、應得利益等之類含糊的話來搪塞我，我告訴你，不可能，你就直截了當地告訴我什麼是正義就可以了。

我聽了他的話，非常驚恐；看了他的那副態勢，又不禁戰慄。幸好我早有覺察，尚可勉強回答他，否則就要噤若寒蟬了。我略帶著顫抖的聲音回答他。

蘇格拉底：斯拉雪麥格啊，請你不要逼人太甚！我和派拉麥克的辨論中肯定會有小錯誤，但這真的不是我們故意弄出來的。假設我們的討論是為了找到金子，我想你肯定是不會認為我們只為了討論而錯過獲得金子的機會吧？更何況我們現在研究的是比金子還要貴一萬倍的正義，我們哪會笨到只顧勝負而不盡力去搜索它？朋友啊，我們何嘗不想得到真理，實在是才智有所不濟，不如你聰明，你應該憐惜我們的愚笨，對我們進行開導才對，怎麼可以這樣怒氣沖沖呢？

斯拉雪麥格（冷笑）：這就是蘇格拉底所擅長的絕技啊！我知道你這是譏諷的論調，我怎麼可能會沒有料到呢？剛剛和你們說過，他就是遇到問題總是不肯答覆，借譏諷或各種逃避之術，回避對問題的正面答覆。

蘇格拉底：斯拉雪麥格啊，你真是一個大哲學家啊！假設你問別人：「什麼數乘以什麼數等於十二？然後你又禁止別人以「二乘以六」「三乘以四」「六乘以二」或「四乘以三」來回答，因為你覺得這樣的回答是沒有意義的，是你所不願意聽的。如果這樣，那麼就沒有人可以回答你了。這個時候，假設有人回答你說：「你是什麼意思啊，正確的回答都已經被你給禁止了。你難道是要我以明知道是錯誤的數字來回答你嗎？」難道這就是你的本意嗎？假如這樣問你，你將怎麼答覆他呢？

斯拉雪麥格：這是一碼事嗎？

蘇格拉底：怎麼不是一碼事？即使不是一回事，但被問的人非要用其中之一作答，我們難道還阻止他，不讓他回答嗎？

斯拉雪麥格：你的意思是要用我禁止的答案來回答嗎？

蘇格拉底：如果被你禁止的答案中，有我認為是正確的，即使很危險，我也會使用它。

斯拉雪麥格：假如在這諸數以外，我能給出更好、更優的正義解釋，你說你該怎樣？

蘇格拉底：我應該接受無知的懲罰，自古以來，後知後覺的人理應向先知先覺者學習。

斯拉雪麥格：真是天真！難道就不能讓你付出點代價嗎？真是太天真了你。

蘇格拉底：假如我有很多錢，我願意罰錢。

克拉根插了進來：蘇格拉底，你無須擔心沒有錢；斯拉雪麥格，你也無須為此憂心，我們願意為蘇格拉底分擔。

斯拉雪麥格：很好。但我還是擔心他仍然以推翻他人的答覆為能事，而自己卻一無建樹。

蘇格拉底：喔，我的好朋友啊！你要強迫一個毫無學識的人侃侃而談，怎麼可能呢？即使是稍有思想的人，在學識高尚者面前也難以有中肯的言論。只有像你這樣富有才識而能發出自己聲音的

人，才能做到。你能不吝賜教，以開我輩之愚嗎？

　　我說到這裡的時候，克拉根和眾人也相繼請求他給他們講講，但斯拉雪麥格仍對我不依不饒，非要我先說不可，而實際上，大家都知道他是想急著要發言的。大概他自信有很好的見解，想借此顯露一下自己的才華。

　　斯拉雪麥格：你們知道蘇格拉底嗎？他自己不研究學問，老是學別人的，學了之後也不感激他人。

　　蘇格拉底：你說我學習他人，我承認，但你說我學了之後沒有感激他人，這一點我不承認。因為我沒有多餘的錢財，所以我每次以稱讚他人作為回報。凡是我認為說得對的，我都會稱讚他，如果你不信，等你說完後，就可以知道了，我肯定也會讚揚你，因為我知道你說的肯定是很對的。

　　斯拉雪麥格：既然這樣，那麼就請聽我一言。我認為正義沒有別的，它就是強者的利益。你不會就此稱讚我吧？我知道你是不願意的。

　　蘇格拉底：讓我先弄明白你的意思。你所謂的「正義就是強者的利益」怎麼理解？潘力笛麥是一個強有力的人，說他比我們強，比我們正義，我想你是不同意的。他經常吃牛肉所以長得強壯，而我們之所以比他弱就因為少吃牛肉，難道這樣就是正義與不正義的區別了嗎？

　　斯拉雪麥格：淺陋啊，你，蘇格拉底！你怎麼就不能理解我的意思，胡亂解釋我說的「強」呢？

　　蘇格拉底：我不是故意的，我實在是想理解好你的意思。你可以解釋得更明白點嗎？

　　斯拉雪麥格：你沒聽過政體有專制、民主、貴族之分嗎？

　　蘇格拉底：當然有聽說過。

　　斯拉雪麥格：政府是一個國家的治理者，你知道嗎？

　　蘇格拉底：怎麼不知道？

斯拉雪麥格：各種政府都是以自身的利益為前提，以此制定出各種法律，如共和法、貴族法、專制法。這些法律一經公佈，人民就必須共同遵守。無論是誰破壞了法律，都要受到相應的制裁和懲罰。這種正義每一個國家都有的，因此，所謂正義也就是政府的利益。然而，沒有哪一個政府是沒有權利的，正義既然是政府的利益，那麼不就是強者的利益嗎？

蘇格拉底：你這麼一說，我算是理解了，至於你說的正確與否，另當別論。我記得你在解釋正義的時候，仍然用「利益」兩個字，而這是你剛才所禁用的，不同的是你在「利益」兩字之前加上「強者的」三個字。

斯拉雪麥格：稍微加幾個字有什麼關係嗎？

蘇格拉底：加多少字無足輕重，我們所應當注意的是你所說的是不是真理。認為正義是一種利益的說法，我贊同你的觀點，但你在前面加了三個字後，我就有點猶豫。我實在是難以馬上斷定這三個字加得恰當不恰當，必須再琢磨琢磨。

斯拉雪麥格：盡管說出你所想吧！

蘇格拉底：好。請你先告訴我，人民服從政府是不是正義？

斯拉雪麥格：是的。

蘇格拉底：那麼，政府是絕對不會出錯的，還是偶爾會出錯？

斯拉雪麥格：當然會免不了出錯。

蘇格拉底：那麼。如果他們治理得當的話，那麼他們所立的法都是基於政府自身的利益；當他們立法出現問題的時候，就會與政府自身的利益相違背。你認為對嗎？

斯拉雪麥格：沒錯。

蘇格拉底：不論他們立的是什麼法，人民都必須服從，這就是正義，對嗎？

斯拉雪麥格：這還用說嗎？

蘇格拉底：那麼，以你剛才的邏輯來說，不僅服從強者的利益

是正義，即使是損害強者的利益也是正義了。

斯拉雪麥格：這話怎麼說？

蘇格拉底：我只不過是重申一下你剛才說過的話，你自己思考一下你剛才所說的話：執政者在制定法律的時候，即使是錯了，與自身利益相違背了，人民也要服從，這仍然是正義，而不能借此不服從，這不是你剛才所說的嗎？

斯拉雪麥格：沒錯，是我說的。

蘇格拉底：你既然這麼說，那就無異於承認了正義有時候也不是為強者謀利的。因為當強者在制定法律的時候，如果偶有差錯，那麼其所行不啻於自掘墳墓。而你認為人民只有服從強者制定的法律才是正義，那麼強者制定的法律與自身利益相違背的時候，弱者仍要服從，這時弱者所服從的不是強者的利益，而實際上是在損害強者的利益。如此一來，這不就跟你剛才的定義矛盾了嗎？我這些都是依據你的邏輯自然推論出來的結果，你雖然善於辨論，但這也想要強詞奪理嗎？

這時派拉麥克插進來說：蘇格拉底啊，沒誰能比你說得更清楚的了。

克立托分：是啊，你可以作為證人。

派拉麥克：需要什麼證人？斯拉雪麥格自己承認統治者不免有錯誤，而此時人民仍需服從，如此才能算是正義。這都是他自己說的。

克立托分：是的，他確實說過人民服從強者的旨意便是正義。

派拉麥克：確實這麼說的。他說正義就是強者的利益，這裡包含了兩層意思，之後又承認統治者雖然出錯了，人民也應當服從。這三層意思加起來，不就自然而然推出正義是強者的利益，也是損害強者的利益嗎？

克立托分：是的，他所謂的強者利益，或是指強者自己以為的利益。凡強者自己認為的利益，弱者有服從的義務，或許這就是他

所謂的正義。

派拉麥克：這不是他的意思。

蘇格拉底：這無妨。我們就假設這是他的本義，我們可以就此討論他的本義。斯拉雪麥格啊，正義是強者的利益，這「強者的利益」是指強者自己心中認為的利益呢，還是指實際上的利益呢？

斯拉雪麥格：我指的是實際上的利益，人如果錯認了實際上的利益，那還可以稱之為強者嗎？

蘇格拉底：我認為你剛才已經承認強者也偶爾會有出錯誤的時候，所以強者即使偶爾犯了錯誤，按照你的邏輯，他還依舊是強者。

斯拉雪麥格：蘇格拉底啊，你真是一個擅於陷人於不義的人啊！庸醫誤用藥方殺人，你仍會以為他是個良醫嗎？算術家和文法家的計算可以說是失之毫釐，謬以千里，如果這樣的人你仍會稱之為算術家和文法家嗎？我們經常說某醫生、某算術家或某文學家有錯誤，這只是在寬泛意義上講，不能作為準則，我經常也是在這個意義上使用這些稱呼；但嚴格來說，不論是文法家、算術家還是別的什麼藝術家，都需要名實相符，如果名不副實，那麼其名就不能成立。因此，不論是什麼藝術家，都不應該有錯誤；有錯誤就說明他的藝術還沒達到藝術家的標準，那麼也就不能以藝術家之類的頭銜稱呼他。你是最愛講精確的，所以我認為最準確地說，統治者如果名實相符，所有法律制定就不應該有錯誤在裡面。因為裡面沒有錯誤，實施起來都是朝向政府的利益，而人民應當服從。正是在這個意義上，我才堅持說，正義是強者的利益。

蘇格拉底：你認為我是善於誣陷的人嗎？

斯拉雪麥格：沒錯。

蘇格拉底：你是懷疑我以上的提問是專門跟你為難的嗎？

斯拉雪麥格：這還有什麼可以疑問的嗎？我太瞭解你了，蘇格拉底。你是始終覺得自己不能憑藉辨論讓我折服，所以才這樣。

蘇格拉底：這哪是我膽敢做的啊！我只想將我們之間的誤解說

清楚，所以才不得不問。現在還有一個問題要問你。你剛才不是說弱者服從強者的利益便是正義嗎？你這裡的強者或統治者，是從寬泛意義上講的，還是從嚴格意義上講的呢？

斯拉雪麥格：我當然是從嚴格意義上來講的。現在就隨便你欺負或誣陷人吧，不過我知道你沒有那麼大的能耐，而我也絕對不會認輸的。

蘇格拉底：你以為我病入膏肓了，膽敢欺負斯拉雪麥格？這無異於伸手去摸老虎的鬍鬚。

斯拉雪麥格：得了吧你！你剛才已經嘗試了，只是沒有得逞而已。

蘇格拉底：這個就不討論了。我還有一問題，想要問明白。按照你嚴格的定義來講，醫生是治病的人，還是賺錢的人？

斯拉雪麥格：治病的人。

蘇格拉底：嚴格說來，舵手是一舟之領袖呢，還僅僅只是一個普通水手？

斯拉雪麥格：當然是一舟之領袖。

蘇格拉底：不能因為他在船中工作，就認為他是個普通的水手，我們之所以稱他為舵手，是因為他的技術和領導權，對嗎？

斯拉雪麥格：沒錯。

蘇格拉底：每一種技藝都能給自身帶來利益，是不是？

斯拉雪麥格：是的。

蘇格拉底：那麼每種技藝都要以此為目的展開活動，對嗎？

斯拉雪麥格：這是技藝的目的。

蘇格拉底：各種技藝的利益除了讓人實現自身的盡善盡美外，還有其他的利益嗎？

斯拉雪麥格：你這是什麼意思？

蘇格拉底：我以比喻的方式跟你說吧。假設你問我，人是無所求而自足的，還是有需求於他人的，我當然會回答說：「當然是有

需求於他人的。人生病的時候就需要醫治，醫術也就有了給人以健康的利益。這也是醫術的正義性所在。」這些話也是你剛才所承認的，對嗎？

斯拉雪麥格：沒錯。

蘇格拉底：那麼，好，就醫術來說，醫術是不是有時候也有錯誤或不完善的時候？耳目給人帶來的利益是可視聽，視聽有缺陷或不完善的時候，即耳目的利益不能完備的時候，就需要醫術加以補救。那麼，醫術也會像耳目那樣有不完備的時候，需要用其他的技藝來加以補救，使其利益完備。而這種技藝又需要其他技藝來使其利益更加完備。如此類推，以至於無窮。凡是技藝都需不斷完善，還是說每種技藝都不會有錯誤或不完善的時候，所以就無需其他技藝來補救和匡正呢？實際上，在嚴格的意義上來講，技藝是不應該有錯誤和不完善的時候的，我的話對不對呢？請你詳細告訴我。注意，我們是在嚴格的意義上來說的。

斯拉雪麥格：你說得很清楚了。

蘇格拉底：那麼，專注於醫術者應該關注人身體的利益，而不應該只關心個人的利益，對嗎？

斯拉雪麥格：沒錯。

蘇格拉底：擅長騎術的人應該關注馬的利益，而無須憂慮騎術的利益。以此類推，一切技藝都不需要擔心自身的利益，因為技藝在嚴格意義上說，其自身是沒有錯誤和不完善的，其所要擔心和考慮的是它對象的利益，因為任何技藝是為它的對象服務的。你說對嗎？

斯拉雪麥格：是的。

蘇格拉底：如果這樣，那麼各種技藝不就是其支配對象的統治者嗎？

斯拉雪麥格（遲疑了半會兒）：就算是吧。

蘇格拉底：那麼，沒有一個技藝者或統治者是只顧及自己的利

益，其所顧及的更多的是弱者或者受支配者的利益。你說對嗎？

剛開始他想反駁一下，最後還是承認了。

蘇格拉底：醫生在給病人開藥方的時候，絕對不會考慮自己的利益，而是以病人的利益為前提。因為一個真正的醫生的地位就像是統治者一樣：病人就像站在屋宇下著急地等待治理的人民，此時醫生所考慮的是其支配對象而不是自身。這也是你所承認的，對嗎？

斯拉雪麥格：沒錯。

蘇格拉底：名實相符的舵手不是一個普通的水手，而是普通水手的統治者，對嗎？

斯拉雪麥格：這也是我之前承認過的。

蘇格拉底：如此名實相符的舵手或統治者，應當不以自己的利益沾沾自喜，而應當是以其部下水手的利益為利益。

斯拉雪麥格（又遲疑了半會兒）：是的。

蘇格拉底：斯拉雪麥格啊，那麼，凡名實相符的治國者終當以人民的利益為前提，而不是以自己的利益為前提，其一言一行都在考慮人民的利益，而不是什麼其他的利益。

我們討論到這兒的時候，誰都知道他關於正義的定義已經被顛倒了過來，他也不再接著我的思維繼續辨論下去，而是突然改變了話題，反問於我。

斯拉雪麥格：蘇格拉底啊，你有奶娘嗎？

蘇格拉底：你怎麼突然問我這個，而不回答問題？

斯拉雪麥格：你牙齒雖然很有利，可是你鼻涕在口鼻間流淌，她沒有幫你擦掉；你在郊野玩耍的時候，她竟沒有告訴你牧羊人是怎麼對待羊群的。是不是？

蘇格拉底：你為什麼會說這些調侃的話？

斯拉雪麥格：我認為你不知道牧羊人養羊不是為了羊，而是為了自己的利益，或是為了主人的利益。你以為真正的統治者必定

沒有私心，而專心致志於人民的利益，你這就大錯特錯了。你難道不知道正義和正義者都白白給出利益嗎？換言之，正義意味著強者與統治者得到利益，而弱者和被統治者失去利益。不正義則與此相反。不正義者常常強迫治理他人，懦弱的人民受其支配，服從他們的命令，這無非是為了他們自己的利益，而不是弱者自身的利益。愚蠢的蘇格拉底啊！你難道就想不到正義與不正義相比，不正義者常常是獲利的一方，而正義者常常是失利的一方嗎？就拿私人合夥做生意來看吧。假如正義者和不正義者合夥經營，最後解散的時候，正義者獲得的利益肯定要比不正義者獲得的利益少。就個人和國家來說吧，當國家征所得稅的時候，正義者所繳納的稅肯定要比不正義者多。這些都是很好的例證。就身在政府或就社會中的人來說，正義者不但難以輕鬆地獲得報酬，反而還會有被陷害的擔憂，或者他們往往會因為不肯附和於他人的不法行為，而被他人所怨恨。不正義者又正好與此相反，這又是一個例證。我這裡所說的不正義者是指最大的不正義者而言。至於極端不正義者，這就更明顯了。極端不正義者的罪行堆起來比山還高，但他們卻是最狡猾的，在厄運的時候秉守正義，反而像是被不正義者給傷害了似的，叫人可憐兮兮的。這種最極端的不正義就是專制君主的暴政。專制君主習慣於用欺騙術和強權奪取他人的東西。他們一開始就不是畏手畏腳地搶，只要是他們想要的，不管是神聖的、骯髒的、公共的還是私人的，都會毫無忌憚地去奪取。普通人如果犯了錯，必會吃官司，被逮捕，會受到相當的懲罰：被判為偷竊、強盜、欺詐……條例名目非常多，一個都不會少，名譽也就此掃地。而極端不正義者大肆奪取人民的財產，並且稱王稱霸奴役他們，非但不被人們所唾棄，反而被人們所尊崇。尊崇他的人不僅只有人民，凡是幫助他成就霸業的人無不稱讚他，敬畏他。人們之所以反對不正義者，並不是不願意做不正義的事，而是怕受到不正義者的欺負，吃不正義者的虧。由此看來，高級的不正義要比正義更強，更自由，這就是我為

什麼說「正義乃強者之利益」的根據。

我們在聽的過程中，一時覺得劈裡啪啦，好像一大桶的水倒了下來，弄得滿耳朵都是。他說完之後，就想轉身揚長而去，幸好大家把他攔下，讓他稍安勿躁，留下為他剛才提出的主張辯護。我也以謙遜的態度請求他多留會兒。

蘇格拉底：聰明的斯拉雪麥格啊，你的思想是多麼的高深富有哲理啊，難道你就不想先弄清自己思想的對錯，就捨此而去嗎？人的行為應當依據什麼準則最有利，你認為這是一個毫無價值的問題，而不屑於一顧嗎？

斯拉雪麥格：這個問題的輕重，難道我會不知道嗎？

蘇格拉底：看你的心態，你好像確實不大重視這個問題。我們不明白你的意思，在行為上也不知道如何做好，而你認為這與你毫無關係似的。所以，懇請你不要獨善其身，凡是能夠說出來有益於大家的，就請你給我們說說，我們會給你以重重的報酬。就我個人而言，我實在難以相信不義要比正義有利。不正義者即使到了極端，借助權利和欺騙之術為所欲為，我也始終難以相信他們會得到很大的利益。我想跟我有一樣想法的肯定也有。假設因為我們見識淺薄，誤以正義勝於不正義，那麼你應該用你的智慧，讓我們明白其中的錯誤。

斯拉雪麥格：我剛才所說的，你連一句話都聽不進去，我還能怎麼辦？難道要我把這些道理變成具體事物塞到你的腦袋裡去不成嗎？

蘇格拉底：說哪的話啊！我所求的是你能夠不自相矛盾，前後一致，如果有改變，也要說明白，以免帶來誤解。你剛才在討論醫生的時候是從嚴格意義上來講的，但是你在討論牧羊人的時候就不是從嚴格意義上來講的。你說牧羊人剛開始不是為了羊群的利益，他們放牧羊群，不過是與吃羊肉或賣羊者一樣，都是想從羊身上獲得利益。然而真正的牧羊人不是這樣的，真正的牧羊人他們自當

有一套完備的技藝，這一套技藝專門是為了把羊群養好而服務的。我說的治國者也是從這意義上來說的。剛才不是說名實相符的統治者，不論是公事，還是私事都應當以被統治者的利益為目的的嗎？那麼，牧羊人對於羊群的治理，不就像統治者治理人民那樣嗎？

斯拉雪麥格：這個道理我原本就知道。

蘇格拉底：較低級的事業，要不是為了自己的利益，人們都不願意去做，這是什麼原因呢？是因為各種技藝的功用和性質不同嗎？見多識廣的斯拉雪麥格，請你傾囊相授，解答我的疑惑。

斯拉雪麥格：各種技藝的功用確實彼此各不相同，不可一概而論。

蘇格拉底：每種技藝除了普通利益之外，應該要給人以特殊的利益，比如醫術給人以健康的利益，航海之術給人以安渡大海的利益，對嗎？

斯拉雪麥格：沒錯。

蘇格拉底：除此之外，技藝應當還有特殊的功用，而這種功用不能與其他技藝的功用相混合。比如，水手的技藝怎麼能與醫生的技藝沒有區別呢？因為水手可以以航海的技藝增強健康的體魄。從嚴格意義上說，你未必會認為航海之術就是醫術，對嗎？

斯拉雪麥格：是的。

蘇格拉底：人在其他技藝的鍛鍊過程中獲得身體的強健，我想你不會認為這是醫術吧？

斯拉雪麥格：當然不會。

蘇格拉底：假設給人治病獲得報酬，你總不能說醫術就是報酬之術吧？

斯拉雪麥格：對的。

蘇格拉底：每種技藝的利益都不能與其他技藝的利益混為一談，這不是我們已經承認過的嗎？

斯拉雪麥格：是的。

蘇格拉底：那麼，每一種技藝，除了它自身的特殊功用外，具有同一功用的技藝之間，必定有同一利益在其中，對嗎？

斯拉雪麥格：沒錯。

蘇格拉底：那麼技藝者所得到的報酬，應該是技藝所附帶的利益，而不是技藝本身的利益，對嗎？

斯拉雪麥格（憂鬱了半天）：是的。

蘇格拉底：那麼，獲得報酬這種利益不是技藝本身所具有的利益；技藝本身所具有的利益，如醫術能夠用來使人健康，建築術能夠用來給人建造屋宇。報酬與各種技藝有連帶關係，而掌握技藝的人只要各盡所能，便可以施利於人，報酬自然在其中。假如掌握技藝的人得不到報酬，那麼技藝本身會讓掌握技藝的人得到報酬嗎？

斯拉雪麥格：肯定沒有報酬可得。

蘇格拉底：然而工作了沒有報酬，這不是對他自己沒有利益的嗎？

斯拉雪麥格：那有什麼利益可言啊！

蘇格拉底：斯拉雪麥格啊，凡有技藝專長的人參與政府的經營都不是為了求取自己的利益，而是為了求取人民的利益，這就很明顯了。凡是真正的技藝家，當他工作的時候或指揮他人的時候，是以他人的利益為中心的，而不應該摻雜自己的私欲。但是我們剛才也說過，「工作沒有相當的報酬，是沒有人願意盡力而為的」。所以，我說技藝與報酬之間有著連帶的天然關係。統治者或治理者的工作也必須有報酬，他們才會盡心為人民服務。他們的報酬有三種：金錢、榮譽與不願承擔責任的懲罰。

克拉根：你說的是什麼意思？前兩者報酬不難理解，但為何還有懲罰？懲罰如何能作為報酬呢？

蘇格拉底：好名和唯利是圖的人們都會鄙視它，這你是知道的。而不好名利，品德高尚的人，就需要依賴於第三種報酬，才能使其為人民盡職盡責。

克拉根：請詳細說來。

蘇格拉底：對於高尚的人，名與利都不能使之動心。他們不願意為拿報酬去做事，被人當傭人看待，更不願意以陰謀的手段，假公濟私，被人當強盜看待。因此，只能用損毀他們高潔的名節來懲罰他們，迫使他們不得不出來做事。也正因為這個緣故，那些急於做官的人受到輕視，而那些被逼出來做官的人則感受到莫大的尊榮。這種懲罰之所以最有效，是因為如果他們不出來，就用不如他們的人來管理他們的生活和行為。因此，這些人出來做官並不是因為他們有這個志向，也不是這裡面有什麼可貪圖的，而是因為一時沒有比他們更好的人或能力相同的人。所以，對他們來說，做官實在是刀架在脖子上，迫不得已的事。假如一個國家都是高尚的人，那麼不想做官的肯定不會比今日想要做官的少。因此，真正的統治是要給他人以利益，而不是給自己以利益。如此，那麼有誰會不願意被統治，接受他人的利益呢？有誰會願意做統治者，專門給他人以利益呢？所以，不得不以懲罰的手段迫使高尚者出來做官。我之所以不同意斯拉雪麥格「正義是強者利益」的說法，就是這個原因。這個問題這裡就先不討論了。克拉根啊，你覺得我和他的主張誰比較有道理，你願意站在哪一邊，做正義者，還是做不正義者？至於他說的「不正義者所獲得的利益更多」，這是一個更重要的問題，我們以後再研究。

克拉根：在我看來，正義者的利益要比不正義者多。

蘇格拉底：你聽到斯拉雪麥格說的種種不正義者的利益了嗎？

克拉根：聽到了，但我還是不相信。

蘇格拉底：那麼，我們是不是要讓他相信我們的道理呢？

克拉根：是的。

蘇格拉底：假如按照他先說的種種不正義者的利益，我們也跟著說正義者的種種利益，然後看誰的利益多，來判斷勝負，那麼我們就需要有一個公正的人。如果按照我們剛才問答的方法，以彼此

都承認的為前提，那麼我們既是辯護人，也是公正者，就不用在此之外，求證什麼了。

克拉根：那樣最好不過了。

蘇格拉底：你真的喜歡這個方法？

克拉根：是的。

蘇格拉底：斯拉雪麥格啊，我們就開始討論吧。你剛才說純粹的不正義要比純粹的正義有利，對嗎？

斯拉雪麥格：是的，這是我一貫的主張，而且我也說明了理由。

蘇格拉底：你對這兩者有什麼看法，是不是一個為惡，一個為善？

斯拉雪麥格：沒錯。

蘇格拉底：你是以正義為善，不正義為惡嗎？

斯拉雪麥格：你太搞笑了，我既然說不正義是有利的，正義是沒有利益的，難道我還會認為不正義是惡的嗎？

蘇格拉底：那麼，你怎麼認為？

斯拉雪麥格：與你說的正好相反。

蘇格拉底：你認為正義是惡的嗎？

斯拉雪麥格：不是，我以高尚的無智識來稱呼它。

蘇格拉底：你認為不正義是惡的嗎？

斯拉雪麥格：不，我會用明哲來稱呼它。

蘇格拉底：你認為不正義者是明智的，而且是有善德的，是嗎？

斯拉雪麥格：是的，無論如何，能夠治理國家和人民的那些純粹不正義者，要比正義者有能力得多。你以為我說的不正義者是指小偷小盜之類的嗎？即使是小偷小盜，如果不被人們覺察，雖然不能與純粹不正義者相提並論，但它的利益也不少。

蘇格拉底：那麼，我就沒有誤解你的意思，你認為不正義者是明智且有美德的，而正義是其對立面。對你的這一觀點，我確實很

驚詫。

斯拉雪麥格：我就是這麼分的。

蘇格拉底：你的這些主張很難讓人做出回答。假如你像大家那樣認為，不正義是不道德的，我尚可做出回答，但你將不正義列為美德的行列，將正義的種種美德都歸於不正義的行列，確實讓我無從下手。你的原本意思就是這樣的嗎？

斯拉雪麥格：你真是一個善於忖度人心的人啊！

蘇格拉底：不是我善於忖度，在我確信你的主張是出於真心誠意，而不是戲弄我們後，我才能放心和你繼續辨論下去。

斯拉雪麥格：我是不是出於真心這與這個問題有關係嗎？有能耐你就只管推翻我的主張。

蘇格拉底：是的，這是我的任務。那你能不能再回答我一個問題，即凡正義者能不能夠勝過其他的正義者？

斯拉雪麥格：不可以，如果有，那麼正義者就不是高尚的無智識了。

蘇格拉底：那麼，他們的所作所為有超過正義事業之外的嗎？

斯拉雪麥格：沒有。

蘇格拉底：如果正義者獲得的利益多於不正義者，那麼他自己認為是正義者呢，還是不正義者呢？

斯拉雪麥格：這個人如果真的是正義者，那又怎麼可能獲得多於不正義者的利益呢？

蘇格拉底：能不能獲得不是我要問的重點，我想要明白的是：正義者不想獲得比其他正義者更多的利益，而想獲得比不正義者更多的利益，對嗎？

斯拉雪麥格：是的。

蘇格拉底：那麼不正義者呢？他是不是願意獲得比正義者更多的利益，而且還願意做正義以外的事？

斯拉雪麥格：是的，不正義者當然願意獲得比眾人更多的利

益。

蘇格拉底：如此看來，不正義者在利益的競爭上要比正義者激烈，然後才能獲取更多的利益，對嗎？

斯拉雪麥格：沒錯。

蘇格拉底：那麼，我們就可以總結如下：正義者不願意獲得比同類更多的利益，而願意獲得比異類更多的利益；不正義者既願意獲得比同類更多的利益，也願意獲得比異類更多的利益，對嗎？

斯拉雪麥格：你概括得再清楚不過了。

蘇格拉底：不正義者善而有智慧，而正義者與此相反，對嗎？

斯拉雪麥格：是的。

蘇格拉底：不正義者屬於善而有智慧者的同類，正義者屬於其異類，對嗎？

斯拉雪麥格：是的，凡本性相近的就是同類，本性不同的就是異類。

蘇格拉底：那麼每一類都是與其同類相同的，對嗎？

斯拉雪麥格：是的。

蘇格拉底：那麼好。我們再來看技藝家。人所擁有的技藝是不同的，比如一人為音樂家，一人為非音樂家，這是沒有關係的吧？

斯拉雪麥格：本來就沒關係。

蘇格拉底：那麼就音樂上的智慧來說，兩者誰是聰明的人，誰是不聰明的人？

斯拉雪麥格：當然是音樂家。

蘇格拉底：人有智慧的都是善的、聰明的，沒有智慧的都是不善的、不聰明的，對嗎？

斯拉雪麥格：是的。

蘇格拉底：那麼推之於醫生也是這樣嗎？

斯拉雪麥格：是的。

蘇格拉底：音樂家在調整他的琴弦的時候，會有意想勝過別的

音樂家嗎？

斯拉雪麥格：我認為不會。

蘇格拉底：那麼，他會有意超過非音樂家嗎？

斯拉雪麥格：會的。

蘇格拉底：那麼以醫生來論，你會怎麼認為呢？在醫生治病配方的時候，他會做出醫生範圍之外的事嗎？

斯拉雪麥格：不會。

蘇格拉底：那麼，再以知識與愚笨來說。你認為有知識者的言行會勝過其他有知識者的言行，還是會跟他們差不多？

斯拉雪麥格：應該是差不多的。

蘇格拉底：那麼愚笨的人呢，又會怎麼樣？難道會不願意自己的言行勝過有知識和無知識的人嗎？

斯拉雪麥格：會有這想法。

蘇格拉底：有知識的人是聰明的嗎？

斯拉雪麥格：是的。

蘇格拉底：聰明的人是善良的嗎？

斯拉雪麥格：是的。

蘇格拉底：那麼，聰明而又善良的人僅僅只是希望勝過異類者，而不想勝過同類者嗎？

斯拉雪麥格：大致是的。

蘇格拉底：沒有知識而又不善良的人倒想勝過同類者和異類者，對嗎？

斯拉雪麥格：是的，我說過。

蘇格拉底：你說不正義者常常想要勝過同類和異類，這是不是你的意思？

斯拉雪麥格：不錯，我是這麼說的。

蘇格拉底：你說正義者只想勝過異類者，而不想勝過同類者，對嗎？

斯拉雪麥格：是的。

蘇格拉底：那麼，正義者與聰明而又有善德的相似，不正義者與無知而又沒有善德的相似，對嗎？

斯拉雪麥格：這是以上推論的結果。

蘇格拉底：每個人都與其同類者的性質相同，這不是剛才你承認過的嗎？

斯拉雪麥格：是的，我已經承認過了。

蘇格拉底：那麼，好了：正義者是聰敏而又有善德的人，不正義者是無知而又沒有善德的人。

我每次提問的時候，斯拉雪麥格都是躊躇半晌後，才勉強贊同。當時正值酷暑，弄得他面紅耳赤，大汗淋漓，我生平還沒有看到他的臉這麼紅過。在問題上承認正義是美德和智慧，不正義是惡的、愚蠢的，他已經是勉為其難地接受了，但我還是繼續說下去。

蘇格拉底：這個問題已經解決了，就不用多說了。我們不是還說過不正義是強而有力的嗎？我想你應該還是沒有忘記的吧？

斯拉雪麥格：是的。以後凡是你說的，我就以「是」或「不是」來回答你，而不做更大的回答。要不然，你又會以為我大放厥詞了。

蘇格拉底：只要與你意見相左的，你盡管反對，暢所欲言，不用這麼勉強。

斯拉雪麥格：你既然不讓我講話，還有什麼可說的，我就都聽你的好了。

蘇格拉底：我是不讓你發言嗎？我是想讓你先回答我的問題。

斯拉雪麥格：那你問吧。

蘇格拉底：在我們討論之前，先再重複一遍我們之前的問題，從而才能在正義與不正義性質的討論上有更好的研究。我們之前說不正義比正義強而有力，然而我們證明了正義是美德和智慧，不正義是惡的、愚蠢的，那麼正義比不正義強是不言而喻的了。現在我用其他的方法再證明它。一個國家憑藉不正義的暴力，奴役他國，

行使強權主義，迫使人民服從，這也是常有的事，對嗎？

斯拉雪麥格：是的。而且我想進一步說明：一個國家越不正義，則越容易實行這種行為。

蘇格拉底：我知道這是你的本意，我只是想知道，這個強而有力之國的權勢是靠正義維持的呢，還是靠不正義來維持的？

斯拉雪麥格：假如你剛才「正義是智慧」的觀點無誤，那麼是靠正義維持；如果我的見解是對的，那麼不是靠正義，而是靠不正義來維持。

蘇格拉底：你的回答很妙，我非常高興你不是以「是」或「不是」來回答問題。

斯拉雪麥格：過獎了。

蘇格拉底：我再問一個問題，希望你也給予回答。假如有一個國家或一支軍隊或一夥強盜或任何一些作惡的團夥，他們成員之間整天自相殘殺，那麼這些團夥可以成功運作嗎？

斯拉雪麥格：不能。

蘇格拉底：如果他們成員之間不自相殘殺，那麼這些團夥的運作才能進行得更好，對嗎？

斯拉雪麥格：對的。

蘇格拉底：那麼，不正義會引發爭端和仇恨，而正義能調和彼此之間的矛盾以達到和諧，對嗎？

斯拉雪麥格：沒錯。

蘇格拉底：不正義既然有引發爭端和仇恨的性質，那麼凡是在不正義的地方，不論是在奴隸，還是在自由人之中，他們會因此相互傾軋，意見分歧，而不能有共同的行動，對嗎？

斯拉雪麥格：說的沒錯。

蘇格拉底：那麼，不正義在二人之間，則彼此會發生爭論和激戰，勢必會成為仇敵，並且還會成為正義的敵人，對嗎？

斯拉雪麥格：可以這麼說。

蘇格拉底：不正義在一個人身上，你認為這個人不正義的本性是得到保存呢，還是會失去？

斯拉雪麥格：姑且認為是會保存的吧。

蘇格拉底：那麼，不正義固有的性質會如何呢？不正義無論是展現在一國、一城、一家裡還是展現在一個人身上，都足以引起爭端。就以在人身上來說，不正義會使其自相矛盾，言行前後不一，所以不正義不僅僅是正義的敵人，也是自我的敵人。你認為呢？

斯拉雪麥格：是的。

蘇格拉底：那麼，不正義即使對個人，也是有害的。其害處有兩個：第一個，它會使人的言行不一致；第二個，它會使一個人三心二意，使自己成為自己的敵人，並且也成為正義者的敵人。你認為呢？

斯拉雪麥格：應該沒錯。

蘇格拉底：那麼，諸神是正義的嗎？

斯拉雪麥格：暫且說是正義的吧。

蘇格拉底：如果是，那麼正義將會是神的朋友，而不正義將會是神的敵人，對嗎？

斯拉雪麥格：你可以大奏凱歌了，可以稱為雄辯家了。我恐怕要見笑於大家，今天我不再參與辯論了。

蘇格拉底：我的意思還沒說完，懇請你再給予回答。就以上討論來看，正義者確實要比不正義者聰明而善良，而且比不正義者也能幹，因為不正義者們不能有共同的作為。但是嚴格來說，這還是不夠確切的。那些共同作惡的人之所以能夠進行作惡行為，還不能算是真正的不正義者，假如他們是真正的不正義者，那麼他們必定會自相殘害，而不能進行共同的作惡行為；如果他們能夠聯合在一起為惡，那麼還有一部分正義存在於其間，如此，他們才能進行集體的行動。我所相信的是這樣，而不是你之前說的那個道理。至於正義者的生活是不是比不正義者過得要安樂和舒適，這是另外一個

問題，也是我們所應該研究的一個問題，因為人生當依據什麼原則去作為，這可不是一般的小問題。

斯拉雪麥格：你說來聽聽吧。

蘇格拉底：我先問你一個問題，你認為馬有馬的事業嗎？

斯拉雪麥格：當然有的。

蘇格拉底：凡馬的事業或不論是其他任何事物的事業，均不能被其他事物所代替，即使能被代替，也不如其原本的完備，對嗎？

斯拉雪麥格：我沒聽懂。

蘇格拉底：請聽我解釋。如果你不用眼睛，你能看見東西嗎？

斯拉雪麥格：怎麼可能？

蘇格拉底：不用耳朵，你能聽見聲音嗎？

斯拉雪麥格：也不能。

蘇格拉底：那麼，視聽就是耳目所具有的功能，換言之，也是耳目的事業，對嗎？

斯拉雪麥格：確實可以這麼理解。

蘇格拉底：以短刀或鑽鑿等器具去割葡萄藤可以嗎？

斯拉雪麥格：有什麼不可以的？

蘇格拉底：但是還是不及專門割藤用的器具來得便利，對嗎？

斯拉雪麥格：那當然。

蘇格拉底：那麼我剛才說的話也就很清楚了。

斯拉雪麥格：是的，你的意思已經非常明白，而且我也很贊同。

蘇格拉底：凡物都有其專門獨特的功能或事業，也一定會有它的一個特長，就像人的眼睛有它自身的獨特功能。

斯拉雪麥格：沒錯。

蘇格拉底：那麼，有它的自身特長嗎？

斯拉雪麥格：有的。

蘇格拉底：那麼，人的耳朵也一樣嗎？

斯拉雪麥格：是的。

斯拉雪麥格：是不是每一個事物都一樣，凡是有其獨特功用的，就有它自身的特長？

斯拉雪麥格：可以這麼說。

蘇格拉底：假如眼睛的特長不完備而有缺陷，那麼它還能成就它的事業嗎？

斯拉雪麥格：眼睛如果真的瞎了，失去了原先的功能，那怎麼還能成就其事業呢？

蘇格拉底：你認為眼睛失去其特長，就成了廢物，但我現在想要表明的不是這個。我是想說，凡物都是因它的自身特長而有所成就，因其自身的缺陷而敗壞，你認同嗎？

斯拉雪麥格：本來就是這樣。

蘇格拉底：那麼，耳朵也可以這樣看，如果耳朵有缺陷，那就不能成就聽覺的事業，對嗎？

斯拉雪麥格：是的。

蘇格拉底：所有的事物都可以這麼看嗎？

斯拉雪麥格：可以的。

蘇格拉底：那麼，人的心靈不是也有它專門的功用嗎？比如指揮、辨別、權衡等這些難道不是心靈特有的功能嗎？難道這些都是其他事物的功能嗎？

斯拉雪麥格：當然不是其他事物的功能。

蘇格拉底：那麼，人的行為不就是心靈所主宰的嗎？

斯拉雪麥格：是的。

蘇格拉底：心靈也有它自身的特長嗎？

斯拉雪麥格：有的。

蘇格拉底：假如心靈的特長有了缺陷，那麼心靈就失去了其自身的功能了，對嗎？

斯拉雪麥格：當然了。

蘇格拉底：那麼，一個人的心是惡的，他的治理必然也是惡的；

心是善的，他的治理必然也是善的。

斯拉雪麥格：是的。

蘇格拉底：那麼，有正義之心的人，自然就會生活得坦然自若，終身愉快，而不正義的人，則剛好相反，對嗎？

斯拉雪麥格：據以上推論，自是沒錯。

蘇格拉底：所以，只有正義者才能生活得安樂而幸福，不正義者則不能，對嗎？

斯拉雪麥格：是的。

蘇格拉底：換言之，不就是說正義者過得安樂，不正義者過得困苦嗎？

斯拉雪麥格：是的。

蘇格拉底：就利益而言，幸福是利益，而困苦不是利益，你認為對嗎？

斯拉雪麥格：當然是對的。

蘇格拉底：斯拉雪麥格啊，那麼很明顯：不正義者終究不能比正義者更有利啊！

斯拉雪麥格：蘇格拉底啊，你就把這當作倍笛節[20]的盛宴吧！

蘇格拉底：我真誠地感謝你，感謝你不再對我發火，也不再責我。但是我對這一問題的討論，還是不滿意的，但這是我的過錯，不在於你。我剛開始是想探究什麼是正義，可過後卻逐步地轉移到其他的問題上去了，始終沒能回到原來的問題上。這正如宴席上的貪吃鬼，狼吞虎嚥，沒有細細品嘗其中的真味。我們在討論的時候，涉及正義是聰明的且有美德的，還是愚蠢的且沒有美德的問題，接著又涉及正義是不是有利的問題。所以在逐一的討論下，無暇顧及原來所要討論的問題，因此，我對這個問題的結果還是處於茫然的狀態。因為我不知道正義到底是什麼，它是不是一種德性，也不知道正義者是否真的過得幸福和快樂。

㉑今譯：「朋迪斯節」古希臘的一種狂歡節日，具體是一怎樣的節日，已不可考。

第二卷 個人 國家 教育

我說了這麼多後，原以為這場辨論就可以結束了，哪知道這才是辨論的真正開始。克拉根向來是一個善於辨論的人，他認為這場辨論不應該就這樣結束，所以他對斯拉雪麥格這麼快就認輸頗不以為然。

克拉根：蘇格拉底啊，你是想使我們深信正義比不正義好呢，還是想使我們對此懷著一種將信將疑的態度呢？

蘇格拉底：假如有可能的話，我當然是想使你們對此深信不疑。

克拉根：那麼，在我看來你的這一觀點，還有待於進一步討論，請讓我再問你幾個問題可以嗎？正義和不正義的事非常多，你將如何區分它們呢？例如，人們非常喜歡不會帶來傷害的娛樂，而他們之所以喜歡，是由於它本身就能給人以快樂，剛開始並沒有計較它的後果或影響會是怎樣的。你說對嗎？

蘇格拉底：是的，這也是人之常情。

克拉根：不僅如此，像知識、觀察以及身體的健康，人們之所以喜愛這幾項，是因為它本身能給人帶來愜意的享受，同時還會給人帶來利好的結果，難道不是嗎？

蘇格拉底：很對。

克拉根：你知道還有第三類技藝嗎？像運動術、醫術、看護術等這些技藝擺明是有利於人的，但需要深入的學習和把握，所以這些事是比較受苦、受累的事，愛學習這些的人也不多。人們從事這些職業從來不是因為這些技藝本身有多麼可愛，而無非是這些技藝能給人帶來報酬和利益。你覺得對嗎？

蘇格拉底：對的，是有第三類這樣的技藝，但你為什麼列出這三類技藝來呢？

克拉根：因為我想看看你認為的正義是屬於第幾類。

蘇格拉底：最好的那種，即其本身能夠給人帶來快樂，同時也能夠給人帶來利好的結果。

克拉根：但是與你持不一樣觀點的大有人在，一般人認為正義是最令人厭惡的苦事，拼命做這類事的人都是沖著名利去的，一般人只要能夠避開的，就盡量避開它。

蘇格拉底：我也知道這是你們的想法，一般人也是這麼想的，剛才斯拉雪麥格也就是因此輕視正義，推崇不正義的，但我實在是有點愚笨，理解不了你們的深意。

克拉根：我希望你聽聽我所說的道理，就像你剛才聽斯拉雪麥格講的那樣，然後看你能不能同意。我笑斯拉雪麥格就像一條蛇，聽你的話後，沒多久就軟化了，其實正義與不正義的性質，在我看來，並沒有明確的分界。我想知道的是：正義與不正義到底是何物，它們是怎麼存在於人們心中的，至於結果與報酬可暫時不論。所以，我要在斯拉雪麥格說過的意思上繼續說。首先，論述眾人認為的正義的來源與性質；其次，論述做正義之事的人實際上是不得已的，是違背自己心願去做的，因為剛開始的時候，並不是因為它的利益。最後，論證這種觀點是很有道理的。雖然我不大贊成這一觀點，但不正義者比正義者有利，卻是無可忌諱的。因為宣導這種說法的，除了斯拉雪麥格之外，還有很多的人。我滿耳聽到的都是這樣的觀點，而主張正義比不正義有利的，我卻從來沒有聽到有讓人滿意的答案，這讓我無所適從。倘若有人能夠以充足的理由來褒揚正義，那我的心願就滿足了。但在我看來，能將此事做好的非你莫屬，所以我將盡力主張不正義的好處，希望你盡力主張正義的好處，你我相互詰問，將其闡述得淋漓盡致，你認為這種方法可以嗎？

蘇格拉底：很好，而且我認為在智識者所應該討論的問題中沒有比這更重要的了。

克拉根：我很高興你贊成我的建議，根據剛才所說，我先說第一點，即正義的來源與性質。現在的人們說：主動做不正義之事是有利的，遭受不正義之事是有害的，其害遠遠超過主動做不正義之事所得來的利益。因此，人們在嘗到不正義的甜頭和壞處後，知道任何事不可能只得利而不受害，於是商議放棄這兩者行為，訂立契約。法律和條約就此產生，而法律所規定的便是合法和正義的，這就是當下人們所說的正義的來源與性質。換句話說，正義就是最有利與最有害的折中，而所說的最有利，就是做了不正義之事而沒有接受懲罰；所說的最有害，就是接受不正義之事而沒有反抗的能力。正義在最有利與最有害之間，不能稱其是最有利的，只能說是少受傷害而已。那麼之所以持守正義，不過是他們沒有力量去做不正義的事，任何有做不正義事的力量的人，除非他愚昧或瘋了，否則是絕不會願意遵循這種折中的辦法。這就是我聽到的關於正義的性質和來源。

第二點，做正義之事不是出於自願，是說原本是想做不正義之事，為所欲為的，但卻沒有這能力，所以才選擇做正義之事。下面我們就用一個方法來證明它。我們試著將正義與不正義者聚在一起，讓他們有真正的自由，看他們的作為，觀察他們的動向，其結果必定是他們做事都只是根據利於自己的一面去行動，其原因就在於人們認為對自己有利的事物就是有益的，而選擇走向正義之路的人，只不過是受到法律的制裁而已。如果想對此做一下試驗，那麼正義者與不正義者必須都有隨心所欲的自由，就像相傳連田[21]人克拉塞的祖宗及奇[22]所擁有的隨心所欲的本領那樣。傳說及奇是連田國王的牧羊人，他在牧羊的時候，突然遇到大風雨，接著發生了地震，地上出現一條大裂縫。他對此感到非常的驚訝，於是到地縫中看了下，見到各種各樣的怪物，其中有一個巨大的銅馬，它的中心

是空的，馬的身上還有門。及奇俯身進入，見到了一具形似人類的屍體，屍體上除了一個金戒指外沒有其他的東西。及奇取了金戒指後出了地縫，然後與其他牧人匯合，商議將羊群的狀況報告給連田國王——這是通常的規則。及奇手戴著金戒指去開會，無意中他將金戒指朝裡面轉了一下，忽然及奇隱身了，眾人以為他已經離開了。但是及奇自己感到非常奇怪，就再次實驗，反覆多次，結果還是如此：金戒指面向外的時候人出現，向內的時候人就隱身。他利用這一能力當上了牧羊人的代表，後來還當上了國王的使臣，在王宮迷惑王后，並設計殺害了連田國王，奪取了他的王位。假設我們現在有金戒指兩枚，將其中一枚戴在正義者的手上，另一枚戴在不正義者的手上，那麼，正義者未必就會像以前那樣遵守正義的大道而對不正義無動於衷。因為人們之間的相處交往，倘若不被他人察覺，則沒有人會見他人財物而不生佔有之心，目睹集市上的可愛之物而不起獲取之心的，遇到可以欺負之人而不去欺負的，想念牢獄中關切之人而不想除掉其身上桎梏讓他自由行動的。那麼，到此正義者與不正義者的舉動相同，所達到的目的也相同。我剛才所說的正義的人不是因為行正義有利而去做的，實在是不得不做的緣故，這不就是一個很明顯的證明嗎？誰都知道不正義比正義有利，如果沒有法律的約束或是因能力不夠，誰不樂於做不正義的事呢？假設有一個人，在有了隱身術後，也像沒有隱身術之時一樣，不去欺負他人，那麼他到哪裡人們都會讚揚他，但實際上人們讚揚他的目的，不過是害怕這個人的正義逝去，而不正義成長起來，因為如果這樣，這個人就會來傷害自己，所以在口頭上稱頌他，內心實則是譏笑其愚不可及。

21 今譯為：「呂底亞」。

22 今譯為：「古各斯」。

如果我們想要正確判定正義與不正義何者更有利於人，除了先分清兩者的界限之外沒有其他方法了。如果有人問什麼是兩者的

清楚界限呢？我可以回答說：正義者必須是純粹的正義，不正義者是純粹的不正義，兩者必須完全沒有任何缺點，而各盡其職能。不正義者就像是專門的藝術家，如舵工或醫生一樣自己知道自己的技能，不做自己能力所不及的事，即使遇上失敗，也有挽回的辦法。所以我說不正義者能做盡不正義之事而不被他人察覺，原因在於不正義至極點時，人們不會察覺，反而認為是正義的，那些被人洞察而敗露的不足以討論，但想要不正義之事不被他人察覺，這需要不正義者沒有任何的缺點才可以。凡是能做純粹不正義之事的人，只要不被人察覺，往往是獲得大利、享受大名的人。即使萬一有失策的地方，或是洩露秘密的地方，他也能以欺騙的語言、狡詐的權謀，以及黨羽和金錢的力量等等來遮掩他的過失，直到達到他的目的為止。最後，再將高尚、單純的正義者放在不正義者旁邊加以比較。這裡的正義者必須是如哀斯克勒[23]所說的真善而不是僅近乎善。似乎正義必定會受到人們的稱讚並獲得報酬。既然受到人們稱讚或得到報酬，就有了名利，那麼我們就不知道這裡的正義者，是真的愛正義，還是只是為了名利。所以，這裡的正義者必須是純粹的正義者，沒有絲毫的私念夾雜其中，其行為剛好與剛才所說的不正義者相反。這種人應當是一個品格最高尚的人，也是受到別人傷害最大的人，然後可以對他進行實地考察，看看他是否真的不被利益誘惑。並且這類考察，應當一直持續到正義者死亡為止，讓他在不正義的事情上，或在比不正義更不正義的事情上，觀察他是否自始至終都堅守純粹正義，至死不渝。讓兩者都到了極端後，我們就可以判斷這兩者哪一種是更讓人幸福的。

[23]今譯為：「哀斯庫羅斯」。古希臘三大悲劇作家之一，「被譽為悲劇之父」。

蘇格拉底：你對這兩類人物的描摹，真的很誠懇，無異於塑造了兩類偶像啊。

克拉根：我只是盡我的力量罷了，想要知道兩者中誰更優勝，只要觀察兩人的結果就可以知道了。所以我打算再就兩人所處的境

遇詳細描述一下，如果你認為我的用詞粗鄙，那你要諒解我，因為這並不代表我自己說的話。我是以讚揚不正義、貶斥正義者的口吻來說的。他們會說：人們一提起正義者就會認為，他是受不正義束縛和鞭撻的，他受盡不正義的極刑，最終被其置於死地。這時候，一個人才會醒悟過來，人應該做近似正義而不能做真正義的事（哀斯克勒之語）。哀斯克勒的話應當用於不正義者，而不是用於正義者，因為人們認為不正義者是實事求是的，不追求浮誇的外表，也不說似是而非的道理。詩歌裡面所說的「不正義者的心靈/有肥沃的土地/聰明和才智是從這裡產生出來」就是這個意思。唯有不正義者常會被認為是正義的，所以常常會得到治理他人的權利，凡是他想娶的都可以娶，他想讓誰做他的妻子，他都可以辦到。並且，他專門以利己為前提，始終不忘記自己不正義的目的，所以不論他是在與別人做生意，還是在與其他什麼人交往，始終都勝人一籌，獲得的利益也比別人多，所以最終他會變得很富裕。富裕後，他就會想辦法去幫助他的朋友，對付他的敵人，這比正義者要容易得多。不僅如此，即使是祭神一事，他也遠勝於貧苦的正義者，神對於不正義者的感情，也好於正義者，所以人們常說神與人實際上沆瀣一氣的，因為神讓不正義者勝於正義者。

當時我正想說幾句話，他的弟弟哀地孟德插了進來。

哀地孟德：蘇格拉底啊，你別以為到了這裡，話就已經說完了。

蘇格拉底：還有什麼話？

哀地孟德：極為重要的地方，還沒有說到呢。

蘇格拉底：很好，諺語說「打虎親兄弟，上陣父子兵」，你不妨這樣做，假如克拉根有疏忽的地方，你盡可以查漏補缺，補充他的論述。雖然，他所說的已經足夠讓我無從反駁，即使我想為正義辯護，也是愛莫能助啊！

哀地孟德：你這說的是哪裡的話？我只是以為尚有幾處需要補充一下，這樣克拉根說的宗旨就更加明白了。父母對兒女，老師

對學生，不都是教他們持守正義嗎？但他們教其持守正義的原因
是什麼？不是為了正義本身，實際是因為正義能得到人們的稱頌與
尊崇；由於正義可以得到財產與職業，所以這些人只留意於自己的
外表，而以正義裝飾自己。克拉根所謂的不正義者總是借正義者的
名譽而得到種種利益就是這個意思。那麼，世人是如何讚揚正義的
呢？人們常說：正義者被神喜歡，天將利益賜給善良之人，如同天
下雨那樣自然。這說法與詩人黑沙奪[24]和花滿的見解是吻合的。黑
沙奪說：「天讓正義者種橡樹／子生於橡樹上／蜜蜂一定會聚於其
中／讓正義者牧羊／他的羊一定毛重而繁盛」。此外，他描述了種
種相似的利益，花滿的見解，也差不多。他說正義者的名字：「就
像是一位神聖的君主的名字／大地供給其穀物／樹供給他果實／羊
供給他皮毛／海供給他魚類」。而謀哀[25]和他兒子讚揚正義更勝於
此。他們說正義者的來世，能高臥暢飲，頭戴花圈，整日醉臥美人
鄉，是美德的最高酬報。此外，稱頌正義勝於謀哀的也大有人在。
他們說正義者所應得到的酬報，不只是他自己享受，還能延伸到他
後代的三世、四世都不會停止。以上這些說法，都像讚揚正義者的
話。

㉔今譯為：「赫西俄德」。古希臘詩人，代表作是長詩《工作與時日》

㉕今譯為：「默塞俄斯」。

　　他們對不正義者也有自己的見解。他們說：這類人死後，必定
墮落到地獄沼澤中，充作打水的苦役。就算沒死的時候，他們也會
受到上天的各種刑罰，這些刑罰，就是剛才克拉根所說的正義而又
似乎是不正義的人所應當受到的刑罰。那些稱頌正義、貶低不正義
的人都是這樣。論述正義的不只是詩人，散文中也常有提及，所以
我希望你能從其他方面再來考察。世人都一致認為：正義與善德應
該受到尊敬，只有貧苦不被人所喜，不正義之放縱與其所帶來的快
樂很容易得到，只是被法律與習俗禁止。他們說誠實的人不能像不
正義者那樣獲得利益，而經常會羨慕惡人的安樂，有時候並非只是

羨慕。假設惡人有權有勢，人們不僅會尊敬他，而且會崇拜他，反而是誠實者，他因無財無勢而不被人尊崇，即使人們明明知道他是一個善人。這還不足為怪，最奇怪的是他們對於神與美德之間的關係的議論。他們說神總是降禍於善人而賜福於惡人。乞討的先知常到富人家門前，都說自己有天賜的能力，能以獻祭或其他的法術，為某個人的祖宗在上天那裡贖罪，凡是能設宴款待他的人，他就能為其施展法術，為其祖先懺悔，並且以很小的代價，使這個富人以各種幻術幫助他的友人、對付他的敵人。人們認為這種先知法術通天，而先知常以詩人的話作為自己說的話的依據。黑衰在議論惡人行徑的時候說：人可以做盡壞事而不被阻礙，因為不義之路如平坦大道，離家只有咫尺之遠；而在美德面前，神設置了無數的障礙，它的路就如登山的小道，崎嶇無比。花滿說：「一個人如果做惡累累，可以透過禱告獻祭的方法，俎豆馨香，獻媚於神，便可消解怨恨和恐懼，因為神的旨意也是可以挽回的。」這些言論便可作為他們說的天意可以挽回的依據。像這類可以作為引用證明的著作，可謂數不勝數啊，如月神的後裔謀衰所著的書裡就有，工藝神的後裔屋否[26]所著的書裡也有。且懺悔的行為，不僅僅是個人，有時是整個城邦的人；不只是活人有，即使是死了的人也可以為自己辨解而使自己擺脫地獄之苦。如果不懺悔贖罪，結果將會怎麼樣，人們就不知道了。蘇格拉底啊，少年人聽了這些神和人對於善惡的看法，將會有怎樣的影響啊？在我看來，凡是聰明的人，聽了這些話，必定會如蜜蜂張開翅膀，飛在花叢中，想像自己該做哪種人，能以什麼樣的方法，使自己的一生多得利益。我知道這類少年，或許會以賓大的話問自己說：「我應當做正義之事，還是應當以奸詐之術行事，然後踏上這難如登天的高塔？觀察人們成功的事例，忽然覺得即使我事事都是正義的，但人們認為我所行的是不正義之事，那麼我就不能獲得利益。困苦和損失使我吸取教訓，做不正義之事，得到了正義之名，從而才擁有現在與將來的幸福。這是眾人的觀點。

審視這兩方的結果竟然如此不同，那麼就可以像哲學家那樣下結論了：人的外表能壓倒真理而成為幸福的來源，那我就該專注於外表。我以一個善德的形象，布於自己的四周，作為我屋子的庭園與廊廡，然後在屋後蓄養狡詐貪婪的狐狸，這也是先賢沃格洛格[27]所贊成的。人們雖然說遮掩自己的罪惡不容易，我可以自己安慰自己說：「凡是偉大的事，本來就沒有容易過。」所以想要得到安樂，非如此做不可，至於掩蓋自己的罪惡，我應當與政黨訂下秘密契約讓他們輔佐我，請辨論家教我辨論術後再上法庭，用詭辯術在庭辨上戰勝對手。所以，我決定以論辨、強權來獲取不義之利，如此就不會被人所指控。雖然我聽說不能欺騙神，但神真的是高高在上嗎？假設神真的高高在上，但他不聽聞人間之事，那我為什麼要畏懼呢？即使神打理人間之事，我也知道這樣的神，就像詩人常常所說的「神的旨意可以隨人的禱告獻祭而改變」，所以信不信神，都是可以的。假設詩人說的是正確的，那我就應該放縱地去做不正義之事，然後以不正義所獲得的結果分一部分給神。之所以這樣做的原因就在於行正義之事，雖然可以免受神的懲罰，但沒有什麼利益可以獲得；如果行不正義之事，那利益就可以源源不斷，更何況作惡後還可以祭祀，以消解神的憤怒，逃脫天的懲罰。或說人世之外，還有陰曹地府，凡是作惡的人和他的後代會在陰曹地府受盡懲罰，但是這沒有關係的，因為先知他們能以幻術或是獻祭的方式，挽回陰曹地府中諸神的旨意。

㉖今譯為：「俄爾甫斯」。

㉗今譯為：「阿爾赫洛霍斯」。

以上這些說法都是市井小民的看法，能為之作證的有神的後裔、詩人以及先知。所以，蘇格拉底啊，凡是能以正義的外表做不正義之事的，對於神和人，均沒有不利，不論生前，還是死後都是有利而無害的。諸賢哲的看法也與這不謀而合，那麼叫人們持守正義，放棄不正義有什麼理由嗎？在見過這兩方面的結果和情形

後，你想使頭腦聰明或是有財有勢的人重視正義，要他不笑話他人稱頌正義，這可能嗎？即使有人能證明我的話是錯誤的，認為正義是正確的，除了一兩個那些得到真理的人外或是素來仇恨不正義的人外，未必會有人憤怒於他人的不正義。凡是時不時地抱怨不正義的人，大都是因為自己的原因，要麼是自己膽怯，要麼是年邁體衰，要麼就是自己沒有這個能力去做壞事。要是給他們以權利，他們肯定會以作惡為能事，而那些抱怨不正義的人，其理由就不言而喻了。我之所以有這樣的言論，原因在於辨論之初，我和克拉根已經論述明白了。更重要的是，我們發現從上古到現在，竟然沒有一人談論正義與不正義的真正性質，也沒有討論正義為什麼對人是最有利的，不正義對人是最有害的；即使有提及，也不過是討論它們二者產生的結果及其優劣罷了。假設眾人都探究到了它們的真正性質，那麼我們從小時候就已經聽到過真理，時至今日也不需要禁止作惡了。作惡如果對自己有極大的害處，那麼人們就會自己忙著禁止作惡了。我之所以以如此激烈的態度來辨論此事，只是希望你能盡力闡述與之相反的意思。假設斯拉雪麥格或他的同伴處於我的處境，我想他們的言辭將會比我更為激烈。現在我希望你能告訴我的，不僅是正義優於不正義的原因，而且還要告訴我們人們行使正義與不正義之事會帶來什麼樣的影響，為何一個使人善而有利，一個使人惡而有害。你要像克拉根所要求的那樣，不要牽涉人的名譽，因為如果你不論述二者的真名譽，而只是以它們的假名譽來泛泛而談，那我將說你讚揚的不是正義，而是正義的外表，這是等於在叫人秘密地行不正義之事。那麼，你的本意就與斯拉雪麥格所說的正義是強者的利益，而不正義是自己的利益，是對弱者的禍害的觀點並無不同。但是你已經承認正義是一種最大的利益，而人們之所以需要它，不只是因為其結果比不正義好，更是因為正義固有的本性就是好的，它就像眼睛能看，耳朵能聽，醫術能使人健康一樣，那麼，我希望你在讚揚正義時能注意到這一點，即正義與不正義的

最大利益與最大的害處各是什麼。他人對於這二者的妄論，比如以酬報和名譽的比例來討論正義與不正義，這些都不足以論，我就不再追問了。但你和普通人不同，因為我知道你畢生都在研究這類問題。假如你不承認，那我也沒有什麼話可說的了，否則你就應該與我的主張相比較，尋求最滿意的答案。在結束之前，再次申明我的意思：我希望你不要只是證明正義優於不正義，我想知道的是，它們各自本身是什麼，人們做到這兩者的結果是什麼，為什麼一個是有利的，另一個是有害的，至於會不會被神和人所察覺，可以撇開不論。

克拉根和哀地孟德的才能是我所欽佩的，現在聽了他們的話，我就更加高興了，於是對他們說了以下的話。

蘇格拉底：真是顯赫者的兒子啊，我尚且記得克拉根在梅加拉戰役勝利後，有人寫文祝賀。文章的首段說哀理斯登之子真是上天賜給大英雄的後裔，我認為這話非常正確，你既然不相信不正義的利益，卻能夠為其辯護得頭頭是道，這就是天賦之才，有如神助啊！我觀察你們兄弟的神色，聽你們兄弟的語氣，你們並不是真的相信自己所說的內容。假如我聽信你們所說的話，那我就誤會你們的本意了。我越來越覺得你們的能力非常強，讓我難以反駁。我實際上處在了一個兩難的境地，一方面對於這個問題的解答，恐怕我難以勝利，原因就是之前我已經告訴過斯拉雪麥格，但還是不能使你們深信正義優於不正義，而在這一點要說的我也說得差不多了。另一方面，只要我的舌頭還在，我就不得不竭盡全力地為正義辯護，因為聽到有人詆毀正義卻不辯護，這似乎是不正義的行為。因此，我打算竭盡自己的能力，再為正義做辯護。

克拉根和眾人都懇求我不要放棄這個問題，他們想繼續研究，探求真理。第一個是關於正義與不正義的性質的問題，第二個是關於兩者的利與害的問題。

蘇格拉底：這個問題的性質不是一般的問題可比的，需要銳

利的辨別力才能有所勘破，而我們的腦力並沒有比他人強很多，所以，我認為不如用打比喻的方式來說明它。假設要一個近視的人去辨別遠處的小字，這時候在一個較近的地方有一個更大的和其一模一樣的字，那麼他肯定會欣喜若狂，再假設他人同意他可以先認大的字，然後再去看小的字，這對於這個近視的人來說不是難得的好運嗎？

哀地孟德：是這樣，但這個比喻與我們的問題有什麼關聯呢？

蘇格拉底：請讓我詳細說來，我所研究的正義，不就是個人的善德與國家的善德嗎？

哀地孟德：是的。

蘇格拉底：國家不是大於個人嗎？

哀地孟德：是的。

蘇格拉底：那麼正義的大小也是一樣的，大的容易辨別，所以我認為應該遵循先大後小的順序，先辨別國家的正義與不正義，然後再將其與個人的正義和不正義相比較。

哀地孟德：這方法很好。

蘇格拉底：當國家處於建設的時候，那麼正義與不正義也處於建設的時候。

哀地孟德：是這樣。

蘇格拉底：當國家完備了，這兩者也就趨於完備了，要辨別它們，也比較容易。

哀地孟德：沒錯。

蘇格拉底：那麼，難道我們不應該自己建造一個理想的國家嗎？這是不是一件簡單的事呢？請你思考一下。

哀地孟德：我已經思考過了，並且希望我能言之有理。

蘇格拉底：在建造一個理想的國家之前，應當先思索一下國家是怎麼來的。在我看來，國家之所以建立，是因為人類必須相互幫助，其原因就在於各人都有各自的需要，而這需要人們的共同努力

才能互相得以滿足，這不是國家之所以產生的唯一原因嗎？

哀地孟德：應該是這樣的。

蘇格拉底：人既然有各自的需求，而且多數的需求需要他人的供給才能得以滿足，因此各自會根據自身的需求組建團體。凡是由這樣的群體、團體聯合組成的一個整體，便可稱之為國家。

哀地孟德：是的。

蘇格拉底：於是就有相互之間的交易，有供給者，有接受者，而他們的目的不過只是為了彼此的利益。

哀地孟德：沒錯。

蘇格拉底：現在我們可以建造我們的理想國了。

哀地孟德：好的。

蘇格拉底：人的最大需求，莫過於飲食，沒有這些，人就無法生存。

哀地孟德：毫無疑問的。

蘇格拉底：其次就是人的居所，再次就是衣服，等等。

哀地孟德：是。

蘇格拉底：然後可以觀察我們所建造的國家或城市，將如何供給以上的需求。我們設想一個國家需要有農夫、工人、織匠，再加上鞋匠以及其他供給需求的人，可以嗎？

哀地孟德：沒有不可以的。

蘇格拉底：那麼，即使是最簡單的國家，也需要有四五個人。

哀地孟德：必須要的。

蘇格拉底：那他們要怎樣進行？是各自將自己的工作成果提供給所有的群眾嗎？比如說農夫的工作不僅僅只是為自己，也是為了其餘四個人的生活所需。因此他所消耗的時間，是不是要四倍於為他自己準備食物的時間呢？還是他無須關心其餘四個人的食物問題，只需要為自己準備就好了，然後將剩餘四分之三的時間用在建造房屋或製造衣服等事情上呢？

哀地孟德：我認為農夫應當專心於供給食物這事上，不必要再做什麼其他事。

蘇格拉底：我也認為這樣比較好。就以我自己的看法來說，我認為人的興趣愛好不同，職業也有所不同。

哀地孟德：是的。

蘇格拉底：一個人做多件事，和一個人只專心於一件事，哪個更好？

哀地孟德：當然是專心於做一件事更好。

蘇格拉底：假如在不恰當的時機做一件事，那這件事會必敗無疑。

哀地孟德：這是毫無疑問的。

蘇格拉底：那麼，有職業的人就應該在該職業上堅持做工作，而不是等到有閒暇的時候才去做。

哀地孟德：是的。

蘇格拉底：那麼，一個人只要在恰當的時機做適合他性情的職業，不去管其他事情，那他是不是會把事情做得又快又好呢？

哀地孟德：對極了。

蘇格拉底：但是在一個城邦裡，除了以上四個人外，還需要添加其他人。因為農夫不應該自己製作犁鋤和其他的器械，建造房屋的人不應該自己製造斧頭和其他的工具，必須依靠其他人來做，織匠等人也是這樣。

哀地孟德：是的。

蘇格拉底：那麼，木工、鐵匠與其他各種工匠都在我們的小邦裡逐漸多了起來。

蘇格拉底：不僅如此，應當再有各種牧養人，這樣農民就有了為他耕種的牛；而建造房屋的人就有了牛肉當食物；皮革匠和織匠就有了毛革來做材料⋯⋯並且這些即使一一具備了，也還不能稱它為大國。

哀地孟德：是的，但如果這些都具備了，我們的國家也不算是一個很小國家了。

蘇格拉底：那麼，我們來看看這個城邦的情況怎樣，一個城邦不需要進口任何貨物，這可能嗎？

哀地孟德：這當然不可能。

蘇格拉底：那麼，是不是就必須有人專門負責進口貨物的事呢？

哀地孟德：是的。

蘇格拉底：那麼，派出去的人就必須知道別人那兒多出什麼、缺什麼。如果我們的人不帶著別人那裡所需要的東西去交易，他必然會空手而歸。

哀地孟德：我想，的確會是這樣的。

蘇格拉底：那麼他們本土所產的東西，就其在品質和數量方面，應該不僅要滿足本土人民的需要，也要滿足與他們進行交易的外邦人的需要。

哀地孟德：應該是這樣的。

蘇格拉底：那麼，我們的城邦就需要有更多的農夫和工匠了。

哀地孟德：是的。

蘇格拉底：既然如此，那麼國家不應該需要有專門負責進口與出口的商人嗎？

哀地孟德：是不可缺少的。

蘇格拉底：然而，想要進行海外貿易，是不是另外需要一些懂得海外貿易的人呢？

哀地孟德：是的。

蘇格拉底：那我們在城邦內的交易又是如何進行的呢？大家都將自己生產的東西拿出來彼此進行交換，而這也正是我們創建這個城邦的目的之所在。

哀地孟德：這就必然有購買者，也必然有銷售者。

蘇格拉底：於是我們就需要市場，而且需要有統一的貨幣，作為交易的場所和媒介。

哀地孟德：是這樣的。

蘇格拉底：假如一個農民或工匠帶著他的產品進入市場，而一時沒有與他交換的人，那他是帶著他的產品回家去呢，還是獨自待在市場上等著他人來交易，耽誤自己的工作時間呢？

哀地孟德：這都是不行的，市場上應該有專門以販賣為職業的人。在各項措施完備的國家裡，那些體質較弱而不能從事勞動的人，往往從事販賣這一行業，他們以金錢買進他人的商品，轉手將商品賣給所需之人，以換取金錢。

蘇格拉底：那麼，在我們的城邦中就需要一種專門從事販賣的商人了。用販賣來統稱這些人恰當嗎？凡是常在市場中以買賣為業的人，都稱之為小商販；帶著商品到遠處交易的人，稱之為大商人。這樣稱呼他們可以嗎？

哀地孟德：當然可以。

蘇格拉底：但另外還有一種人，就其智力方面而言，尚有不足之處；但有足夠的力氣從事體力勞動，這些人靠出賣自己的勞動換取錢財，這些錢財就被稱為工資，而這些人就被稱為工人。你說可以嗎？

哀地孟德：可以。

蘇格拉底：這些人不也是我們城邦公民的一部分嗎？

哀地孟德：是的。

蘇格拉底：到此為止，我們的城邦不就完備了嗎？

哀地孟德：大概是完備了。

蘇格拉底：那麼在我們的城邦中，正義在哪裡？不正義又在哪裡？正義與不正義又是從哪裡產生的？

哀地孟德：就我個人觀察來看，大概發生於人與人之間交易的時候。除此之外，未必有什麼地方能夠產生正義與不正義的。

蘇格拉底：我認為可能就如你所說，那麼我們必須進一步考察這個問題。

哀地孟德：那麼，我們先來考慮一下，如果按照之前所安排的，他們應該如何生活呢？他們不需要煮飯、釀酒、製衣、製鞋、造房嗎？因此，他們就必須有工作，有家室，夏天赤膊光腳，冬天則需要穿厚厚的衣服和厚厚的鞋來禦寒。他們需要以麥片和麵粉為食，煮飯、做餅，並需要把這些放在乾淨的葉子上，還需要將樹木的枝葉編在一起作為他們的床。此外，他們的兒女們需要頭戴花冠，與自己一起歡樂暢飲，感謝神明的恩賜。戰爭和荒年等這些都是不可預測的因素，所以還需要有一定的積蓄。

克拉根：你似乎還沒有說到這些人，宴會上所要的調味品。

蘇格拉底：你說得對，我幾乎忘了他們也需要調味品了，這可是必不可少的。他們需要鹽、橄欖及牛乳餅等。另外，也可以像鄉裡的人一樣烹飪樹根蔬菜來調味，至於果實諸如棗、豆等也可以。有了我們說的這些食品，人們就可以開開心心、平平安安地幸福終老了。並且作為他們的子孫也可以過著和他們的祖輩一樣的幸福生活了。

克拉根：你這與飼養一城的豬又有什麼區別呢？

蘇格拉底：既然你這樣說，那麼你覺得還有什麼需要呢？

克拉根：你應當給予人民一些普通的便於人們生活的物品，因為凡是喜歡安樂生活的人，都喜歡坐在安穩舒適的搖椅上，臨近的桌子上還應該有可口甘甜的食物。

蘇格拉底：好的，我瞭解你的意思了。你所想要的不僅僅是組建一個簡單國家，而是一個繁華的國家。我認為這也未嘗不可，在這樣的國家中，正義與不正義或許就更容易被我們所覺察到。在我看來，剛剛我所說的就是一個健全的國家，現在你想創建一個繁華奢靡的國家，我也不反對。我想要說的是我剛才所說的簡單樸實的生活，我看未必有人會同意。人們往往喜歡安逸舒適的睡椅和各種

方便人們生活的傢俱；此外，還需有香料、香水和各種化妝品，並且每種化妝品還需有不同種類的名稱。那麼，尋常的房子和衣服已經不能再使人們滿意了，於是還需要有頂級的畫師和繡女，金銀珠寶首飾和各種黃金製品也必須應有盡有。

克拉根：你說得對啊。

蘇格拉底：這樣一來，原來這個國家所擁有的已經不能再滿足人們的需求了。那麼我們就需要增加一些職業了。像詩人、獵人、伶人、舞蹈家、歌唱家，等等，以及製造各種奢華便利物品的工人，如製造衣服的婦女，又如教書的老師也不能少。僕人也要比以前的多，還有奶媽、理髮師、廚師的人數也需要成倍增加。而且，人們要吃的肉也不再僅限於有牛肉、羊肉，所以除了牧羊人、牧牛人之外，還需要有養豬的人。

克拉根：對呀。

蘇格拉底：假如生活狀況是這樣，那麼還要有更多的醫生。

克拉根：是需要更多。

蘇格拉底：這樣原本自給自足的國家恐怕無法實現這一目標了吧？

克拉根：是的

蘇格拉底：這樣一來，就需要奪取鄰國的土地來耕種、畜牧，要是鄰國也不滿足，也無限制地追求財富的話，那麼他們也勢必要來奪取我們的土地。

克拉根：這種事的確是不可避免的。

蘇格拉底：這樣就會爆發戰爭。

克拉根：是的。

蘇格拉底：我們雖然不知道戰爭所帶來的結果會如何，但戰爭肯定給人們的公共生活和私人生活帶來許多破壞。

克拉根：當然。

蘇格拉底：這樣一來國家就更需要擴充和完備，從而才能使自

己變得更強大。軍隊是其首先需要擴充的一部分，如果沒有強大的軍隊，那麼對外無法抵抗敵人，對內無法保護百姓。

哀地孟德：人民為何不能自衛而需要軍隊呢？

蘇格拉底：這是不能的。你難道忘了嗎？在創造城邦的時候，我們曾一致說過，一個人是不可能擅長眾多技藝的。

哀地孟德：是說過。

蘇格拉底：軍隊打仗不是一種技藝嗎？

哀地孟德：的確是。

蘇格拉底：這項技藝也要像製鞋一樣需要專心致志吧？

克拉根：當然了。

蘇格拉底：為了把大家的鞋子做好，鞋匠不再去當農夫、瓦工、織工。所以各行人需要各司其職，假如他的行業與他的志趣相合，那麼他的一生都會樂此不疲，並且還會成為這一領域的精英。戰術與其他技藝相比，這一點尤為重要，要想精於此道，也尤為困難。我們難道可以讓農夫和鞋匠們去帶兵打仗嗎？就拿下棋來說，下棋是一種消遣的事，然而如果不用心的話，決不能精於此道。想要精於此道，那從小開始就要用心去練，工人、士兵也未嘗不是這樣，士兵如果沒有技藝，那麼即使有鋒利的兵器也於事無補。

哀地孟德：是的。凡是能精於兵事的，都是經過專門訓練的。

蘇格拉底：我認為守衛者的責任越重，他的技藝就需要越精，那他訓練的時間也需要更多，你認為是這樣嗎？

哀地孟德：這是毫無疑問的。

蘇格拉底：並且他的性情要適合做這個職業，對嗎？

哀地孟德：沒錯。

蘇格拉底：因此，我們需要挑選有作戰天賦的人來守城。

哀地孟德：這的確是我們的責任。

蘇格拉底：挑選人才並非易事，我們要盡心盡力地去做。

哀地孟德：的確如此。

蘇格拉底：就守衛來說，強而有力的少年不就像守衛的警犬嗎？

哀地孟德：你指的是什麼意思？

蘇格拉底：我是說兩者均需在視聽方面靈敏，勇於追敵，如果與敵人交手還要有力氣擒住對方。

哀地孟德：這兩種品質他們都必須有。

蘇格拉底：如果想要作戰勝利的話還要勇敢。

克拉根：是的。

蘇格拉底：然而不論馬犬，還是其他動物，如果沒有精神意志，能變得勇敢嗎？因為精神意志不是外物所能戰勝的，只要有了它，畏懼之心自然消亡。不知道你有沒有這種觀念？

哀地孟德：我有這樣的觀念。

蘇格拉底：那麼，守衛者在身體方面需要有什麼品質也就很清楚了。

哀地孟德：是的。

蘇格拉底：並且要有過人的精神意志。

哀地孟德：是這樣的。

蘇格拉底：然而有這等強健體魄並且精力旺盛的人，他會成為野蠻人，而且還會以野蠻的手段對付眾人。

哀地孟德：想要避免這一可能性，的確不是一件容易的事情。

蘇格拉底：這些人要對敵人兇狠，對自己人友好，不然，還沒等敵人消滅他們，他們自己先把自己給消滅了。

哀地孟德：的確會有這樣的事發生。

蘇格拉底：那麼我們要怎麼辦呢？我們上哪兒去找既身體強壯又有溫良品性的人呢？這兩種可是相反的呀！

哀地孟德：是啊，去哪找呢？

蘇格拉底：但是這兩種品性缺了一種，他就永遠不會是好的護衛者。而這兩者又不可兼得，看來一個好的護衛者是不可能有的

了。

　　哀地孟德：我十分擔心會被你不幸言中了。

　　至此我感覺頭腦混亂，所以回想之前所說的話，過了很久我才能繼續說下去。

　　蘇格拉底：哈哈，我的朋友啊！我們都忘記了之前講過的話，難怪我們會不知所云啊！

　　哀地孟德：你指的是什麼？

　　蘇格拉底：我想說世間的確有這兩種品性都具有的東西。

　　哀地孟德：那在哪裡可以找到啊？

　　蘇格拉底：動物中可以作為模範的例子不少呢，就拿犬類來說吧，馴養的好的狗都是對自己的人溫馴，對陌生的人兇狠。

　　哀地孟德：嗯，的確是這樣的。

　　蘇格拉底：那麼這樣說來想要守衛者擁有這兩種品質也不是不可能的事了。

　　哀地孟德：嗯，是的。

　　蘇格拉底：既然這樣，那麼凡是守衛者除了擁有強健的體魄外，是不是還要有哲學家的性情？

　　哀地孟德：你的意思究竟是指什麼？

　　蘇格拉底：這種性情犬類擁有，仔細觀察犬類就能知道。

　　哀地孟德：這種性情究竟是哪種性情？

　　蘇格拉底：犬類看見不認識的人就會狂叫，要是見到認識的熟人就會很溫順，甚至會去歡迎。但是那不相識的人並沒有虐待它，那些熟人又沒有給它們什麼好處，你不覺得犬類這種行為很奇怪嗎？

　　哀地孟德：過去我沒有注意這種，不過現在想來的確是這麼一回事。

　　蘇格拉底：犬類有這種天性的確很令人高興。所以我稱犬類為真正的哲學家。

哀地孟德：怎樣能成為哲學家？

蘇格拉底：犬類鑒別友人和敵人並不是以智慧來識別他們的好壞，而是以知與不知為準則，那麼犬類難道不是一個好學者嗎？

哀地孟德：確實沒錯。

蘇格拉底：但是好學者不就是好知識者嗎？好知識者不就是哲學家了嗎？

哀地孟德：的確是的。

蘇格拉底：對於人類來說又何嘗不是這樣，凡是能以仁愛對待朋友的，不就是愛好知識的人嗎？

哀地孟德：是的。

蘇格拉底：所以真正能擔當守衛職責的人應當具有哲學知識、精神與強大的體力這三項，不是嗎？

哀地孟德：的確這三者缺一不可。

蘇格拉底：那麼守衛者應當具有怎樣的天性，我們已經清楚了。但是我們的守衛者應該接受什麼樣的教育呢？這個問題或許能夠幫助我們明白正義與不正義如何在國家中產生的原因。

哀地孟德：嗯，對的。

蘇格拉底：那麼，我們是不是需要在這問題上多花點兒時間，然後再逐步拋棄這個問題？

哀地孟德：是的。

蘇格拉底：那麼，就讓我們暫且花費一小時在這問題上，談談怎樣教育這些護衛者吧！

哀地孟德：很好。

蘇格拉底：那麼，他們需要什麼樣的教育內容呢？按照之前說過的話，教育內容分為兩部分：一部分是體育；另外一部分是音樂。前者訓練人的身體，後者訓練人的心靈，除此之外還有更好的嗎？

哀地孟德：是沒有比這更好的了。

蘇格拉底：那麼，我們先從音樂開始，然後再講體育，怎麼樣？

哀地孟德：好的。

蘇格拉底：你所說的音樂也包括文學在內，對嗎？

哀地孟德：是的。

蘇格拉底：文學應當包括理想與現實嗎？

哀地孟德：是的。

蘇格拉底：少年應當兩者都學習，但應當先教他們有理想。

哀地孟德：我不理解你的意思了。

蘇格拉底：我的意思是應先以理想的故事啟發兒童。這些故事不能全說是虛構的，其中大半是理想化的，這樣的故事是很適合告訴兒童，他們這個時候還尚未達到接受體育訓練的時期。

哀地孟德：嗯，說得很對。

蘇格拉底：我所說的先教音樂、後教體育就是這個意思。

哀地孟德：我已經明白你的意思了，而且非常贊同。

蘇格拉底：我也明白凡事開頭難，而且教育兒童更要注意，他們將來性格如何全在此時打下基礎了。

哀地孟德：嗯，是的。

蘇格拉底：我們如果放任兒童聽那些沒有任何理想性可言的妄談，讓兒童在其影響下成長，那麼這不就會跟我們所期望的相反了嗎？

哀地孟德：千萬不可以。

蘇格拉底：那麼，我們首先要取締傳奇性的小說，即將其好的留著，將那些不好的給刪去。而且母親和保姆只可以講已經審定後的故事，這樣就可以用故事來陶冶兒童的情操，那麼現在流行的多數故事我們都要刪去。

哀地孟德：你指的是傳奇性的故事嗎？

蘇格拉底：故事不論大小都有需要刪除的地方。

哀地孟德：你所說的大的是指什麼？

蘇格拉底：如花滿和黑西以及其他一些著名詩人或傳奇家們所

講的故事。

哀地孟德：你是指他們這些傳奇性故事中的哪一類，你發現這些故事有什麼弊病了嗎？

蘇格拉底：這弊病不同尋常，他們所講的那些都是謊言，而且是極其惡劣的謊言。

哀地孟德：他們著作中的哪些部分有這些惡劣的謊言呢？

蘇格拉底：比如，他們在描述英雄人物性格的時候，都會有許多錯誤，就像畫家不能畫人的本來面目一樣。

哀地孟德：你說得很對。這種著作的確沒可取之處，但你指的是哪些人呢？

蘇格拉底：如黑西描述猶拉納[28]的行為以及克洛納[29]的報酬，真可謂醜陋不堪，異常惡劣。像克洛納的所作所為以及他的兒子加於他身上的苦楚，無論是真還是假，都應該被束之高閣，不要讓少年和那些還沒有識別能力的孩子看到或聽到。如果非要講到不可的話，那麼也只許讓少數人聽到，並且還要將其作為玄妙之事來談。

[28] 今譯為：「烏拉諾斯」。他從大地母親該亞的指端誕生，象徵希望與未來，並代表了天空。

[29] 今譯為：「克洛諾斯」。天神烏拉諾斯和地神該亞之子，他吞噬一切時間，是時間的創造力和破壞力的結合體。

哀地孟德：的確需要這樣做，這種書籍應該大力反對。

蘇格拉底：這種故事不應該在我們的城邦中流行，因為不應該教唆年輕人以下犯上的罪惡，比如「惡子懲罰父親，就是效法神明的做法」等諸如此類的歪理邪說。

哀地孟德：我極力贊同你的想法，絕不允許這類書籍在我們的城邦中流行。

蘇格拉底：並且，如果我們要使保衛者知道戰爭是最不幸的事，那麼詩人們所說的天上的戰爭，神與神之間的戰爭，巨人間的戰爭以及衣服上所繡的天神間的戰爭都應當廢棄不談。因為這些都

不是真實的，都是些無稽之談。即使是人間英雄豪傑、同族或同類之間的戰爭我們也不應該對小孩子說起。如果他們奉行我們的原則的話，就應當告訴孩子戰爭不是好事，人民之間從未有過戰爭。作為母親都應該這樣告訴自己的兒女，詩人們應該以此作為原則著書立說。然而，黑非斯得和花滿的詩中充滿神怪之間的戰爭，而且是數不勝數，即使這些故事有寓意，也不應該在兒童面前講。因為這個時期的孩子們根本還不知道這其中會有什麼寓意，只要是印入腦海了，以後就難以再改變，所以兒童所聽的故事都應當有道德思想的才可以。

哀地孟德：你說得對。但是如果有人問在哪裡能夠得到這些好書籍，這些書中的故事又是指什麼，我們該怎麼回答？

蘇格拉底：你和我都是城邦的締造者，不是什麼詩人和傳奇家，城邦締造者只需知道詩人要以什麼宗旨來寫作，然後檢閱審定就行，至於著書立說並不是城邦締造者的職務。

哀地孟德：要是涉及神學方面，我們以什麼作為著書立說的宗旨呢？

蘇格拉底：大致是這樣的，不論在寫詩作詞，寫歌作賦，只要涉及上帝就要寫出神的本質來，不可污蔑上帝。

哀地孟德：你說得很對。

蘇格拉底：上帝是實在的善，難道不用表現他的善嗎？

哀地孟德：那是一定要表現的。

蘇格拉底：沒有任何善的東西是有害的吧？

哀地孟德：沒錯。

蘇格拉底：無害的東西會做壞事嗎？

哀地孟德：不會。

蘇格拉底：不做壞事的東西會作惡嗎？

哀地孟德：不會。

蘇格拉底：不作惡的東西會成為惡的原因嗎？

哀地孟德：不會。

蘇格拉底：那麼，善的東西是不是有益的？

哀地孟德：是有益的。

蘇格拉底：那麼，善是安定和諧的原因嗎？

哀地孟德：是的。

蘇格拉底：那麼，善不是一切事物的原因，它只是好的事物的原因，這一道理就很明白了。

哀地孟德：非常明白。

蘇格拉底：假如上帝是善的，那麼上帝就不可能是人們所說的萬事萬物的原因了。人類所遭受的事情之中，是上帝所引起的實在是少數，因為有益於人類的事情實在是太少了，而惡的事情倒是數不勝數。只有這少部分的善才是屬於上帝，上帝才是它們的原因。至於有害事物的原因，我們應該在其他事物上探求。

哀地孟德：你說得一點兒也沒錯。

蘇格拉底：既然這樣，那麼我們就不能接受荷馬和其他詩人的關於神的錯誤見解，如他們說的「徐烏³⁰的門有兩個箱子，一個盛滿好運，一個盛滿惡運。凡是各得到一半的，他在世的時候困苦和安樂兼而有之；僅得到惡的，則終身在困苦中度過。擁有這一權利的就是徐烏」。凡是說到徐烏和雅西宜³¹間的毀約和戰爭等事情，我們應該摒棄不說。又如哀斯克勒所說的，上帝要滅一個種族，就先使這個種族作惡等之類的話，也不應該讓年輕人聽到。假如有人述說倪屋白³²的苦楚，或披落不人³³的厄運與赤落琴³⁴戰爭，我們也應當禁止，或者強迫他做一個解釋和說明，使讀者能夠明白上帝的所言所行都是善的、正義的，上帝對他們的懲罰實際上是為了他們好。至於他們的苦楚不能說是上帝給予的，不論詩詞歌賦，凡是說上帝是困苦的原因的都應當被刪除掉。因為這類著作有破壞、褻瀆與自殺的罪孽，而不是完備國家中所應當有的。

㉚今譯為：「宙斯」。希臘神話中的主神，是奧林匹斯山的統治者。

㉛今譯為：「潘德羅斯」。

㉜今譯為：「佩洛匹達」。

㉝今譯為：「尼俄珀」。

㉞今譯為：「特洛伊」。

哀地孟德：我也是這個意思，我願意把這制定為法律。

蘇格拉底：那麼我們就把它定為法律之一，凡是詩人都要服從，只要他的著作中有涉及上帝的，都要說明上帝是萬事萬物的原因，但惡除外。

哀地孟德：嗯，就這樣。

蘇格拉底：對於神的教化作用，我要以怎樣的原則作為我們的第二條法律呢？你認為神是一個善變的幻術家，能隨時隨地變換外形來迷惑世人嗎？還是自古以來神就是以本來的面目示人的？

哀地孟德：這個我們先不加以討論這不是我能回答的問題。

蘇格拉底：那就請先以世間萬物的變化來說。萬物的變化若不是由自身引起，那就是由外力作用使然。

哀地孟德：嗯，沒錯。

蘇格拉底：各種事物在最鼎盛的時候它的變化就越少。就拿身體健康的人來說，他不會輕易受到飲食的影響，最茂盛的樹木能經受狂風暴雨而不受傷。

哀地孟德：是的，沒錯。

蘇格拉底：那麼最勇武智慧的人，不就是最不容易被外力所干擾的人嗎？

哀地孟德：是的。

蘇格拉底：並且，我認為世間萬物都可以以此類推，比如房子、器具、衣物等其建造得越完善就越不容易受地域和時間的影響。

哀地孟德：的確是這樣的。

蘇格拉底：那麼世間最完善的東西，無論是天然的還是人工的，都不容易受到外力的改變，對嗎？

哀地孟德：是的。

蘇格拉底：上帝自身以及上帝所創造的事物不都是至善的嗎？

哀地孟德：這是肯定的。

蘇格拉底：那麼，它們是不是最不受外力所改變的？

哀地孟德：是的。

蘇格拉底：那麼，既然不受外力的改變，那麼會自身改變嗎？

哀地孟德：當然會。

蘇格拉底：那他自己改變是會變得更好，還是會變得更壞呢？

哀地孟德：對於那些在道德和外觀上面已經很完美了的，如果自身還要變的話，那肯定是會變得更壞。

蘇格拉底：哀地孟德啊，你說得很對。但是無論是上帝還是人，我想他們無論如何是不願意把自己變壞的。

哀地孟德：這是當然。

蘇格拉底：既然上帝不願意變，那麼他始終是以本來的面目示人，這也是他最完善的形象了。

哀地孟德：在我看來，應該是這樣。

蘇格拉底：既然如此，那麼那些詩人們所說的諸神變相的言論，我們就應當排斥，比如說「諸神變成外來的人一樣，周遊各城」，或者「海闔[35]變形而求賑於人」等說法，我們都應當把它視為子虛烏有的謊言，要禁止這些詩歌流傳下去。做母親的也不要聽信詩人的謊言，把這些荒唐的故事轉述給孩子聽，說什麼哪個神會以某種奇醜無比的形象在夜間遊蕩。她們應該知道，這種荒謬的故事會讓兒童從小就養成膽怯的心性，而且還會由此抱怨上天。

[35] 神名。譯者注。

哀地孟德：嗯，我完全贊同你的看法。

蘇格拉底：神雖然不願意變，但有人會以神的神通之性，想出各種神的變相來示人，對嗎？

哀地孟德：估計是有這樣的人。

蘇格拉底：你認為上帝願意欺騙人嗎？他願意以幻相示人嗎？

哀地孟德：我難以斷定。

蘇格拉底：你認為真正的謊言是神和人所共同厭惡的嗎？

哀地孟德：我不理解你的意思。

蘇格拉底：我的意思是說，人們都不願意在人最高層次或最高最重要的問題上受到他人的欺騙。

哀地孟德：我還是不明白你的意思。

蘇格拉底：或許是我說的話不夠明朗的緣故。其實我的意思很簡單，人的最高層次就是人的心靈，人的心靈受到他人的欺騙，或被他人所蒙蔽，這是大家所最憎恨的。

哀地孟德：懂你的意思了，這確實是最可惡的。

蘇格拉底：嘴上說的謊言不過是根據心理活動而模仿出的影像，不算是真正的謊言；只有人的心靈受欺騙了，才算是真正的謊言，你認為我說的對嗎？

哀地孟德：非常對。

蘇格拉底：這種謊言不是人神共憤的嗎？

哀地孟德：是的。

蘇格拉底：然而嘴上說的謊言有時候也是有用的，比如對付敵人，或我們友人中有誰瘋癲想要害人，我們可以講些謊言嚇唬嚇唬他；或像我們研究上古神仙的事情，因為不能有確切的考證，所以可以編造接近事實的古代故事來講給大家聽，以達到教化的目的。

哀地孟德：是的，沒錯。

蘇格拉底：那麼，我們可以說上帝也會這樣做嗎？上帝也會因不知道上古之事，而編造出各種縹緲虛無的謊言嗎？

哀地孟德：啊，這是什麼話！

蘇格拉底：那麼，那些說謊的詩人是不知道上帝的本相的，對嗎？

哀地孟德：是的，肯定不知道。

蘇格拉底：上帝也會因畏懼他人而說謊嗎？

哀地孟德：沒有這樣的道理。

蘇格拉底：神的朋友會有瘋癲之徒嗎？

哀地孟德：這是絕對沒有的。

蘇格拉底：那麼，人類之上的神絕對不會以謊言來欺騙人。

哀地孟德：是的，絕對不會。

蘇格拉底：那麼，上帝的行為和言語是極簡單、極誠實的，因為他既不改變他的本相，也不以言語來欺騙人。

哀地孟德：你說的我很贊同。

蘇格拉底：那麼，就以此作為我們對神學所應該遵循的原則吧，我想你應該也不會不贊同。這個原則就是：所有的神都不是幻術家，絕不會改變自身的形象，也不會以各種幻術來欺騙人。

哀地孟德：我很贊成你的這個原則。

蘇格拉底：因此，我們雖然欽佩花滿這樣的人，但卻不能贊同他詩中所描寫的東西，如他詩中描寫徐烏那些荒誕不經的夢的情節。我們也不要頌揚哀斯克勒詩中關於西的斯㊱說阿泊洛㊲在她結婚時候的情節：阿泊洛高唱頌揚子孫後裔的歌曲，並以種種讚譽之詞安慰她的心志，祝賀人間稀有的幸福。又如「才相信他的話是真的，哪知殺害我兒子的竟然就是這個神」等等。諸如此類謬說，讓人聽了不禁會對神生出憤怒之心。如果有人想提倡這個原則，那麼就不應該有這樣的詩存在，也不應該讓負責教育的教師講這些荒誕不經的故事來蠱惑兒童的心靈。我們所需要的教師，必須是懂得上帝真意的人。

哀地孟德：這些條例我都贊成，並願意將此原則列入法律。

㊱今譯為：「塞蒂斯」。

㊲今譯為：「阿波羅」。古希臘神話中司掌光明、文藝之神。

第三卷　教育中的藝術

蘇格拉底：用神的故事來教化人們，大致就如上所說。為了使公民都能夠敬神，孝順父母，友愛朋友，有些古代傳說可以從小講給他們聽，有的則不能。

哀地孟德：是這樣，我想我們的原則是對的。

蘇格拉底：那麼如果想要使人們勇敢，還需要用其他學問來教授他們嗎？而這種學問，必須能夠驅除人們對死亡的恐懼。因為如果人們害怕死亡，又怎麼能夠勇敢呢？

哀地孟德：當然不能。

蘇格拉底：如果人們相信在人世之外真的還有地獄的存在，而且極為恐怖，那麼人肯定會有怕死之心，寧願投降也不願意在戰爭中戰死，你說對嗎？

哀地孟德：是的。

蘇格拉底：那麼對於這些人所寫的故事，我們應該予以取締。我們應該告訴著作者，這些都是不真實的，並且對戰士是有害的。他們應該稱頌來世，而不是說些駭人聽聞的故事。

哀地孟德：這確實是我們的責任。

蘇格拉底：那麼我們就應當刪除那些沒有深思熟慮的詩句，比如「寧願活在世上做一個貧苦的人，也不願在黃泉之下做眾鬼的統領」等。像這樣的詩句不勝枚舉，都應該刪掉。要讓花滿等詩人知道，我們之所以要刪除這些詩句，並不是因為這些詩文辭賦不佳，而是因為文辭太過華麗，不適合少年的性情。其最大的弊端就在於，這些詩句的情感不能使軍人產生一種視死如歸的精神。

哀地孟德：確實是這樣。

蘇格拉底：我們還要剔除詞彙中出現的各種恐怖的名稱，比如詩人用來描繪死後世界的地獄、黑河、惡鬼等名稱。不僅如此，凡是傳說故事中令人聽到就感到恐懼的，也應該刪除。這種名稱不僅對兒童有害，即使護衛者聽了也會膽怯氣餒。

哀地孟德：確實會帶來這種危險。

蘇格拉底：那麼，我們不該將這些全都廢除嗎？

哀地孟德：應該廢除。

蘇格拉底：除此之外，還有需要我們繼續去做的事。

哀地孟德：是的。

蘇格拉底：我們不應該刪掉自古以來名人著作中英雄號啕大哭、傷心哀怨的故事情節嗎？

哀地孟德：當然要刪除。

蘇格拉底：刪除這些難道不是合理的嗎？讓我們來總結一下我們剛才所確定的原則：人不應該認為死亡是恐怖的，也不應該將同伴的死亡視為是可憐的。

哀地孟德：這正是我們的原則。

蘇格拉底：那麼，人們不應該因同伴的死而傷心，好像他死後肯定會遭受各種苦難似的。

哀地孟德：這是為什麼？

蘇格拉底：如果人們懂得這個道理，不就能樂天知命了嗎？既然知道同伴死後並不會受苦，那麼又怎麼會因此而悲傷呢？

哀地孟德：是的。

蘇格拉底：由此可以推斷出，人們即使喪失兒子、兄弟或者財產也不應該感到悲傷。

哀地孟德：是的。

蘇格拉底：因此凡是有學識的人，就很少會有悲傷哀怨的時候。即使不幸遭遇困境，也能夠泰然處之。

哀地孟德：達到這種境界的人對於患難，自然不會像常人那樣

將其視為苦難。

蘇格拉底：那麼我們就應該刪除過去那些涉及悲傷哀怨的名人事蹟。悲痛哀怨應當是婦女或是缺乏學習基礎的人的情緒。況且婦女中，學識較高的人也不應該具有悲痛怨恨的情緒。因此我們的公民絕不應該有悲觀的情緒，應該將悲觀視為是可恥的。

哀地孟德：應該如此。

蘇格拉底：此外，我們還需要告訴花滿等詩人，女神的兒子阿克里[38]，不應該有呼天搶地的悲苦情形，像諸神的親屬潘拉姆[39]也不應該有悲觀的情調。倘若少年們經常聽聞這種荒謬的說法，就不會覺得憂愁哀怨是可恥的，偶爾遇到令人不快的事，不僅不能克制自己的情緒，反而會在心中產生悲傷的情緒。

[38] 今譯為：「阿喀琉斯」。荷馬史詩《伊利亞特》中的著名人物。

[39] 今譯為：「普里阿摩斯納」。

哀地孟德：你說得很對。

蘇格拉底：從前面的推論看，我們確實要這樣要求他們。如果想要更改準則，就一定需要有充足的理由。

哀地孟德：對的。

蘇格拉底：不僅如此，凡是負責守衛國家的人，就應該沉穩剛毅，而不應該放聲大笑。如果縱情狂笑，就會帶來情感上激烈的反應。

哀地孟德：我也是這樣想的。

蘇格拉底：對於世人來說，品德高尚的人都不會縱情狂笑，何況神明呢？

哀地孟德：是的，神明更不用說。

蘇格拉底：但花滿描述諸神各個哈哈大笑，我們不能容忍這樣的說法流行於世。

哀地孟德：確實不應當保留，你把這算作我的說法也未嘗不可。

蘇格拉底：再者，既然人們將真實看得高於一切，那麼神和人

都不應當說謊。謊言只能偶爾用來治療瘋癲，應當只屬於醫生，普通人沒有理由說謊。

哀地孟德：是的。

蘇格拉底：一個國家當中有權使用謊言的人應該就是統治者吧？統治者需要對付敵人或者維護公眾的利益，有時就有理由說謊，除此之外沒有其他人擁有這項權利。如果一般人因為統治者說謊，他也說謊，那麼他比那些不把自己身體的真實情況告訴教練的運動員和那些不把自己真實病情告訴醫生的病人，以及那些不把船隻和同伴的情況告訴船長的船員的罪過更大。

哀地孟德：你說得沒錯。

蘇格拉底：如果有人說謊而被統治者察覺，那麼不論他是醫生還是工匠，就一定要根據法律來懲罰他，因為這種行為對於國家非常不利。

哀地孟德：是的，我們想要實行我們的主張，必須有這樣的舉措。

蘇格拉底：此外，少年們是不是還需要有節制的美德呢？

哀地孟德：是的。

蘇格拉底：而最重要的節制，不就是服從統治者和控制肉體上的情感欲望嗎？

哀地孟德：我同意。

蘇格拉底：那麼我們就應當讚賞花滿所描繪的「希臘人畏懼領袖，奮勇前進」了。

哀地孟德：我們應當贊成。

蘇格拉底：那麼他說的「酩酊大醉，其眼如火，其心如鹿」，你覺得怎麼樣？

哀地孟德：不好。

蘇格拉底：這種作品，固然可以供人消遣，但對青年人有害，所以我認為也應該刪除。

哀地孟德：我同意。

蘇格拉底：他們的作品中有「杯盤狼藉，是人生最快意的事；餓死是最可憐的事」的說法，還有「徐烏神看到美麗的希阿④女神，以至於放浪形骸，有不端的行為」的說法等。你認為這些說法怎麼樣？

④今譯為：「赫拉」，古希臘女神中奧林匹斯主神之一，克洛諾斯之女，宙斯的姐姐和妻子，主管婚姻和家庭，稱為「神后」。

哀地孟德：在我看來應該盡快摒棄這些說法。

蘇格拉底：我們應該將關於古代名人吃苦耐勞的故事告訴年輕人，讓他們知道要吃苦耐勞而沒有怨恨。

哀地孟德：當然。

蘇格拉底：我們也不應該讓年輕人聽到有關古人貪財賄賂的事，絕對不能讓用錢財可以賄賂神明等說法流行開來，也不能讓人們相信例如傳說中大英雄阿克里收受希臘人的錢財等虛妄的說法。我原來非常喜歡花滿的詩，但在他的詩中卻說阿克里有貪財的舉動，並且說阿泊洛神不能克制自己的行為，我實在無法相信，並且反對這些說法。說阿克里這樣的英雄有重視金錢這樣卑鄙的性情，說徐烏神的兒子阿泊洛不能克制自己而為情欲所困，從而導致了各種可恥的行為，這些說法怎麼會是合理的呢？

哀地孟德：確實不合理。

蘇格拉底：除此之外，像這樣的說法還有很多，我們應該強迫作者們申明這種行為出自作者的妄想，並且申明他們所說的什麼神、什麼英雄並不是真的神或英雄。另外還應該禁止他們告訴年輕人神會作惡的說法，因為剛才我們已經證明了神是不可能作惡的。

哀地孟德：是的。

蘇格拉底：這種荒誕不經的說法會對公民產生極大的負面影響，因為每個人都會認為，既然神明作惡不受到懲罰，那麼自己作惡為什麼不能被諒解呢？所以我認為應當用嚴厲的法律去取締這種

說法，防止它們對道德產生實質性的損害。

哀地孟德：我同意。

蘇格拉底：哪些內容應該保留，哪些應該被取締，以及神和英雄豪傑的人格和行為應該如何等問題，我們已經一一透過討論，並取得了一致的意見。此外，還有什麼是我們沒有涉及的嗎？

哀地孟德：讓我好好想想。

蘇格拉底：關於人的說法應該按照什麼樣的原則呢？這不就是我們的討論沒有涉及的嗎？

哀地孟德：確實是。

蘇格拉底：這個問題並不是我們現在能夠解決的。

哀地孟德：為什麼？

蘇格拉底：作者最大的過失，不就是他們所說的「惡人常常安樂，善人常常困苦。正義意味著損失，不正義卻能夠謀利」嗎？但這種說法在世間流行，又怎麼會是我們的意願呢？因此我認為一定要讓相反的說法流行起來，這樣才能有益於年輕人。你同意嗎？

哀地孟德：我當然同意。

蘇格拉底：那麼這樣不就已經涉及我們所討論的關於正義與不正義的主題了嗎？

哀地孟德：對。

蘇格拉底：所以我認為，我們可以暫且不討論人應當採取什麼樣的原則，先討論清楚正義和不正義二者誰是有益的，然後再來確定人所應當採取的原則。

哀地孟德：你說得很對。

蘇格拉底：關於詩的內容，我們已經討論得足夠詳盡了。接下來我們要來討論一下詩的形式和風格。討論清楚形式和風格後，就等於我們已經把詩的內容與形式全都檢查了一遍。

哀地孟德：你所說的是什麼意思？我難以理解。

蘇格拉底：為了讓你清楚我的意思，我就稍微改變我說話的方

式，我想這樣子你就會明白我要說什麼了。傳說和詩歌所記述的，不外乎關於過去、現在和將來的故事。

哀地孟德：確實是這樣。

蘇格拉底：在這些故事和詩歌中，他們是用簡單的敘述方式，還是用模仿的述說方式，又或是兩者兼用呢？

哀地孟德：我又不太明白你的意思了。

蘇格拉底：唉，如果我負責教授知識，那麼一定是一個非常瞥腳的老師，因為想讓別人理解我的意思如此困難。那麼我就只好像那些不會講話的人那樣用各種比喻來表達自己的意思了。你還記得《立特》㊶的首段嗎？花滿在這段中講述道，克立西㊷祈求哀克孟㊸神釋放他女兒，而哀克孟神憤怒地拒絕了他，這實際上是花滿自己在講話。而在後面的一段裡用克立西的語氣敘述，並極力模仿克立西的語氣，他的目的就是要讓讀者在讀到這裡的時候能夠像親耳聽到那個老祭司(克立西)的聲音一樣。詩人在《屋笛散》㊹中通篇運用了這兩種敘述方式。

㊶今譯為：《伊利亞特》古希臘詩人荷馬的敘事史詩。

㊷今譯為：「赫律塞斯」。

㊸今譯為：「阿伽門衣」。

㊹今譯為：「奧德賽」。

哀地孟德：確實如此。

蘇格拉底：所以說記敘文當中既有作者直接的敘述，也有假託書中人物的敘述。

哀地孟德：是的。

蘇格拉底：當作者假託文中的人物敘述的時候，他是不是要極力發揮模仿的能力，使讀者覺得這其實不是作者在說話？

哀地孟德：當然。

蘇格拉底：他模擬文中人物的時候，要麼模仿姿態，要麼模仿語氣，這不就是具有模仿性質的文字嗎？

哀地孟德：是的。

蘇格拉底：如果作者直接敘述，而沒有使用假定的語言，那麼就是直敘了。我很擔心你不能理解我的意思，所以再打個比方：如果花滿不模仿文中人物的語氣，而直接敘述說「祭司手裡帶著贖金要為女兒贖罪，懇求希臘人民，一起到神那裡，請求神明釋放他的女兒。到了哀克孟神那裡，懇求他收下贖金並答應歸還他的女兒。眾人在後面回應他的話，但神明勃然大怒，怒斥他們趕緊離開，並告訴他絕對沒有釋放他女兒的道理。於是那個老人（克立西）戰慄地退下，既害怕又憤恨，不敢說一句話。回到家後大叫阿泊洛神的名字，歷述自己為阿泊洛神所立的功績，比如貢獻祭品、修建廟宇等，懇求他念在自己之前所做的功勞上，為他勸說哀克孟神」。花滿如果這樣描述（這裡我沒有使用韻律，因為我不是詩人），不使用模仿而直敘這件事，那麼這就是一篇純粹的記敘文了。

哀地孟德：我懂了。

蘇格拉底：那麼請嘗試思考這種敘事方式的反面會是怎麼樣的。如果簡實的敘事內容都被刪去，而只保留書中人物的問答，那麼會怎麼樣呢？

哀地孟德：我知道，就像戲劇中的對話那樣。

蘇格拉底：看來你真的能夠領悟我的意思了，剛才你所不能理解的，現在都已經理解了，對嗎？所以我說在傳說故事和詩中，有的是用模仿的方法，比如喜劇和悲劇；有的是用直敘的方法，比如讚頌神明的詩歌；還有二者並用的，比如普通的詩詞歌賦，你理解我的意思了嗎？

哀地孟德：是的，我已經理解了。

蘇格拉底：那麼希望你不要忘了我們剛才所討論的話題，從詩的形式和風格，到詩的原則，已經詳細討論過了。

哀地孟德：我記得。

蘇格拉底：我認為，我們必須首先確定，對於模仿我們應該採

取什麼樣的態度；作者在敘述故事時我們應該容許他模仿古人還是應該禁止。應該允許他們全部模仿，還是僅僅允許部分運用模仿，這也是我們需要判斷的。

哀地孟德：你的意思是說，應該規定喜劇和悲劇的流行範圍嗎？

蘇格拉底：是的，但我並不是專指這二者而言。

哀地孟德：我同意你的說法。

蘇格拉底：哀地孟德啊，你認為負責守衛國家的人應該模仿嗎？我們剛才已經證明了，每個人都應當盡力從事一種行業。如果同時從事很多行業，就一定會導致一事無成。

哀地孟德：剛才確實已經證明了這一點。

蘇格拉底：模仿也是這樣。模仿很多東西，總是比不上模仿一種東西來得神似。

哀地孟德：當然比不上。

蘇格拉底：想讓一個人同時模仿很多不同的人本來就很困難，即使他與被模仿人的性情相近，也不可能盡善盡美。你難道不認為喜劇和悲劇都是運用模仿的嗎？但是善於寫喜劇的人，未必也善於寫悲劇；善於寫悲劇的人，也未必善於寫喜劇。

哀地孟德：確實如此，想要同時精通二者，確實不是一件容易的事。

蘇格拉底：善於唱歌的人，未必就是演員。

哀地孟德：是的。

蘇格拉底：悲劇與歌劇都運用模擬，但演員善於演這一種，未必善於演另一種。

哀地孟德：是的。

蘇格拉底：況且人的性情不像其他事物，想要模仿的神似絕非一件容易的事。

哀地孟德：是的。

蘇格拉底：所以我認為我們應該堅持我們的原則，凡是負責保衛國家的人都應該以保衛國家的自由為唯一目的。凡是與這個目的相違背的都應該放棄。如果他們要模仿的話，就應該從小模仿那些與他們的原則和事業相符合的事物。所謂與他的原則和事業相符而可以用來模仿的，是那些勇敢而有節制的人物。絕對不能模仿那些鄙陋齷齪的人，因為會影響到他們的人格。你應該知道模仿確實會對人產生影響吧？常言說：習慣與性格的形成，是從模仿開始的，形成習慣後就難以去除了。

哀地孟德：是的，的確如此。

蘇格拉底：不能允許我們將國家託付給那些去模仿婦女的饒舌，或者困苦疾病時怨天尤人的人。

哀地孟德：確實不能。

蘇格拉底：我們也不能讓他們模仿奴隸，去做奴隸所做的事。

哀地孟德：是的。

蘇格拉底：凡是壞人都不能模仿，比如生悶氣的膽怯的人，或者沉醉於燈紅酒綠以遊戲為業的人，或者做了很多壞事又去譭謗他人的人。即使是瘋癲的人，也不能模仿，因為瘋癲與惡的性質是一樣的，我們可以瞭解這些事情，但不可以效法它。

哀地孟德：是的。

蘇格拉底：並且也不能模仿工匠、船夫等。

哀地孟德：是的，他們並不負責保衛國家，怎麼能夠模仿他們呢？

蘇格拉底：馬鳴牛吼、波濤澎湃和雷聲隆隆等，也不應該模仿。

哀地孟德：確實不能，既然不能模仿瘋癲的人，那麼像這些又怎麼能模仿呢？

蘇格拉底：敘事的文體有兩種：一種為品行端正和學問高超的人所運用；而另一種為品行和學問都很低劣的人所用。

哀地孟德：這兩種文體究竟是什麼？

蘇格拉底：善良的人在敘事過程中，當他需要敘述一個好人的言行時，他一定非常樂意模仿，不會認為是恥辱。文中的人物越善良，他模仿得也就愈賣力；如果文中的人物被疾病、不良嗜好或者其他外力所困擾，以至於不能盡力行善，那麼他的模仿就會稍微顯得勉強。如果敘事涉及品行卑劣的人，那麼他就不樂意去逐一研究、模仿，因為這種人向來被他所輕視，他又怎麼肯模仿這種人的聲音形態呢？如果偶有模仿這種人的文字，那麼也一定是在這個品行卑劣的人做善事的時候，或者用一種滑稽的方法去模仿。

哀地孟德：確實是這樣。

蘇格拉底：那麼他在敘述的時候，其風格應該和花滿的詩相似，既運用直敘的手法，又運用模仿的手法，而敘述多於模仿。你同意嗎？

哀地孟德：他的形式風格本來應該如此。

蘇格拉底：另外還有一種敘事的人，願意竭盡所能去模仿卑劣的行為。他所敘述的那件事越惡劣，他模仿得越賣力，從來不會因為一件事太惡劣或太無價值而停筆不寫。而且他並不將這種模仿看作是遊戲，而是一本正經並且在公眾面前進行表演，比如雷電風雨的聲音、絲竹管弦的聲音、滑輪的嗚嗚聲、滑車的轆轆聲，以及雞啼、犬吠、馬鳴、獅吼的聲音，等等，都追求能夠達到相似，所以他的敘述中，模仿很多而直敘卻很少。

哀地孟德：這種作者的敘述就是這樣。

蘇格拉底：第一種體裁變化不多，敘事手法非常簡單，即使有模仿，也都是高尚的行為。

哀地孟德：是的。

蘇格拉底：第二種體裁敘述則變化多端，沒有一定的範圍可言。

哀地孟德：是的。

蘇格拉底：那麼這兩種體裁以及這兩者兼而有之的體裁，難道

不就是概括了一切文章嗎？難道除了這三種以外，還有其他的敘述方式嗎？

哀地孟德：這三種的確能概括所有的文章了。

蘇格拉底：我們國家應該接受這三種體裁呢，還是只接兩種單純體裁中的一種呢，或還是只接受混合型的呢？

哀地孟德：我認為應該只保留專門模仿善德的那種體裁。

蘇格拉底：是的，但混合二者的那種體裁最受人們的歡迎。在這一種體裁中，默戲[45]最受歡迎，凡是兒童、僕役以及大多數社會上的人都喜歡這種形式。

[45]一種以模仿人的各種姿態為能事的戲劇形式。

哀地孟德：確實如此。

蘇格拉底：但是你可能認為每個人的性情不同，應當專注於符合自己性情的事，不能像演默戲的人那樣模仿眾多的情形姿態。所以這種形式，不應保留在我們國家中。

哀地孟德：我也這樣認為。

蘇格拉底：因此，我們國家中的鞋匠就是鞋匠，不兼作舵工；農民就是農民，不兼作法官；軍人就是軍人，不兼作商人。做其他各種工作的人也都是這樣。

哀地孟德：是的。

蘇格拉底：如果有善於演默戲的人，想要在我們面前顯示他無所不能的技藝，我們會佩服他的技能，稱讚他技藝無人能匹，但我們還會告訴別人：他們的所作所為，是法律所禁止的，他們不能留在這個國家之中。因此，我們應當為他們塗上香油，戴上花冠，讓他們趕快離開這個國家。因為我們國家所需要的一定是有益於公民身心的人。所以在這三種形式中，只有專門模仿善德的人才是我們國家應該具有的。我們在討論到軍人的教育時，就已經明確指出了。

哀地孟德：如果我們有權力，就應該這樣做。

蘇格拉底：在我看來，關於音樂和文學的教育的討論到這裡可以結束了。因為對於古代諸神的傳說和記敘文的內容形式，我們都已經詳細討論過了。

哀地孟德：我也這樣認為。

蘇格拉底：然後我們可以討論詩歌和曲調了。

哀地孟德：是的。

蘇格拉底：如果我們前後一致的話，那麼對於曲調所應當採取的態度，我想大家都應該知道了。

克拉根（笑）：你說盡人皆知，恐怕我不在這些人當中，因為我雖然能夠推測出一個大概，但實際上不能確切地知道究竟應當怎樣。

蘇格拉底：雖然如此，無論如何，我可以推測詩歌由三個部分組成，即詞、聲和節奏。

哀地孟德：這也是我所推測的。

蘇格拉底：至於哪種詞能夠與歌曲相配合，哪種不能，我們可以不必討論。因為詞是否可以使用，都可以根據我們已經確定的法律來規定，你認為呢？

哀地孟德：是的。

蘇格拉底：曲調的優劣可以隨詞的優劣發生改變，對嗎？

哀地孟德：是的。

蘇格拉底：我們討論文字內容的時候，不是說過應該要刪除悲傷、哀怨之類的詞嗎？

哀地孟德：是的，這就是我們剛才討論過的。

蘇格拉底：你懂音樂，請告訴我哪種曲調能夠表現哀怨呢？

哀地孟德：最足以表現哀怨的是次中音的立田⑯調和高音的立田調，這兩種曲調都是輕盈緩慢的曲調。

⑯今譯為：「呂底亞」。

蘇格拉底：那麼就應該把這些都廢棄掉，因為這種曲調對於婦

女來說都不適用，更何況是男子呢？

哀地孟德：是的。

蘇格拉底：其次，高居上位，作為我們的守衛者也不適合有嗜酒和懶惰的習慣。

哀地孟德：這本來就不應該有。

蘇格拉底：在曲調中，哪些具有柔和緩慢，並具有懶惰的性情呢？

哀地孟德：乙翁寧[47]和立田調，這兩種都以舒緩著稱。

蘇格拉底：這在軍事上有用嗎？

哀地孟德：毫無用處，在軍事上有用的，只有杜令[48]和弗立琴[49]調。

[47]今譯為：「伊奧足亞」。

[48]今譯為：「多利亞」。

[49]今譯為：「佛里其亞」。

蘇格拉底：我向來不太瞭解關於曲調的事，但我需要一種可以用來作為軍歌的曲調。凡是忠貞而勇敢的人，在遇到事情危險的時候，比如事業垂敗，為國捐軀，以及其他各種困難的事的時候，聽到這種曲調之後能夠使其精神振作，激發他百折不撓、視死如歸的精神。此外，還需要一種可以用於安平自由時代的曲調，能夠令人由感而生發出和平的思想，使人能夠以虔誠的祈禱感動上天，以和平的勸勉感動人。如果他們在遇到事情時能夠表現忠貞、勇敢、說話和緩，那麼他所做的每一件事都能夠獲得良好的效果。他就不會因為成功而驕傲自滿，聽不進他人的忠告，看到他人的善德，就能夠一一服從而落實到行動中，唯恐有所不及。我希望能夠保留這兩種曲調。簡單說來，應該保留的就是危險時與和平時的曲調，順利時與不幸時的曲調，有膽量與有節制的曲調。

哀地孟德：這就是我剛才所說的杜令與弗立琴調。

蘇格拉底：應該保留的就是這兩種曲調，那麼我們就不用去聽

其他離奇的曲調了。

哀地孟德：確實沒有必要。

蘇格拉底：那麼我們就不需要製作三角式的多音琴，或者多弦的新奇樂器了。

哀地孟德：是的。

蘇格拉底：那麼應該如何對待那些製作和演奏簫的人？從曲調的角度說，簫笛的聲音，難道不比那些多弦的樂器更為卑劣嗎？

哀地孟德：是的。

蘇格拉底：那麼城中的樂器只需琴和箏，再加上牧童在鄉間吹奏的笛子就足夠了。

哀地孟德：關於曲調的討論可以就此告一段落了。

蘇格拉底：我們贊成阿泊洛⑩及其樂器，廢棄麥修⑪及其樂器，這就不足為奇了。

⑩尚琴之樂神。

⑪尚笛之樂神。

哀地孟德：這確實不奇怪。

蘇格拉底：於是我們在無意中淨化了剛才所說的奢華之國。

哀地孟德：我們做得非常有意義。

蘇格拉底：那麼接下來我們應當繼續進行這種淨化工作。在曲調之後自然就應當考慮詩的節奏。對於這個方面，我們也應該採取之前的態度，只探求那些能夠使人表現忠、勇與和諧的節奏，而不需要各種複雜的節奏。我們應當將一定的節奏用在適合的詞上，不應該因為美妙的節奏而忘記文詞，因為我們應該以文詞為體，以曲調、節奏為用。至於確定哪種節奏比較適合，那是你的責任了。請你詳細告訴我，就像你剛才告訴我哪些曲調那樣。

哀地孟德：這實際上不是我所能說的，我只知道有三種基本的節奏，各種節奏由這三種節奏組成，就像曲調有四種，而各種曲調都是由這四種基本曲調所組成。這就是我所知道的，至於它們各自

表現為哪種情形，就不是我所知道的了。

蘇格拉底：關於這一點，我認為應該與台孟㊼一起討論，他可以說明哪種節奏表示卑鄙、怠惰、暴躁以及其他惡劣性格，而哪種節奏所表示的恰恰相反。我大體還記得他認為哪些是善的，哪些是不善的，只是不能詳細講了。所以我覺得不如跟你一起討論，因為這不是一件容易的事。

㊼今譯為：「戴蒙」，西元前5世紀時的音樂家。

哀地孟德：是的。

蘇格拉底：詩是否優美是以節奏是否合適為標準的，這是大家都知道的。

哀地孟德：是的。

蘇格拉底：優美的節奏必定要用在優美的文詞上，正如優美的曲調必定會用在優美的文詞上，因為按照我們剛才所說的原則，文詞是體，曲調和節奏是用。

哀地孟德：是的。

蘇格拉底：然而文詞的性質難道不是視作者的性格而定的嗎？

哀地孟德：當然。

蘇格拉底：此外，其他的所有東西都依從文詞，對嗎？

哀地孟德：是的。

蘇格拉底：然而文詞的華麗與節奏的和諧，又全都依賴於作者是否具有天真樸實的性格，否則再怎樣也是徒勞。至於我所說的天真樸實的性格，是指高尚有道德的人所具有的那種性格，而不是指愚蠢笨拙的人的那種性格。

哀地孟德：是的。

蘇格拉底：挺身而出來擔任職責的年輕人，不應該以優美與和諧作為永久的準則嗎？

哀地孟德：他們應該如此。

蘇格拉底：不僅音樂如此，其他的技藝比如繪畫、紡織、刺繡、

建築、雕刻，以及各種製造藝術，都需要優美與和諧的品質。不僅如此，即使是人和動植物，不也需要這些品質嗎？都存在優美和醜惡。但人們不應該只注重外觀，還需要有實際的道德檢驗效果，然後再用優美的文詞和動作來修飾。

哀地孟德：你說得很對。

蘇格拉底：那麼我們需要取締事物的範圍不就由此擴充了嗎？那些詩人只能在其作品中模仿善德，否則就將他們驅逐到國外。而對於其他藝術，比如圖畫、雕刻、建築等，也只允許他們發揚善德，而不允許他們有荒淫鄙陋的表述。凡是不服從這條律令的，就應當禁止他們從事這種事業，這關係到人民的道德。因此那些守衛者，不應該沉浸在不道德中，就像羊群在長滿毒草的地上吃草，每天吃卻沒有察覺，但最終會導致不可挽回的後果。我們國家中的藝術家，必須能夠識別真正的、自然的美與善，而將其運用到技藝中，使人民看到、聽到的都是善與美的東西。這使人們在小時候對善德便有了耳濡目染的經歷，就像涼風使人清醒而自己並不覺得那樣。

哀地孟德：培養賢明君王的方法沒有比這更好的了。

蘇格拉底：所以我認為音樂上的訓練比其他訓練更為重要。外觀的美和節奏的和諧，能夠給兒童留下深刻印象。給人留下善的印象，將來會表現為善；給人留下惡的印象，將來會顯露為惡。凡是在音樂上得到良好教育的人，他辨別美醜的能力就好像是出於天性，各種作品的缺點，都不能逃脫他們的慧眼。對於美好的東西，則細心察看，並樂於接受它們的益處。在他們年少的時候，喜歡善良、厭惡邪惡，其本身就已經單純得像是自然生成一樣，不需要再加以抉擇；年長之後，思想與能力得到發展，對善惡的認知，就會明白得像是指著手掌裡的東西數數一樣。

哀地孟德：我贊成你的說法。我認為我們國家中的少年，確實應該先用音樂教育他們，而教育的方法應當以你所說的為準。

蘇格拉底：我們識字的過程也是這樣，字母雖然不多，但必須

能夠認識各個詞當中的字母，這才叫識字。不論那些字有多大，也不論這些字在哪裡，必須一一認出來，不能換了一個地方就難以辨認，否則不能稱得上識字。

哀地孟德：是的。

蘇格拉底：如果有字倒映在水中或鏡中，字形從上面反映出來，我們也應該認得出來。因為字的形式雖然相反，但字本身並沒有改變。

哀地孟德：是的。

蘇格拉底：所以我認為我們和我們所培養的賢明統治者，都必須知道膽量、節制、器量和其他德性的本質，而且不論這些在什麼事物上，都能夠辨別，這樣才能夠稱得上真正的懂了。因為這些善德在哪裡本來就難以確定，人只有隨時隨地辨別它，才能確定它的去向。

哀地孟德：你所說的正是我所想的。

蘇格拉底：如果有人能夠調和內在的善和外在的美，同時具有這兩者之德性，這難道不是一種最完美的景象嗎？

哀地孟德：這確實是最完美的。

蘇格拉底：最完美的不就是最可愛的嗎？

哀地孟德：是的。

蘇格拉底：具有這種音樂精神的人，不就是最可愛的人嗎？而沒有這種精神的歌者，不正好與之相反嗎？

哀地孟德：是的。你所說的對於人格不完備的人來說確實很恰當，因為人格上如果不完美，就不能稱之為最可愛的人。但如果只是外觀上不完美的人，人們應當接納他的內在之美，依舊可以喜愛他。

蘇格拉底：聽你的意思，你之所以這麼說，可能是因為你所欣賞的就是這樣的人。我也是這樣。但我還有一個問題要問你：極致的快樂接近於節制嗎？

哀地孟德：不能。因為極致的快樂就像痛苦那樣有害於身心。

蘇格拉底：那麼有存在其他善德能夠接近於極致的快樂嗎？

哀地孟德：沒有。

蘇格拉底：那麼極致的快樂接近於放縱和荒淫嗎？

哀地孟德：確實很接近。

蘇格拉底：有什麼快樂比色欲更強烈的嗎？

哀地孟德：沒有，沒有比這更瘋狂的了。

蘇格拉底：那麼正當的愛，應當符合於真理和秩序，必須出自於中庸之道並且有所節制。

哀地孟德：是的。

蘇格拉底：那麼真正的愛不能接近於荒淫和無節制。

哀地孟德：確實不能。

蘇格拉底：那麼真正的愛者和被愛者，都不能向縱欲荒淫靠攏，如果有所接近就不能稱之為真愛了。

哀地孟德：確實如此。

蘇格拉底：那麼在我們所建立的國家當中，應當訂立這樣一條法律：凡是一個人愛上另一個人，都應當有純正的原則，就像父母愛子女，不能摻雜雜念；而一個人愛一件事物，必須得到該事物或者該人的許可後才可以。這條法律可以禁止人們越出真愛範圍的做法。如果有人越出真愛的範圍，那麼可以視之為粗鄙俚俗的人，或者責備他美德敗壞。

哀地孟德：是的。

蘇格拉底：我們關於音樂的討論，到這裡可以有一個較滿意的結果了。因為音樂的目的不就是讓人們能夠甄別美德嗎？

哀地孟德：是的。

蘇格拉底：在討論過音樂之後，接下來應當討論體育，這也是年輕人們必須經過的鍛鍊。

哀地孟德：是的。

蘇格拉底：體育應當跟音樂一樣，應當從小開始訓練以至年老。對於這件事，我認為身體的完善不能使品格完善，而高尚的品格實際上能夠使身體得到完善。我想知道你對於這件事的見解，是否同意我的說法？

哀地孟德：我同意。

蘇格拉底：那麼凡是思想接受過充分教育的人，就應當再接受體育上的訓練。至於訓練的方法，我們可以討論出一個標準，從而避免冗長無味。

哀地孟德：行。

蘇格拉底：首先守衛不能嗜酒，這是我們剛才就已經說過了的。守衛較其他人更不應該飲酒，其他人可以醉，但守衛不能喝醉，因為醉了就不知道自己身處何處了。

哀地孟德：承擔守衛的職責，卻反而需要其他人來保護他，不是很可笑嗎？

蘇格拉底：那麼關於他們的食物應當怎樣？我們不就是想要訓練出能夠為國家戰鬥的人嗎？

哀地孟德：是的。

蘇格拉底：那些運動家身上所具有的習慣都適宜於守衛的職責嗎？

哀地孟德：有什麼不適合的呢？

蘇格拉底：但我怕他們最終都染上貪睡的習慣。這種習慣對他們的身體具有非常大的危害，你有沒有注意到他們在睡夢中消耗了大量的時間？行為一旦稍微偏離習慣，或者所吃的東西稍微與平時不同，就會導致非常危險的疾病，你知道嗎？

哀地孟德：我知道。

蘇格拉底：那麼，那些在戰爭中的運動家應當接受較好的訓練，他們需要像守夜的警犬那樣，在視覺和聽覺上保持敏銳狀態，在出征的時候則能夠忍耐風霜的磨礪和不規律的飲食，身體也不會

受外界環境的干擾。

　　哀地孟德：是的。

　　蘇格拉底：所以最好的體育和我們剛才討論過的最簡樸的音樂教育是一樣的。

　　哀地孟德：為什麼？

　　蘇格拉底：因為我認為在體育中也存在像在音樂中所具有的那種簡單而完備的類型，特別是關於軍事方面的訓練。

　　哀地孟德：這是什麼意思？我不能理解。

　　蘇格拉底：我的看法可以在花滿的詩中得到證明。在花滿的詩中提及英雄的宴會上從來沒有出現過魚。軍隊還沒有走出國界，還在海拉斯浜岸時，已經不提供煮熟的肉而只有烤肉了。因為烤肉只需要火和燃料，對於行軍來說最為便利，可以避免攜帶各種炊具。

　　哀地孟德：是的。

　　蘇格拉底：我還知道花滿從未提及可口的羹湯。不僅花滿的詩是這樣，凡是精通運動的人都知道要想身體強壯非這樣不可。

　　哀地孟德：是的，這些人的見解確實沒錯。

　　蘇格拉底：但是你應該不會贊成雪拉格㊵的宴會和雪雪來㊷的烹飪手法吧？

㊵今譯為：「敘拉吉」。義大利西西里島上的一座城市。

㊷今譯為：「西西里」。

　　哀地孟德：我不會贊成。

　　蘇格拉底：我想你也反對雅典著名的糖製食品。

　　哀地孟德：是的。

　　蘇格拉底：這種奢華的生活和飲食，跟音樂中各種複雜離奇的曲調一樣，是嗎？

　　哀地孟德：是的。

　　蘇格拉底：音樂上的奢華，使人放縱；生活上的奢華，使人生病。而簡樸的音樂，能夠產生美德；簡單而實在的體育訓練，能夠

有益健康。

　　哀地孟德：你所說的很對。

　　蘇格拉底：如果放縱者與疾病者在城邦中逐日增多，那麼法庭和醫院一定需要逐日擴張，而律師和醫生的工作也因此會應接不暇。城邦中患有這兩種病的人，不僅有奴隸，也有那些自由的公民。

　　哀地孟德：是的。

　　蘇格拉底：這在教育上不就非常可恥嗎？這就是教育不完備的最大證明。如果患有這些病的人只是一般知識淺薄的工人等，那麼還說得過去。那些號稱曾經接受過完備教育的人，卻也不免受牽連，難道不是一件可恥的事嗎？接受教育卻不能自製，仍然依賴他人的判斷，尋求他人的指示，如果不是教育得不好，又怎麼會這樣呢？

　　哀地孟德：這確實是最為可恥的事。

　　蘇格拉底：你認為這就是最可恥的了嗎？但是人所做的惡還有比這更可恥的。如果一個人把大部分時間花在訴訟案件上，那麼無論他是原告還是被告，都算不上是一件幸運的事，但是竟然有以此為榮的人。這些人往往將奸詐視為才能，常常自滿於能夠做了錯事卻不受法律制裁。但他的目的只不過是要獲得微薄的利益罷了。實際上這種利益毫無價值可言。他們不知道不自欺欺人才是更高貴的事業。這不是更可恥的事嗎？

　　哀地孟德：確實是更可恥的。

　　蘇格拉底：人們不是因為身體受傷或受到傳染，而是因為荒淫放縱，導致身體承受各種疾苦，於是寄希望於醫術。這使得哀斯里伯[55]的後人擬定出各種奇怪的病名來，比如傷寒、胃脹氣等，不也是可恥的事嗎？

　　[55]今譯為：「阿斯克勒比斯」，特洛伊戰爭時期希臘聯軍中的醫生。

　　哀地孟德：是的，他們確實是喜歡巧立名目的人。

　　蘇格拉底：我認為在哀斯里伯以前並沒有這些由荒淫放縱所帶

來的疾病，這只要查看花滿詩中的由立弗拉就可以知道了。因為當由立弗拉在出洛埃受傷時，並沒有各種藥品和手術，只有一杯麥粉酒。而當時哀斯里伯的弟子，都沒有責備他用錯了藥，也從未將這件事視為是對人命的輕視。

哀地孟德：這只是偶然的。

蘇格拉底：這並不是偶然的。在黑洛笛格[56]之前，哀斯里伯的弟子中從沒有使用現行煩瑣的醫術。直到黑洛笛格的出現，才改變了整個情形，因為他是多病的人，對於處方藥物和醫術有許多試驗，所以他就用折磨自己的方式來折磨別人。

[56]今譯為：「赫羅迪科斯」。

哀地孟德：請你詳細解釋。

蘇格拉底：黑洛笛格患有不治之症，必須借助隨時的照料才能存活，並且因為實際上沒有回春緩死之術，所以終究成為一個虛弱無用的人。他沒有一刻不珍惜自己身體的，稍微有點不適就好像承受了極大的痛苦似的，最後他憑藉自己的醫術在病中活到了老。

哀地孟德：這可以說是他高超醫術的回報啊！

蘇格拉底：這確實是回報。如果人們知道哀斯里伯為什麼不把緩死之術傳授給別人，就不會將此視為報酬了。他之所以不將這種技藝傳授給別人，並不是因為他的技藝不精，實際上是因為他深知在一個完備的國家當中，每個人有各自的職業，不能在永久的疾病當中消磨時光，當然他指的是普通的有職業的人，而不包括富有的人。

哀地孟德：這是什麼意思？

蘇格拉底：如果一位工匠染病，那麼他一定會向醫生求教快速治癒的方法，比如能夠造成嘔吐腹瀉的藥，或者刀割火烙的手法，讓他能夠早日痊癒就可以了。如果叫他在飲食中注意哪些禁忌，哪些應當戒除，頭部需要裹住避風……以及其他諸如此類的手段，那麼他一定會馬上說：「我實在沒有多餘的時間可以消耗在治病上，

這會荒廢我的職業。」於是他就會直接離開醫生，帶病繼續做自己的事。這樣的結果無非兩種：他或者身體得到了康復，能夠像從前一樣做事；或者病得更為嚴重以至於身體不能承受，不能存活多久，最後就突然離世了。

　　哀地孟德：是的。在這種情況下求助於醫生的人都會是這樣。

　　蘇格拉底：那麼這樣的人難道不都是有各自職業的嗎？有各自的職業，卻被疾病所困，那麼他雖然還活在人世，但這活著對他來說又有什麼用呢？

　　哀地孟德：確實沒用。

　　蘇格拉底：但是那些富有的人，不能與這種人相提並論。因為富有的人往往沒有職業。

　　哀地孟德：是的，他們本來就無所事事。

　　蘇格拉底：你曾聽過福雪賴人關於「只要能自給自足便是累積善德」的說法嗎？

　　哀地孟德：我之前從未聽說過，但我認為在自給自足之前，也應該致力於累積善德。

　　蘇格拉底：我們不必對此斤斤計較，但還是需要反問自己：對於那些富有的人來說，累積善德是分內的事嗎？還是說他們可以不累積善德呢？如果是分內的事，那麼我們應該更進一步提出問題：那些使人浪費時間荒廢事業的醫術，雖然不能在工匠們身上施行，那麼是不是可以毫無阻礙地在福雪賴所謂的自給自足的善人們身上施行嗎？

　　哀地孟德：像剛才所說的在體育鍛鍊之外，過於重視身體確實是有害於累積善德的。

　　蘇格拉底：是的，即使將這推廣到治軍、治家、治國，也都有害，而最有害的地方，就在於使得思考變得困難。因為人們常常將頭痛腦昏等病歸咎於思慮過度，於是高尚的思想受到了巨大的阻力而不能進行。只要人們具有這種荒謬的想法，就必定會整天擔心軀

體不健康，又怎麼會有時間顧及應當累積善德呢？

哀地孟德：確實會這樣。

蘇格拉底：所以我說，政治家哀斯里伯傳授給別人的只是通常的病症醫術。普通人患病的時候，只要他身體本來健壯，醫生就可以用手術或者見效快的藥物來治療他，使他可以繼續為國家服務。而對於那些已經長期病魔纏身的人，醫生不需要使用延緩死亡的技藝使他繼續存活下去，因為他們認為這種人即使活著，對這個世界也沒有什麼意義。而且虛弱的父母會產生虛弱的子女，所以凡是不能像常人那樣生活的，就不再加以醫治。如果仍然勉強延續他的生命，則對於國家和個人都沒有益處。

哀地孟德：你認為哀斯里伯是政治家嗎？

蘇格拉底：這很明顯，看他兒子的行為可以更加明確這一點。在洛埃之役的時候，他的兒子都是四處行醫的大英雄。你還記得當曼納勒[57]受傷的時候，他們直接在劃了一道傷口處吸取瘀血，用上速效藥了嗎？他們從不告訴別人受傷後哪些應該吃、哪些不該吃。他們治病的方法跟由立弗拉喝麥酒一樣。至於那些本來就體弱多病，或者由於不節制而生病的人，他們一概謝絕，即使用密達王豐厚的財富去誘惑他們，這些人也都不為所動。因為這種人活著，對於別人、對於自己都沒有什麼好處，醫術藥物並不是為這些人所創造的。

⑤7今譯為：「墨涅拉俄斯」，希臘神話中斯巴達的國王，阿伽門衣之弟，海倫之夫。

哀地孟德：他們確實不愧為明智的人。

蘇格拉底：確實不愧為明智的人。但是寫悲劇的人和賓大的說法，跟我們所說的正好相反。他們說哀斯里伯是阿泊洛神的兒子，之後因為貪財，救治了一個垂死的富人，以至於遭雷擊而死。我認為，在這兩種說法當中，一定有一種是錯的。如果我們承認他是神明的兒子，那麼就可以斷言他必定不貪財，如果承認他貪婪，那麼

他無疑不是神明的兒子。

哀地孟德：你所說的都很對。還有一件事需要向你問清楚，城邦之中不應該有優秀的醫生和優秀的法官嗎？優秀的醫生不是那些醫治了很多病人而經驗豐富的人嗎？優秀的法官不是那些人品高尚、閱歷又多的人嗎？

蘇格拉底：我認為應該有這兩種人，但你知道我將什麼視為優秀嗎？

哀地孟德：我想聽聽你的看法。

蘇格拉底：實際上，你是將兩個相反的觀點混在一個問題中了。

哀地孟德：什麼意思？

蘇格拉底：你將醫生和法官相提並論了，實際上二者的性質是不同的。作為醫生應從小就開始學醫，獲得關於疾病的知識和經驗並形成他的技藝。並且他們的身體最好有很多病症，這樣就能對各種病症具有切身體驗了。如此，他在給人配藥、治病的時候會比其他醫生好很多，因為他行使的醫術，不是用身體醫治身體，而是用心靈去診斷病人的身體。如果診斷需要身體，那麼他們的身體怎麼能多病呢？需要用心醫治，所以他們的內心必須清明。

哀地孟德：你說得很對。

蘇格拉底：但法官不是這樣，法官以心治心。由於要以心治心，那麼絕對不能允許他從小就和心地不良或者頭腦紊亂的人混在一起，否則一定會導致他的心靈被各種邪惡所污染。法官一看到他人的行為，就能以自己的情況加以考慮，一件件地處置他人的罪惡，就像多病的醫生，特別能夠體貼他人的苦楚。所以我認為凡是想要勝任法官職位的人，都應當有高尚潔淨的心靈和清晰的頭腦，然後才能對人們施以公正的判斷。為了使其能夠做出公正的判斷，他必須從未受到過罪惡的影響，絕沒有罪惡方面的前科才行。正因為如此，善良的人常常性情質樸，但卻容易為奸詐者所欺騙，因為在他

的腦海裡沒有罪惡的印象。

哀地孟德：是的，這樣的人容易被人欺騙。

蘇格拉底：所以在我看來，年輕人不能直接做法官，一定要經歷過很多事情並詳盡瞭解人的情感和虛偽，到了年長之後，能夠熟悉詳查他人的罪惡性質，而不是用自己作惡的經歷來審判他人。換句話說，擔任審判職責的人，應當具有關於審判的知識和智慧，但自身不能有犯罪的經驗。

哀地孟德：這樣確實是最高級的法官。

蘇格拉底：而且他必須是善良的人（這一點你已經提到過），只有善良的人才能夠擁有善良的心。那種奸詐多疑，將犯罪、作惡視為聰明能幹的，一遇到同類人就以自己以往的經驗去忖度，不能秉公做出判斷；而一旦遇到道德高尚，還未受到罪惡影響的人便自認為對方是多疑奸詐之徒。這種人雖然有眼睛，卻從未識得誠實之人，因為在他的腦海裡沒有誠實的影像。於是他認為這個世上惡人多，善人少，而稱讚和附和他的人一旦多起來，他自己也自認為是很了不起的人，所以，這樣的人始終不能認識到自己的愚蠢。

哀地孟德：你說的沒錯。

蘇格拉底：我們所需要的法官必須是年老而有道德的人。因為惡人不知道道德的性質，只有有道德的人，才能根據他歷年的觀察，知道善惡到底是什麼。所以在我看來，真正有智慧的是品行善良的人，而非品行不端的人。

哀地孟德：我同意。

蘇格拉底：那麼我們就應該讓剛才說過的醫術和審判在城邦中施行。這二者能夠讓身心無病的人有所進步，讓那些以體弱多病、以心靈邪惡為榮的人自取滅亡。

哀地孟德：是的，這種人為了國家、為了自己，死是他們最好的選擇。

蘇格拉底：如此一來，年輕人就能長期受到簡樸音樂的薰陶，

養成節制的習慣。那麼也就無需過多的法律和審判。

哀地孟德：是的。

蘇格拉底：已經接受音樂教育而有節制美德的人，再經過簡樸的體育訓練後，對藥物的依賴也就少了。即使有，也是意外的事。

哀地孟德：是的。

蘇格拉底：他們之所以需要各種練習和勞動，並不是要他們都像運動員那樣能夠長途跋涉，威武有力，實際上是要振作他們為國服務的精神。

哀地孟德：是的。

蘇格拉底：人們常常將音樂教育看作是訓練聽覺的學科，體育是訓練身體的學科，而實際上並非如此。

哀地孟德：那麼它們的實質是什麼？

蘇格拉底：在我看來，教育應當以修養心性為目的。

哀地孟德：為什麼？

蘇格拉底：你看那些專門以體育為目的或者專門以音樂為目的的人，他所得到的效果如何？

哀地孟德：到底怎麼樣？請你詳細說明。

蘇格拉底：專門以體育為目的使人過度剛強，專門以音樂為目的又使人太過軟弱。

哀地孟德：確實，我也覺得專門從事運動的人，往往接近於野蠻；專門從事音樂的人，往往過於萎靡而不能勝任其他事情。

蘇格拉底：這種野蠻的行為是由他們的性情所導致的。如果教育他們，就能將其培養為果敢弘毅的人。如果放任他們，就會變得彪悍兇殘。

哀地孟德：我也這樣認為。

蘇格拉底：文人和哲學家應當有溫文謙遜的美德，但是如果過分了，就會變得十分軟弱。對他們進行一定的教育，他的善德就能夠剛柔適中。

哀地孟德：是的。

蘇格拉底：我們所說的護衛者應當兼有兩種品質。

哀地孟德：是的。

蘇格拉底：這兩者應當彼此和諧。

哀地孟德：是的。

蘇格拉底：凡是具有這兩種相互和諧品質的人，他一定是忠勇並且有所節制的，對嗎？

哀地孟德：確實是這樣。

蘇格拉底：那麼，那些不能擁有這樣品質的人，不是兇悍，便是怯懦。

哀地孟德：是的。

蘇格拉底：當人們一開始聽到溫和悅耳的音樂的時候，感覺到音樂的可愛，從此就專注於音樂，並且將音樂作為娛樂的事情。這時，其性格受到音樂的影響，就像鐵經過火爐的冶煉之後，能夠根據人的想法對其進行彎轉或屈伸，不再像之前那樣堅硬生脆，派不上用場。但是如果不加以限制，任他縱情於音樂流連忘返，必定會導致其精神萎靡，成為一個一事無成的懦夫。這也就像鐵在火爐中融化，火候過了就得不到凝固了。

哀地孟德：你說得很對。

蘇格拉底：如果一個人的精神常常不能振作，那麼這種不良的效果很快就會出現。如果他精力充沛，性格剛毅，那麼他沉湎於音樂，一定會變得暴躁易怒，一遇到稍不順心的事，就會產生煩惱，而這煩惱也是不穩定的。這時，他就失去了心境的平和，成為一個喜怒無常的人。

哀地孟德：是的。

蘇格拉底：體育對於人來說也是這樣。如果有人專門從事體育，那麼他的飲食言行舉止都會和學者相反，他們的體魄也絕不是常人所能比擬的，恐怕他們還會因此而變得自負。

哀地孟德：是的。

蘇格拉底：如果他們相互隔絕，不瞭解其他事情，也不求學，也不做思想上的研究，那麼他們原有的腦力也會得不到發展。又由於他們的腦袋從來沒有接受過辯證法的訓練，對知識茫然無所知，終其一生都像是在迷霧中。這是他們難以避免的結果啊！

哀地孟德：這確實是難以避免的。

蘇格拉底：這樣的結果必定會導致他們成為仇視學術，不講道理的人，終其一生都會像野獸那樣行動，只靠武力而不知道文化是什麼。

哀地孟德：這是必然的。

蘇格拉底：因此，上天間接地傳授體育和音樂於我們，一種是身體上的訓練，一種是思想上的訓練。這二者對於人來說，應該相互配合，就像琴瑟的弦，輕重緩急搭配恰當。

哀地孟德：是的，這大概就是上天的本意吧。

蘇格拉底：所以凡是能夠調和這二者於一身並且具有完美性格的人，就可以成為真正的音樂家，與那些只能演奏樂器的人，不可同日而語。

哀地孟德：你說得沒錯。

蘇格拉底：在我們的國家當中，如果想維繫政府存在，那麼這樣的人才確實不可缺少。

哀地孟德：是的，怎麼能夠沒有呢？

蘇格拉底：關於教育的綱要已經非常清楚了。至於一些細節，比如跳舞、狩獵、運動等活動，不需要一一規定，因為這些活動常常是依據綱要而定的，既然綱要已經確定，自然就能制定出來。

哀地孟德：是的，這並不困難。

蘇格拉底：那麼我們接下來的問題，不就是討論哪些人是統治者，哪些人被統治嗎？

哀地孟德：是的。

蘇格拉底：年輕人應當被年長的人所統治，這個道理是非常明確的。

哀地孟德：這毫無疑問。

蘇格拉底：而統治者又需要由最優秀的人來擔當。

哀地孟德：這也很明確。

蘇格拉底：最優秀的農民，不就是對農事最為專心的人嗎？

哀地孟德：是的。

蘇格拉底：我們所要尋找的統治者不就是一個能夠治理國家的人嗎？

哀地孟德：是的。

蘇格拉底：他應該才識過人，並且關心國家大事，對嗎？

哀地孟德：是的。

蘇格拉底：每個人總是特別關心自己摯愛的東西，是嗎？

哀地孟德：這是一定的。

蘇格拉底：每個人總是喜愛那些與自己有緊密關係的東西，如果他將這些事物的成敗視為自己的成敗，那麼他就會愛得更為強烈，是嗎？

哀地孟德：是的。

蘇格拉底：那麼我們必須謹慎選擇統治者。我們在選擇時應該特別注意那些最願意為國家利益效勞的人，還有就是最熱心於反對損害國家利益的人。

哀地孟德：是的，這樣的人是最妥當的。

蘇格拉底：但還是要隨時進行監察，借此探知他對於國家的信念，看他是否能夠在外力的逼迫和誘惑下有所動搖，或他會不會因此而動搖他的決心。

哀地孟德：什麼叫作動搖他的決心？

蘇格拉底：聽我來解釋。人之所以會改變他的決心，有兩種原因：一是出於自願；一是出於強迫。知道自己的見解是不好的，一

定會將其改變到好的為止，這是出於自願；本來是在實踐真理，卻為外力所誘惑，改變原來的行為，這是出於強迫。

哀地孟德：我能理解前者，但不太明白後者的意思，請你再詳細解釋一下。

蘇格拉底：你沒看到人們總是不願看到自己的善被他人隱藏，而樂於看到自己的惡被他人隱瞞嗎？失去真理不就是惡，得到真理不就是善嗎？能夠知道萬物的本質，不就意味著得到了真理嗎？

哀地孟德：是的，人們總是不願被剝奪踐行真理的自由。

蘇格拉底：這種不情願的被奪取，不就是透過蠻力和誘惑的方式進行嗎？

哀地孟德：我還是不太明白你的意思。

蘇格拉底：這是我說得不透徹的緣故。我的本意，簡單說來不過是，人的決心有的因為別人的勸告而改變，有的因為疏忽而忘卻，前者是被外力所動搖，後者是被時間所消磨，你明白我的意思了嗎？

哀地孟德：明白了。

蘇格拉底：凡是為外力所動搖的，大都因為困苦、禍患即將降臨，於是就變更他以往的志向。

哀地孟德：你說得很對。

蘇格拉底：他們或者因奉承的話而軟化，或者聽到恫嚇的話而驚慌失措。

哀地孟德：是的。

蘇格拉底：所以我認為最好的護衛者，應當專注於國家利益。對於這樣的人，從小就要加以監視，並且隨時用外力測試他，看他們究竟會不會被外在勢力或私利所動搖，從而導致其拋棄原來的原則；提拔那些堅持原則而不受誘惑的人，摒棄那些見利忘義的人，你認為對嗎？

哀地孟德：很對。

蘇格拉底：應當使他備嘗艱難困苦，來測試他們能否不忘原則。

哀地孟德：是的。

蘇格拉底：然後再用第三種方法測試他們的行為。現在的人測試馬是否膽怯，就將其牽到喧嘩熱鬧的地方，觀察它的行為。對於人來說也是這樣。我們應該先讓他經歷恐怖的事，然後將其置於安樂繁華的環境中，來觀察這兩種環境對他們的影響如何。總而言之，我們測試這些人，應當比測試爐中金子更為認真仔細。這樣才能夠確定那個人是否真的能夠始終如一、遇事不驚，不辜負在音樂上所得到的益處。如果有人從小開始都能夠承受各種誘惑而不屈不撓，我們應當推舉他為統治國家的人，始終尊敬他、熱愛他，在他去世後為他建立紀念碑和雕像來紀念他。那些一經測試便發生根本性動搖的人就不值得提拔。我認為我們選擇統治者和守衛者，非透過這種方式不可。我在這裡所說的，只是一個大概，並沒有涉及細則。

哀地孟德：能做到提綱挈領就已經夠了。

蘇格拉底：所謂統治者，指的是掌握最高權力的人。他們對外能夠抵禦強悍的敵人，對內能夠保護人民，這樣國家才可以像磐石那樣安穩。至於剛才所說的護衛，則是用來維持統治者的統治的。

哀地孟德：我也這樣認為。

蘇格拉底：然後我們應當運用各種經過修飾的謊言來測試統治者，看他是否可以被欺騙。在知道他不能被欺騙後，人民就可以對他深信不疑了。這種謊言只能偶爾在有益於國家的時候使用，這在剛才已經詳細討論過了。

哀地孟德：是的，但究竟應該怎麼使用謊言呢？

蘇格拉底：在非尼基[58]人中流行過一個傳說，這個故事之前也在許多其他城邦中流行過，而詩人又說這個傳說是可信的，但如果在今天使用，我就不能確定其是否可信了。

�58 今譯為：「腓尼基」，古代地中海沿岸興起的一個民族。

哀地孟德：我覺得你說這些話的時候好像有些猶豫不決、不願開口，為什麼？

蘇格拉底：等我講了你就知道我為什麼會猶豫了。

哀地孟德：請你直接說明，不要增加我的顧慮。

蘇格拉底：好，那麼我就詳細講了。我也不知道應該以怎樣的膽量和言辭來說這些。但簡單說來，我一定會用這種說法首先測試統治者，接著測試守衛者，最後測試人民，告訴他們：人在年輕的時候，實際上只是一場夢，其所受的教育和訓練也都是虛幻的事，因為人在年少時所接受的撫養和教育都是在大地深處完成的，人們所用的軍事器械和各種器皿等，也都是在大地深處被創造完成的，然後從土地中湧現出來。因此，大地是人們的母親，在一片大地上出生的人，就應該極力維護他的土地，使之不受到別人的踐踏和攻擊，並且還應該將他人也視為土地的後裔，那麼在長大以後其他人也就是自己的同胞了。

哀地孟德：聽你這樣說，難怪你剛才猶豫不決不肯說出口了。

蘇格拉底：但我只說了一半，還沒有說完，請讓我說完。他們在一個國家裡，因為彼此都產自大地，每個人都是同胞。但是在土地中將他們創造出來的卻是上帝，而上帝的創造是不同於他們的創造的。想要讓他在人間掌握統治權力而具有高貴榮譽的，就加上黃金；想要讓他成為輔佐之人的，就加上白銀；其餘像工匠、農民等，就加上銅或鐵。這種階級的區分一定是不容許混淆的，即使經歷很多年後流傳到後世也是一樣。金和銀的性質相近，有時候可以調和，具有金血統的父母，偶爾會產生具有銀血統的兒女；或者是具有銀血統的父母，偶爾會產生具有金血統的兒女，所以可以將他們平等看待。有一條規則是上帝反覆申明的，是需要人絕對服從的：就是人們必須始終重視子孫的血脈不混亂。如果一個具有金血統或者銀血統的人，卻混雜著銅鐵，那麼他一定會降級，他的子孫會成

為工匠農夫，而不被人所同情。如果銅鐵等級的人，卻有金銀等級的子孫，那麼就自動升級為統治者或輔佐者。之所以必須有這樣的規則，是因為神曾告誡人們，國家一旦讓銅鐵等級的人來統治，那麼這個國家必定會滅亡。這個傳說就是這樣，你認為能夠被別人相信嗎？

克拉根：想要讓今天的人相信這番話，我認為恐怕不能，也許他們的後代會相信這些話吧。

蘇格拉底：我也知道這很困難，但無論如何，這種傳說的傳播，最終能夠讓人們對於國家有忠誠熱愛之心。謊言的作用，大概就像這樣。到現在我們應當率領大地所培育的勇士，到賢明的統治者旗下，選擇一個最適合駐紮的地方，他們可以藉以平定內亂，抗拒外敵。在安排設置好營地堡壘之後，讓他祭奠神明，祭奠神明之後再安排他們的常駐計畫。

克拉根：很對。

蘇格拉底：適宜的居處，必須能躲避夏天酷暑和冬天的嚴寒。

克拉根：你是指居住的房屋嗎？

蘇格拉底：是的，但我指的是軍士的營房，而不是商人的住房。

哀地孟德：這二者哪裡不一樣呢？

蘇格拉底：讓我來解釋。牧羊犬有時不是因為牧羊人的不當訓練，或是由於饑餓的緣故，最後導致它們拋棄原有的職責，轉過來像狼一樣去捕殺羊群。如果這樣，這對於牧羊人來說不是最可怕的事嗎？

哀地孟德：這確實很可怕。

蘇格拉底：所以我們對待軍人，應當切實注意，防止他們放棄保衛人民的責任，轉而欺凌虐待人民。

克拉根：這確實是應當注意的。

蘇格拉底：完善的教育，真的能夠使他們成為完美的軍人嗎？

克拉根：好像他們是已經接受完善的教育了。

蘇格拉底：但我還是不能深信他們就是完美合格的軍人。我深信教育對於他們是必要的，完善的教育是能夠使他們明白人與人之間的關係是以仁心為基礎的。

克拉根：是的。

蘇格拉底：我認為軍人是否可稱為完美合格，不僅是教育使然，他的生活狀況、他所擁有的資產，也都與此密切相關。如果這兩者適當，那麼就容易激勵他們成為有節制、有勇氣的軍人，這樣就可以避免禍害人民的隱患了。我想有見識的人應該不會認為我的話是錯的。

克拉根：你說得很對。

蘇格拉底：那麼我們可以思考一下他們的生活狀況應該是怎麼樣的。最重要的原則是，他們不能擁有那些不必要的財產，也不能擁有別人不能進去查看的住所。食品不應當奢侈，應該有的都有就可以了。因為他們本來就是勇敢而節儉的人，收入多少，應當正好能夠滿足一年的使用。每年都由人民供給，每頓飯都一起吃。為了防止他們被金銀誘惑，我們應該告訴他們：你們的身體中已經富有上天所賦予的金銀了，不需要其他的身外之物。如果有這些身外之物，就會玷污上天所賦予的金銀，因為外在的金銀實際上是各種罪惡的來源，而他們所具有的是神聖而無瑕疵的。所以公民中只有他們不能擁有這種東西，不僅如此，即使將這些金銀藏在宮中，或者將其作為器皿，也絕對不行。只有這樣，他們才能夠不失去自己的原則，保衛他們的國家。如果他們有房屋、土地和資產，就會成為農民或商人，不再是一個稱職盡責的軍人，或者會成為暴虐奴役他人的地主，不再是保護人民的衛士。如果這樣，那麼他們就會相互仇視、相互陷害。久而久之，這種危害一定會比外來的敵人更大，那麼國家的滅亡便指日可待了。因此，對於軍人的財產問題，一定要制定以上的條例來加以限制，你認為對嗎？

克拉根：沒錯。

第四卷 財產 貧困 善德

哀地孟德：蘇格拉底啊，如果有人反對你說：你的意思是要讓守衛者們不能獲得幸福嗎？因為在他們成為城郭人民的領袖後，卻反而不如其他職業的人那樣能夠享受他們的各種利益，如可以自由購買田地，修建房屋，置辦各種奢華的用品，為神明準備豐盛的祭祀或者對人民施以恩惠，擁有金銀貨幣和一切貴重的物品。他們只能任勞任怨地承擔著守衛的職責，駐紮在一個地方，始終不能懈怠，就像雇工一樣受制於人，權力和舉動都受到限制，這到底是為什麼呢？如果有人這樣問你，你會怎樣回答？

蘇格拉底：不僅如此，他們除了飲食之外，並沒有其他金錢的報酬。所以他們不能像其他人那樣暢遊名勝，也不能將華美的物品饋贈給意中人。相互贈禮常被人們視為一件幸福的事，但如果他們因此而感到遺憾，那麼與此相類似的遺憾，他們恐怕會數也數不過來。

哀地孟德：如果有人以這些來責備你，你會怎麼辦？

蘇格拉底：你想知道當我遇到這種情況會怎麼回答嗎？

哀地孟德：是的。

蘇格拉底：在我看來，如果按照剛才規定的程式來進行，想必不難得到一個滿意的答覆：守衛者雖然處在一個看似無法獲得幸福的處境，但實際上卻是最幸福的人。我們提出建立理想國的時候，不是想讓一部分人獲得最大的幸福，而是想讓全國人都具有同等的幸福，這一點我們在之前已經明確過了。我們要建設的是一個既有秩序，而又能讓每個人都能獲得安樂的國家。在這個國家中，我們能比較容易地發現正義，而不正義則也會在與之相反的國家中

被發現，等到這二者(正義與不正義)都被發現後，我們就可以比較正義與不正義哪個更能讓人幸福。我們剛才所要建立的是一個普遍幸福的國家，而非少數人幸福的國家。等到我們先把這普遍幸福的國家考察完後，再將其與之相反的國家進行比較，看看正義與不正義哪個更能讓人幸福也不算晚。如果我們在畫像的時候，有人來對我說：眼睛是人身上最美的事物，你為什麼不用最豔麗的顏色描繪最美的事物呢？紫色是最豔麗的顏色，你為什麼要用黑色來畫眼睛呢？他這樣說，那麼我們可以告訴他：你想讓我們用豔麗的顏色畫眼睛，是想讓所畫的不再是眼睛嗎？或者想要全面統籌，用該用的顏色來繪畫各個部分，從而使其在具體上都是美觀的嗎？所以我認為不能給軍人以不應該有的幸福，這不是我們做不到。給農夫穿戴上王者的衣冠，田裡的工作他愛做多少就做多少；提拔製陶者，讓他盡情喝酒，喝醉了嬉鬧，至於陶器他愛做多少就做多少。我們還可以將此推廣到各種職業，讓所有人都有這樣的幸福。但如此一來，便會導致他對於自己職責的懈怠，從而會放縱自己的行為，肆意妄為。所以，你認為一定要這樣然後國家才能被稱為安樂幸福的嗎？如果真的是這樣，那麼我們將不會聽從命令，事事都會放縱，為所欲為，那麼農民將不成其為農民，而製陶者也不成其為製陶者。其他各種職業的人也一樣，也都不會專心於自己的職業。如果只是在較小的範圍內發生這樣的腐化現象，其害處還不算太多。製作鞋子的人荒廢他的職業，其對國家的影響不算很大。但是如果擔任守衛國家職責、維護法律尊嚴的軍人也都懈怠於自己的職責，那麼這對國家的損害將是難以想像的，因為軍人是國家得以存在、人民獲得安全的基石。如果反對者認為軍人也應該像農民那樣可以盡情飲酒，而不必重視他所應盡的職責，這實在是太荒謬了。所以我認為選派軍人的時候，既要重視他們的個人幸福，也要考慮全國的人民的幸福和安樂。如果確認後者是真理，那麼凡是擔負保衛國家職責的人，就需要各盡其力，這樣這個國家才能逐漸強盛，各個階

層的人也都能在其中獲得他們應有的幸福和安樂。

哀地孟德：我認為你說得非常對。

蘇格拉底：我還有一句話，不知道你是否同意。

哀地孟德：我願意聽一聽。

蘇格拉底：其他技藝有時也會退化，其原因有兩種。

哀地孟德：哪兩種？

蘇格拉底：貧窮和富貴。

哀地孟德：為什麼？

蘇格拉底：如果一個製陶的人富貴了，你認為他還會像未富時一樣勤勞嗎？

哀地孟德：絕對不會。

蘇格拉底：他會越來越懈怠，而不再在意他的職業，其趨勢是這樣嗎？

哀地孟德：對。

蘇格拉底：如果這樣，他最終會成為一個不合格的製陶人。

哀地孟德：對，他一定會因此而退化。

蘇格拉底：但是如果他的境遇與前者正好相反，甚至沒有購置器械的資本，他也未必能正常工作，而在他門下學藝的，也絕對得不到良好的訓練。

哀地孟德：是的。

蘇格拉底：那麼貧窮和富貴能使工人和他的技藝同時退化，已經很清楚了。

哀地孟德：已經非常清楚了。

蘇格拉底：這是我們剛剛覺察到的害處，守衛者應當嚴加防備，不要讓人發現。

哀地孟德：這是相對於什麼而言？

蘇格拉底：貧窮是鄙陋低賤的根源，富貴是奢侈的本原，但他們都能夠使人退化。

　　哀地孟德：你說得很對，但財物是戰爭的時候必需的，如果我們國家沒有財產，遇到戰爭時，敵人富貴並且強大，那麼我們該怎麼對付他們呢？

　　蘇格拉底：面對一個強勁的敵人，要想打敗對方並非易事，但如果面對的是兩個這樣的敵人，那就不難對付了。

　　哀地孟德：這是為什麼？

　　蘇格拉底：如果遇到這樣的戰事，你會認為我們這邊是受過訓練的軍人，而敵人方面則是由富人組成的軍隊嗎？

　　哀地孟德：是的。

　　蘇格拉底：一個精通拳術的人想要打敗兩個肥胖的富人，絕不是困難的事。你認為對嗎？

　　哀地孟德：如果兩個人同時進攻，你也未必能夠穩操勝券吧。

　　蘇格拉底：這怎麼就困難了呢！你可以先藏起來假裝示弱，然後回身奮擊二者中先到的軍隊，等到在後面的軍隊到了，再從容應戰，使他立刻瓦解；或者先與他們在烈日中追逐，等到他們疲於奔命，然後用智巧的方法對付他們，這樣也可以獲勝。即使有兩個敵人，又有什麼可擔心的呢？

　　哀地孟德：是的，如果能夠善於這樣襲擊，要想勝利自然不是難事。

　　蘇格拉底：富人對於拳術這一方面，不能說沒有熟諳精通的人，但是對於行軍的方法，就可以斷言他們大多是茫然的。你也這樣認為嗎？

　　哀地孟德：是的，他們往往就是這樣。

　　蘇格拉底：那麼想要讓我們國家的軍人能夠抵抗兩倍、三倍的敵軍，應該是綽綽有餘的。

　　哀地孟德：是的，我認為你說的沒錯。

　　蘇格拉底：如果在剛剛開戰時，我們就派遣使者去兩個國家中的一個，使他們明白道義和長遠的利益，告訴他們：在我們國家中，

金銀是被法律禁止的，人民不能擁有，如果你來幫助我，你可以獨享這種利益。他們一聽到這話，就像狗聽到馬上有肉吃那樣，會不搖著尾巴向我們示好，而反過來撕咬那肥嫩又沒有威脅性的羊呢？

哀地孟德：他願意幫助我們，這是很自然的。但是如果讓利益都歸他們一個國家，不會不利於我們貧瘠的國家嗎？

蘇格拉底：哀地孟德啊，你是這樣誠實！除了我們國家外，其他國家都可以用國家來稱呼嗎？

哀地孟德：為什麼不可以？

蘇格拉底：除我們國家之外，不論什麼國家，都不能稱為一個國家。無論那個國家如何小，如果仔細考察，就知道那是由很多個部分組成的。其中最大的兩個部分，就是富人和貧人，這兩個部分常常出現在戰爭中，而且每一部分當中又分為無數個小部分，你如果以一個國家來看待它，那就錯了。那麼對待這無數個國家，如果能用一部分的財產勢力給其他部分，那麼就能得到大多數的朋友，而敵人就會只剩下一小部分。在那個時候，我們繼續執行既定的方針不變，依舊按照之前所規定的秩序進行，那麼我們的國家自然會成為最強大的國家。我所說的強大之國，不是名義上的國家，也不是形式上的強大，它必須實際上是強大的，而守衛國家的人不超過一千個人。想要找到一個與此相似而能夠並立的國家，無論是在希臘還是其他地區，都找不到。那些自視為大國而實際上卻沒有大國的實質的，不值得一提。

哀地孟德：確實如此。

蘇格拉底：我們國家土地的廣狹，統治者應當做出規定：凡是土地超出這個規定的限制的，都不應該去獲取。不知道規定應該怎樣最好？

哀地孟德：你怎麼認為？

蘇格拉底：我認為我們國家的大小，應該以其能否保持統一為標準，不能使國家的土地超出這個限度。

 理想國 The Republic

哀地孟德：很好。

蘇格拉底：於是我們的統治者又多了一項責任，即國家不要太大，但也不要太小，使其成為一個大小適中的國家。

哀地孟德：是的，我想這不是一個很難的使命。

蘇格拉底：此外，還有一個相對容易擔當的使命。統治者的後裔，如果有不良的人，就要將其降為其他階級的人，較低階級中有優秀的人，就要將其提拔為較高階級的人。這個措施的意義就是要使人民根據各自的才能性情，選擇合適的職業，使其專心致志於一項事業，而不是從事多項事業，這樣一個國家才能成為實際上的一個國家，而不是由很多小國家組合而成。

哀地孟德：這確實不是很難的使命。

蘇格拉底：我們所規定的統治者的責任，都是簡單易行的，從來沒有很多複雜的條例，他們所應當重視的只有一件事。

哀地孟德：是什麼事？

蘇格拉底：教育。如果我們的國民，都受到良好的教育，而成為優秀的國民，那麼對於我們還沒有提及的各種事情，都能夠堅持自己的原則而不會驚慌失措，比如婚嫁以及撫育兒女等。要使國民達到這樣的程度，只有透過教育才行。

哀地孟德：是的。

蘇格拉底：如果國家建設得合理，那麼它進步的速度就像車輪一樣滾滾向前。透過良好的教育，能夠產生良好的軀體和良好的性情。而具有良好的軀體和性情的人，再接受良好的教育，就一定會產生更好的效果，因為人的進步速度本來就能和其他動物並駕齊驅。

哀地孟德：確實如此。

蘇格拉底：所以簡單來說，統治者所應該特別留意的是音樂和體育，不能讓教育超出其固有的範圍。如果出現新奇的，就應當取締。詩人雖然說人民喜歡新歌，但統治者應當審查那些只是新的

118

歌，還是新的樣式的歌。新的樣式的歌，常常對國家有害，所以被禁止。台孟說：一個國家的音樂有所變動，那麼那個國家的根本法律也會因此而變動。我相信這句話是確切的。

哀地孟德：是的，我也贊成這句話。

蘇格拉底：我們的統治者，應該以規定音樂為第一要務。

哀地孟德：對，那些新奇不正的音樂，常常在不知不覺中就產生影響了。

蘇格拉底：對，這些音樂的潛移默化，常常令人民在娛樂的時候為之陶醉，從一開始就渾然不覺這些音樂的危害。

哀地孟德：是的，一開始不覺這些音樂有害，其影響是漸漸產生的：一開始改變人們的性情，然後敗壞社會的風俗。自此以後，其危害就會越來越大，人們相互交往的方式也會被其破壞；國家的憲法律令，也會被其推翻，最終導致國人的公私權利都會喪失。

蘇格拉底：危害會到這種程度嗎？

哀地孟德：我是這樣認為的。

蘇格拉底：那麼我們國家中的年輕人在音樂上應當接受更為嚴格的教育。年輕人如果因為娛樂而做出非法的事，那還怎麼指望他們成為優秀的人呢？

哀地孟德：是的。

蘇格拉底：如果他們在娛樂遊戲剛剛開始的時候就接近於正道，那麼就可以借助音樂的薰陶而得到良好的教育。這種教育可以確立其終身的原則。如果國家不幸而有患難，就會奮起匡救，建立不尋常的功勳；這也是娛樂中合格音樂的作用，其結果正好與不合格音樂的作用相反。

哀地孟德：是的。

蘇格拉底：他們在接受了音樂的教育之後，那麼其他瑣碎的條例就可以自行規定了，而這種條例是那些不法者完全廢棄的。

哀地孟德：你說的是哪種條例？

蘇格拉底：我的意思不過是說，年輕人在長者面前坐立言行要怎樣遵守禮儀，怎樣勤勞謹慎，對於父母應當有怎樣的孝道，平日的衣服和禮儀容貌應當怎樣才恰當。這就是剛才我所說的可以自己規定的，你覺得對嗎？

哀地孟德：對。

蘇格拉底：但也不必逐項規定而訂成條例，因為死板不會變通就會成為愚弄人的東西。一個沒有接受良好教育，也不知道親身實踐的必要性的人，即使能夠成為讀書人，也沒有多大用處。

哀地孟德：是的。

蘇格拉底：那麼，人的品行習慣是善是惡，豈不是全都由教育的好壞決定的嗎？

哀地孟德：這確實沒有疑問。

蘇格拉底：教育對於人的影響是如此之大，那麼一切人的舉止行為，豈不也都由教育的好壞來決定嗎？

哀地孟德：是的。

蘇格拉底：既然如此，我就不再在瑣事上一一規定了。

哀地孟德：的確沒有必要。

蘇格拉底：那麼對國際通商、國內貿易、工人的工作、民間訴訟和法官的選定等，你會怎麼規定呢？不僅只有這些，如各種賦稅問題，以及市政員警、海陸交通上的各種問題，是不是我們需要一一為其制定為法律？

哀地孟德：我認為沒有必要，因為優秀的國民不需要被過多的法律所約束。如果有需要，他們能夠自己制定。

蘇格拉底：對，只要保留上天賦予我們的法律就足夠了。

哀地孟德：對，但那些沒有接受良好教育的人，就成為被上天拋棄的人。即使一生都致力於修訂法律，改善人民的生活狀況，使其完美無缺，然而卻始終沒有實現的那一天。

蘇格拉底：你是想把這種人跟那些因為無節制而導致疾病，還

不肯去除不良習慣的人相提並論，是吧？

哀地孟德：正是這個意思。

蘇格拉底：這些人的一時快樂不是我們所能達到的。但他們的結果怎麼樣？他們常常因此生病去看醫生，但看完醫生病情反而有增無減，最後只好寄希望於有人能夠給他一種靈丹妙藥。這就是他們一直不想放棄醫治的原因。

哀地孟德：患上這種疾病的人大都如此。

蘇格拉底：最奇怪的是，他們所厭惡的是那些告訴他們真相的人。如果有人告訴他：你不徹底改變你的習慣，如果還是貪嗜酒食，貪圖娛樂之事，那麼你就不可能痊癒，即使是具有神奇效果的針灸、神秘的符籙，也無濟於事。如果是這樣的話，他們一定會極度地痛恨你，這難道不奇怪嗎？

哀地孟德：確實很奇怪！告訴他們真相反而被痛恨，我實在不知道他們是怎麼想的。

蘇格拉底：因為他們沒有像你一樣的知識。

哀地孟德：或許是這樣。

蘇格拉底：如果一個國家的舉動，也像這些病人一樣，我想你也不會願意去稱頌的。在不良的國家中，人民不能擅自改變制定的法律，如果有誰要討論改變不良法律，就會以死罪來論處。而那些善於欺騙誘惑人民、迎合政府的人，反而稱讚他為大政治家，這種國家不是和剛才所說的病人一樣嗎？

哀地孟德：是的，像這樣的國家，它的罪惡也正和個人一樣，我怎麼能稱頌它呢？

蘇格拉底：那麼，你不欽佩那些腐敗政治家的鎮定和技巧嗎？

哀地孟德：是的，但不能一概而論。對於那些因為眾人的盲目推崇，最後竟以政治家自居的人，我向來是輕視的。這些人有什麼可欽佩的呢？

蘇格拉底：你說得很對，但我認為對於這種人，也應當稍微示

以同情，因為如果有人不能自己測量身高，而眾人都對他說：你身高六尺，那麼哪裡有不信的道理呢？

哀地孟德：確實不能不信。

蘇格拉底：那麼你也不要怒視他們了！因為這種人實際上是最可憐、最可笑的人，他們往往以改良瑣屑的事為要務，以為多訂法律，或修改條例，就不難除去商業上的惡習和一切社會中不正當的行為。殊不知，想要以這種行為達到他們的目的，實際上無異於斬九頭蛇的頭，非但無益，反而會帶來更多的害處。⑤⑨

⑤⑨相傳古時候有一條蛇，長著九個頭，去掉一個頭，反而會增加二個頭，後來為罕口利所殺。一譯者注。

哀地孟德：是的，這些人所做的不過就是這樣的事。

蘇格拉底：我認為真正的政治家，無論是在完善的國家，還是在不良的國家，一定不會以修訂法律為要務。因為在不良的國家中，雖然有法律，也發揮不了作用。在完善的國家中，人民本來就有良好的教育，每個人都能夠按照法律規範來生活，所以對條例的修訂也就不是什麼難事了。

哀地孟德：那麼對於法律我們還有未盡的事嗎？

蘇格拉底：沒有了，除了特而佛的阿泊洛神這方面還有最重大的條例需要編訂外。

哀地孟德：你是指什麼？

蘇格拉底：比如對於廟宇鬼神的獻祭和一切崇拜古代英雄的法典、人間喪葬的禮儀……這些我們向來無從考知。最好的方法就是假託上帝，因為上帝是我們歷來所供奉的共同神，居於宇宙之中，無所不至，無所不知，自然能夠將各種關於宗教的條例，一一傳授給人類。

哀地孟德：你說得很對，應當依照你所說的來實行。

蘇格拉底：那麼正義究竟在哪裡呢？請你清楚地告訴我。我們想要創建的國家已經完備了，絕對可以跟你哥哥和派拉麥克以及其

他志同道合的人點亮手裡的燈去尋找正義與不正義在什麼地方，同時還可以看看正義與不正義的區別，以及正義與不正義何者更能給人以幸福和安樂。

克拉根：這是什麼意思？剛才你不是說應該你自己尋找的嗎？你不是說看到正義被誣衊而不為之糾正是對不起上天所賦予的職責嗎？

蘇格拉底：我不想違背我剛才所說的話，所以我要盡力去尋找，但需要你的指明。

克拉根：這也是我所希望的。

蘇格拉底：我實在希望我們按照順序進行，能夠達到那個目的。但在進行之前，當然要先確認我們的國家是否處於完備的狀態，對嗎？

哀地孟德：是的。

蘇格拉底：既然是完善的，那麼就一定聰明、忠勇、節制而正義了。

哀地孟德：這是自然的。

蘇格拉底：如果我們在國家中尋找到這幾個當中的一個，那麼其他部分也一定在那裡，只是現在我們還沒有找到，對嗎？

哀地孟德：是的。

蘇格拉底：如果有四種同類的東西，而我們想要找到當中的一種，那麼不論這一種究竟在哪裡，只要找到它，那麼想要得到其他三種東西也就很容易了，或者知道了其他三者之所在，那麼另外一種東西也就不難找到了。

哀地孟德：很對。

蘇格拉底：想要找到善德的所在，不是也可以透過這個方法嗎？而且善德也有四種嗎？

哀地孟德：是的。

蘇格拉底：在這四種善德中，最容易找到的是知識，然而我認

理想國 The Republic

為知識也有特點。

哀地孟德：什麼特點？

蘇格拉底：我們所說的智慧的國家，不就是說統治者敏於治事嗎？

哀地孟德：是的。

蘇格拉底：敏於治事，不就是一種知識嗎？因為人能夠敏於治事是因為他的知識，而不是因為他的無知。

哀地孟德：是的。

蘇格拉底：在一個國家之中，知識的類別很多。

哀地孟德：是的。

蘇格拉底：木工有木工的知識，但國家不能因為有這種知識而稱得上智慧的國家，你認為對嗎？

哀地孟德：確實不能，只能稱其在技藝這方面比較卓越而已。

蘇格拉底：那麼國家也不能以善於製造工匠所用的器具而被稱為智慧。

哀地孟德：這也不能。

蘇格拉底：也不能因為國人富有銅類方面的知識，而被稱為聰明的國家。

哀地孟德：這又怎麼能呢？

蘇格拉底：如果那個國家的人富於耕種的知識，也不能被稱為聰明的國家，只能稱之為農業之國。

哀地孟德：是的。

蘇格拉底：在我們國家當中，應當有一種知識，不偏重一件事，而念念顧及國家的整體，使人能夠以此維持國內的安定，懂得在國際交涉中應當如何應付。我們的國民中真的具有這種知識的人嗎？

哀地孟德：確實有這種人。

蘇格拉底：這是什麼知識，而具有這種知識的是怎樣的人？

哀地孟德：這是治國的知識，我們剛才所講到的賢人統治者都

124

是具有這種知識的人。

蘇格拉底：一個國家的公民擁有這種知識，那麼這個國家將會得到什麼榮譽？

哀地孟德：這足以說這是一個聰明智慧的國家。

蘇格拉底：我們國家中真的能勝任統治者之職的人多嗎？還是工匠之類的人比較多呢？

哀地孟德：工匠確實比較多。

蘇格拉底：在擁有各種知識的人中，具有治國知識的人不是最少的嗎？

哀地孟德：確實是最少的。

蘇格拉底：這些少數之人以自身所具有的知識來治國，這個國家才配得上聰明智慧的美譽。由於這種知識超過尋常的知識，所以具有這種知識的人一定是最少的。

哀地孟德：是的。

蘇格拉底：這樣，四種善德中的一種已經被我們尋找到了，而且它的性質和所在的地方也被我們發現了。

哀地孟德：是的，在我看來，已經令人滿意了。

蘇格拉底：這樣，想要知道忠勇的性質及其所在，也不困難。我們只要試著觀察怎樣的國家才能稱得上忠勇，就知道了。

哀地孟德：到底是怎樣呢？

蘇格拉底：國家之所以會被稱為忠勇或者懦弱，難道不是以軍人的勇敢或怯弱而定的嗎？

哀地孟德：這是唯一的標準。

蘇格拉底：其實，其他公民也有忠勇與懦弱之分，但他們不承擔保衛國家的責任，所以對於國家沒有直接的影響。

哀地孟德：是的。

蘇格拉底：國家的忠勇則表現在一部分人身上，而這一部分人不論遭遇哪種情況，都能不忘曾經接受的教育，勇往直前，這才是

真正的忠勇，對嗎？

哀地孟德：我不能瞭解你的話，請詳細說明。

蘇格拉底：我所謂的忠勇之人，不過是一種保存的大道。

哀地孟德：保存什麼呢？

蘇格拉底：保存他們向來的宗旨，這種宗旨在他們接受教育的時候，就已經刻骨銘心了。所以不論他之後的遭遇是困難、快樂、憂慮、恐懼……都要隨時隨地記得，絕對不能遺忘原來的原則，即使是一刻鐘也不能，你想要聽聽我用類比的方式來詳細述說它嗎？

哀地孟德：當然願意。

蘇格拉底：將絲染為紫色，染絲的人必須先選擇白色的絲，然後將它整理好，如此才可以獲得完美的色澤；整理好之後再染成紫色，這種顏色品質一定會很好，即使經過多次洗滌或受到鹼皂的浸洗，其色澤也還會像新的一樣；如果選擇的絲不是純白的，並且沒有經過整理，這樣所染成的一定是不純粹的紫色，並且不耐用。

哀地孟德：是的，只有白色才能夠很好地融入其他色彩，不然，紫色一定不耐用。

蘇格拉底：所以我認為我們想要有忠勇的軍人，應當先謹慎選擇性情接近軍人的人，讓他們接受教育，然後他們才能在將來遭遇外力壓迫或誘惑時不為所動。這就像染絲的人先選擇白色的絲並進行整理一樣。等到他們擔任保衛國家的職責之後，自己能夠不忘記之前接受的教育，不被娛樂的誘惑所動搖。因為這種誘惑對於普通人來說，其影響既快又大，比鹼皂對於絲，有過之無不及。不僅如此，如憂慮恐懼等之類沒有一個能夠讓他們倒下的，因為他們始終所持守的是在教育中獲得的真理。這也就是我所說的膽量，不知道你是否贊成？

哀地孟德：我當然贊成你的說法，因為我認為你所說的膽量，跟那些沒有經受過訓練的人沒有混為一談。那些奴隸禽獸的膽量，一定還有別的名稱，而不應該包括在膽量之內，你也是這樣認為的

嗎？

蘇格拉底：是的。

哀地孟德：那麼你所說的膽量和忠勇，我已經知道了。

蘇格拉底：你如果再加上「國民的」三個字進行限定，就會更容易瞭解。我認為我們可以循著這種過程來考察正義何在，而不是斤斤計較於膽量。

哀地孟德：很好。

蘇格拉底：四種善德中還沒有經過考察的還有兩種，一種是節制，一種是正義。找到了這兩者，我們的事情就結束了。

哀地孟德：是的。

蘇格拉底：但我們可以不涉及節制而得到正義嗎？

哀地孟德：我認為這是不可能的事。而且我也不願正義實現了而節制卻失蹤了。所以我認為不如先研究節制。

蘇格拉底：我實在不能不聽從你的請求。在我看來，節制具有音樂般的和諧性質，不像那兩種各佔一部分。

哀地孟德：為什麼？

蘇格拉底：節制不是意味著能夠約束自己的欲望嗜好嗎？所以我們經常聽到人們以「自主的人」或者其他的類似的名稱來稱謂那些有節制的人。

哀地孟德：這確實是我平常聽到的。

蘇格拉底：然而「自主的人」這個名稱，不是最為可笑嗎？因為一人既然成為自我的主人，那麼也會是自我的奴隸，一個人是自我的奴隸，那麼也會是自己的主人。說一個人既是自己的主人，又是自己的奴隸，不是很奇怪嗎？

哀地孟德：是的。

蘇格拉底：但是這種說法可以這樣來理解，人心分為兩部分：一是較善部分；一是較惡部分。善的部分多點就能制止惡的部分，這就可以稱之為自主了，為別人所稱讚。如果接受了不良的教育，

或者受到惡人的影響，導致惡的那部分比較多，而善的部分被日漸侵蝕，那麼人就會成為自己的奴隸，而遭到眾人的唾棄。

哀地孟德：這種說法頗有道理。

蘇格拉底：那麼就進一步觀察我們的國家。如果國家被少數有節制的人所統治，而那些較為不良的人，受制於優秀的人之下，那麼我們的國家就可以稱為自主的國家，或者有節制的國家。

哀地孟德：你說得很對。

蘇格拉底：所以一切娛樂、欲念、嗜好、苦楚每當發生在婦女童僕和濫用自由的人身上的時候，這些人實際上就會成為國家中最低賤的人，你認為對嗎？

哀地孟德：是的。

蘇格拉底：那些在娛樂嗜好上有所節制且能接受到高尚知識教育的人只有少數。而這少數的人就是曾經接受過最好教育的人。

哀地孟德：是的。

蘇格拉底：我們國家的人大致有這麼兩種，而多數卑賤之人的娛樂以及其他一切都被那些少數人的智識所控制，你認為對嗎？

哀地孟德：是的。

蘇格拉底：那麼，能夠無愧於自主之國稱呼的，除了我們國家，我想沒有其他國家了。

哀地孟德：是的。

蘇格拉底：因此，也可以稱之為有節制之國，對嗎？

哀地孟德：對。

蘇格拉底：一個國家能夠上下一心，全都認可誰是統治者、誰是被統治者，能夠同舟共濟，除了我們國家還有誰能夠做到這一點？

哀地孟德：我想沒有了。

蘇格拉底：整個國家的人都能夠同舟共濟，那麼節制應當存在於哪個部分？在統治者那裡還是在被統治的人民那裡？

哀地孟德：我認為這二者都有。

蘇格拉底：那麼我將節制比作音樂的和諧，可以嗎？

哀地孟德：它們有什麼相似之處？

蘇格拉底：節制不像膽量和知識一樣各佔一部分。知識在統治者那裡，能賦予國家以聰明的特性；膽量在守衛者那裡，能賦予國家以忠勇的特性，這些善德在被統治者那裡卻沒有這樣的效果。但是節制不是這樣，需要各個等級的人相互調和才能形成。卑賤、懦弱的人，必須承認他人的才智膽量，推舉他以統治別人，而那些有見識、有才能的人就應當接受眾人的推許，並不負所托。節制就產生於此，這跟音樂透過各種聲音的配合來達到和諧有什麼區別呢？

哀地孟德：我理解你的意思了，並且非常同意。

蘇格拉底：那麼在四種善德中，我們已經考察了三種，剩下還未考察的只有正義了。有了正義之後，我們的國家就可以稱為完善的了。

哀地孟德：這是自然。

蘇格拉底：克拉根啊，嚴肅謹慎的時候到了，我們一定要像獵人那樣眼觀六路，耳聽八方，不要跟正義失之交臂。它一定就在這個國家中，所以要努力尋求。如果你先發現，請你一定要告訴我。

克拉根：我希望我能夠率先發現。但是你應該將我看作是一個輔助者，只能看到你所看到的，因為我的能力只有這個程度。

蘇格拉底：請先向神明禱告，然後再跟從我來。

克拉根：好，我需要我的視線清晰。

蘇格拉底：現在還達不到清晰，好像在幽深的叢林中，視線模糊黑暗。但我們終究是要努力探尋的。

克拉根：我願意跟隨你。

蘇格拉底：好，我發現一些東西了。我已經找到了一些蹤跡，而那個留下這些蹤跡的事物，一定離此不遠。

克拉根：好消息。

蘇格拉底：我們真是愚蠢的人。

克拉根：為什麼？

蘇格拉底：唉，克拉根啊，當我們一開始尋求正義的時候，正義就在我們的左右，俯拾即得，只是我們從未覺察，難道不可笑嗎？這跟到處找一件事物，而原來那件事物就在手中，有什麼差別呢？我們沒有在該找的地方尋找，反而在遙遠的地方徘徊，所以我們最終也沒有獲得什麼。

克拉根：你說的是什麼意思？

蘇格拉底：我認為我們對於正義的研究已經很久了，實際上已經找到了，只是不知道罷了。

克拉根：我已經對你的話有些不耐煩了。

蘇格拉底：請你聽我說，你還記得我們建立國家時的宗旨是每個人必須根據自己的性情來選擇一種職業，而不應該對每件事都一知半解，這不就是我們所認為的這個國家的基礎嗎？實際上這就是正義。

克拉根：這是我們一再申明的。

蘇格拉底：每個人各自從事一項專門的職業就是正義，我們已經說過很多次了，別的人也已經說過很多次了。

克拉根：是的。

蘇格拉底：我們可確定每個人專門從事一項職業為正義，那麼，知道我是怎麼得出這樣的結論的嗎？

克拉根：我不知道，希望聽你的說法。

蘇格拉底：四種善德中的三種，我們已經知道了，這三者是知識、膽量和節制，而剩下的就是正義，這不是我們已經說過的嗎？所以我認為正義是我們最後發現的一種善德。其他三種善德之所以能在國家中存在，實際上依賴於正義這種善德的維持。

克拉根：確實如此。

蘇格拉底：如果有人問：這四種善德哪種最有益於國家，應

當如何回答？對於這個問題，我們應當考察一下最有利於國家的善德，是統治者和被統治者是否能夠同舟共濟，還是軍人能夠遵守平時獲得的教育不畏強暴？還是統治者治國有方？還是剛才我所說的國家中的所有人，不論是哪種工匠，不論男女童僕，都按照自己的性情選擇一定的職業？這不是個容易解決的問題，你說對嗎？

克拉根：是的，想要探討清楚的確不是件容易的事。

蘇格拉底：那麼，就應該將每個人專門從事的職業與知識、膽量、節制一一進行對比。

克拉根：是的。

蘇格拉底：換句話說，就是將正義與那三種善德進行比較。

克拉根：是的。

蘇格拉底：請再從其他方面考察，統治者不就是我們委託來處理民間訴訟的人嗎？

克拉根：是的。

蘇格拉底：判斷民事的根據除了不該侵奪別人的財產，和自己不被別人所侵奪外，還有什麼根據？

克拉根：審判的宗旨，應該不外乎這一根據了。

蘇格拉底：你是指正義嗎？

克拉根：確實是正義。

蘇格拉底：那麼，正義就是去擁有所應該擁有的東西，做應該做的事，我想這麼定義應該是可以的。

克拉根：是的，沒什麼不可以。

蘇格拉底：請再想想，如果一個木工承擔鞋匠的職責，而鞋匠做木工做的事，或者兩件事一起做，這會對國家造成什麼樣的損害？請直言不諱，這樣才能知道我們的見解是否一樣。

克拉根：我認為沒有巨大的損害。

蘇格拉底：但是如果一個鞋匠或其他種類的工匠，因為金錢的緣故，或者因為眾人胡亂推舉的緣故，或者因為其他原因，竟然

想要越級成為軍人，或者是一個軍人想要成為統治者。實際上，以製鞋為業或者以軍人為業的都是根據他們的天性來決定的。一旦放棄了原有的職業，而成為軍人或者統治者，這樣不會導致國家滅亡嗎？我知道你一定會贊成我的說法。

克拉根：是的。

蘇格拉底：由此可知這三種善德絕對不能交換位置。如果交換位置，就會成為國家的巨大危害，可以稱之為作惡。

克拉根：這確實就是作惡。

蘇格拉底：作惡至極致，以至於損害到他的國家，不就可以稱為不正義嗎？

哀地孟德：是的。

蘇格拉底：如果這就是不正義，那麼讓統治者、軍人、工人等各司其職，不就又揭示了正義，而這個國家也就可以稱為正義之國了，對嗎？

哀地孟德：是的，我也這樣認為。

蘇格拉底：但是我們還不能將此作為絕對明確的原則，如果這種說法能夠適合於個人的正義，那麼剛才所得到的結論，就一定是確定的原則了；如果不能，那麼就又需要另闢蹊徑了。所以我們應該沿著原來的路徑進行，或者會有到達目的地的一天。剛才說過：想要尋求正義，應該先尋求一個國家的正義，然後再尋求個人的正義。因為正義之於國家比正義之於個人更顯而易見。所以，我們必須在國家層面得到正義後，然後將其驗證在個人身上，如果兩方相互吻合，那麼我們的討論就可以結束了。如果個人的正義與國家的正義不同，那麼就應該按照各自的軌道一起進行，相互比較，總會有發現正義的那一天。等到發現的時候，我們就要牢牢將其抓住。

克拉根：這是非常有序的步驟，我們願意追隨你的步伐。

蘇格拉底：如果有兩個相同的事物，一個比較大，一個比較小，二者是否相似？

克拉根：確實相似。

蘇格拉底：那麼就正義來說，正義的人不就與正義的國家相似了嗎？

克拉根：也確實相似。

蘇格拉底：如果國傢俱有知識、膽量和節制三種善德，而這三種善德各司其事，我們皆可以稱之為正義，而且我們還可以稱之為勇敢而聰明的國家，不是嗎？

克拉根：是的。

蘇格拉底：個人也是這樣，如果個人有這些善德，就可以用上面的名稱稱呼他了。

克拉根：是的。

蘇格拉底：那麼研究這個問題就不困難了，只要知道人們是否具有這三種善德就可以解決了。

克拉根：確實不難嗎？俗話說好事多磨，不就說明這一點嗎？

蘇格拉底：是的，我也知道我們現在所用的解決方法，或許不是正當的方法。如果透過正當的方法進行，不會如此簡捷。但在我看來，方法雖然不同，所達到的目的卻是一樣的。

克拉根：如果確實能夠這樣，我就滿足了。

蘇格拉底：我也這樣認為。

克拉根：那麼，可以繼續進行了。

蘇格拉底：在進行之前，我們應當承認國家的品質和習慣是我們每人都具有的，因為國家的要素和習慣都是由國家中每個人的品質和習慣構成的，除此之外沒有其他來源。就拿暴戾的性情來說，斯拉斯[60]人、雪塞[61]人與北部諸族的人都是以暴戾著稱，如果我們因此說那個國傢俱有這種品質，不就是說由那國家中每個人的品質所構成的，不是很可笑嗎？我們國家的人愛知識的品質是我們國家的特色，非尼基與埃及人的愛財是那兩個國家的特性，如果說這跟每個公民無關，那麼這特色又是怎麼形成的呢？

⑥今譯為：「色雷斯」。

⑥今譯為：「西徐亞」。西元前 7 世紀至西元 3 世紀，占據黑海以北地區操北伊朗語的居民。

克拉根：你說得沒錯。

蘇格拉底：想要明白這一點不是很難。

克拉根：是的。

蘇格拉底：但是想要知道人民的各種舉動是出於一種能力，還是出於三種能力，就難了。就拿這三者來說，我們應當將追求知識的能力、抵禦侮辱的能力和節制欲望的能力視為三種不同的能力，還是將其視為一種能力？想要解決這個問題絕對不是一件容易的事。

克拉根：是的，難點就在這裡。

蘇格拉底：我們可以試著來分析究竟是三種，還是一種。

克拉根：該怎麼辦呢？

蘇格拉底：一件事物不能於同一時間同一部分或者互相關聯的部分有相互矛盾的動作，也不能有外來的相互矛盾的動作，這是很明顯的。如果有形似相同的事物或者一件事物容許有這種矛盾的活動，那麼我們說這肯定不是一件事物或者相同的事物。

克拉根：說得很對。

蘇格拉底：根據這個道理可以推出，一件事物可以在同一時間或同一部分中既靜止又運動，這個可能嗎？

克拉根：不可能。

蘇格拉底：我們對此應當有更為確切的見解，這樣才不至於在進行的時候半途而廢。如果有人站在那裡揮舞著手、搖晃著頭，或許有人以此認為這是靜止又運動的證明，那麼我們就應當立即與之爭辨：這不是確切的說法，因為他動的是一個部分，而靜止的是另一個部分，你說是不是？

克拉根：是的。

蘇格拉底：如果有人進而以陀螺做比喻，並做出詳細的解釋，說陀螺旋轉的時候，其尖端靜止於一點，不就是一件事物能夠同時運動並靜止的明證嗎？並且他說像這類具有旋轉動作的事物都像這樣。我們也不應該承認他說得對。因為陀螺由軸和周線組成，運動的是周線，而靜止的是軸，顯然是兩個部分，而不是一個部分。如果直立的軸傾斜了，那麼全部都會運動，但絕對不能因此說它是既運動又靜止的，你說對嗎？

克拉根：非常對。

蘇格拉底：這樣我們就明確知道所有事物都不能在同一時間同一部分有矛盾的動作，也不能受到相反的動作。即使有人為這種主張極力辯護，我們也不能動搖。

克拉根：在我看來，我們絕對不會因為詭辨而產生困惑。

蘇格拉底：是的。但是我們不需要對這類議論進行一一辨駁來證明其不正確性。現在我們姑且以這類說法作為根據來進行討論。如果討論到一半覺得我們的說法不正確，就拋棄這種說法，再尋找其他途徑。你認為這樣的辦法可以嗎？

克拉根：可以。

蘇格拉底：認可與否認，喜愛與厭惡，求取與拒絕，無論是主動的，還是被動的，都是相反的事，你認為對嗎？

克拉根：這是毋庸置疑的。

蘇格拉底：饑餓和乾渴以及一切普通的欲望都和認可、喜愛等是同一類的。因為人有欲，不就是說他喜愛的東西想據為己有嗎？他想要得到這件東西，不是他自身事先認可的嗎？我想你一定贊成我的說法。

克拉根：贊成。

蘇格拉底：那麼不願意就和厭惡、無欲等同了，應當將其置於厭惡、拒絕等的門類中，我認為你也同意這種說法。

克拉根：是的。

蘇格拉底：如果這種說法是正確的，那麼應當從各種欲望中選擇兩者進行研究。這兩者就是人們所說的饑和渴，因為這二者最為常見。

克拉根：很好。

蘇格拉底：這兩者的目的之一是得到食品，之二是得到飲料。

克拉根：是的。

蘇格拉底：口渴的人有待於飲，那麼飲就是欲的所在，而其欲只想去喝飲料而已。一開始並沒有指明種類和數量，不論冷熱，不論多少，只要飲料就足夠了。如果又渴又熱，那麼就想要涼的飲料；又渴又冷，就想要暖的飲料。如果他的渴到了極高的程度，那麼他對於飲料的欲望必定在數量上會有所增長；如果他的渴非常微弱，那麼他的欲望也就少，如果他的渴只是簡單的渴，那麼他的欲望也就簡單。這是自然的道理，饑餓對於食品也是這樣，你認為呢？

克拉根：是的，簡單的欲望，有簡單的目的；複雜的欲望，有複雜的目的。

蘇格拉底：但是如果有人為難你說：沒有人只想要得到簡單的飲料，而不要美好的飲料，因為美好是每個人的共同欲求，所以人們要麼不渴，如果渴了就一定想要獲得美好的飲料。由此推廣到其他欲望也是這樣。如果他堅持主張這種說法，我們就容易被他動搖迷惑。所以我認為對於這些主張要特別注意。

克拉根：是的，反對者不免會堅持主張這種說法。

蘇格拉底：但我們應當仍然持守我們原來的主張。比較複雜的事物其面對的事物也必定複雜；比較簡單的事物其面對的事物也必定簡單。

克拉根：我不能理解你說的話。

蘇格拉底：你應該已經知道更大與更小有密切的關係。

克拉根：是的。

蘇格拉底：更更大與更更小有密切的關係，是嗎？

克拉根：是的。

蘇格拉底：有時大與將要大，不是和有時小與將要小有密切的關係嗎？

克拉根：是的。

蘇格拉底：其他像更多與更少、更快與更遲、更重與更輕、更熱與更寒不都有密切的關係嗎？

克拉根：是的。

蘇格拉底：根據這個原理，綜合的科學是可以成立的。科學的目的是知識，所以一種特定的科學的目的就是一種特別的知識。比如建造房屋的學問，是一種特別的知識，不能與其他知識相混，所以有一個專門的名詞叫作建築術。

克拉根：是的。

蘇格拉底：它之所以特別，不就是因為這種知識的性質與其他不同嗎？

克拉根：是的。

蘇格拉底：它之所以有這種特別的性質，是因為其有特別的目的。其他的學問技藝不都是這樣嗎？

克拉根：是的。

蘇格拉底：這就是我的本意。我剛才所說的關於各種關係的學說，也根據於此。我想你已經瞭解我的意思了。換句話說，我認為一件事物無論是大是小，如果是簡單的，那麼與之相對的，或者與之有密切關係的也都是簡單的。如果它的大小是比較複雜的，那麼與它有密切關係的也一定是比較複雜的，例如有特別性質的學問，具體地說，專門討論人的身體健康和疾病的學問就不是簡單的學問，應當稱之為醫學。其他學問也是如此。

克拉根：我明白你的意思了。

蘇格拉底：那麼與乾渴有密切關係的是什麼？

克拉根：是飲料。

蘇格拉底：每一種乾渴與每一種飲料都有密切的關係。如果是簡單的乾渴，那麼與之有密切關係的也就是簡單的飲料，沒有好惡多寡的必要。

克拉根：是的。

蘇格拉底：如果一個人渴了，那麼他所欲的只是飲料而已，並沒有指定要哪種飲料。

克拉根：這是確定的。

蘇格拉底：如果人在渴的時候，有一件事物能讓他不喝飲料，那麼這件事物與飲的欲望絕對不同，因為我們已證明了一件事物不能在同一時間有矛盾的作用。

克拉根：確實不能。

蘇格拉底：就像射手同時推弓挽弓，我們應當申明推的是一隻手，挽的則是另外一隻手，是嗎？

克拉根：是的。

蘇格拉底：人有渴了而不想喝的時候嗎？

克拉根：經常有。

蘇格拉底：你會怎麼解釋呢？你難道不是說那個人的心中，有一種欲求想讓他喝飲料，又有一種欲求禁止他去喝飲料，而禁止他去喝飲料的欲求大於促使他去喝飲料的欲求，對嗎？

克拉根：沒錯。

蘇格拉底：使他想喝飲料的衝動常常來自於欲望，而禁止他喝飲料的行為常常出於理性，是嗎？

克拉根：顯然是的。

蘇格拉底：那麼我們自然應當稱之為彼此不同的兩件事物：一個是有意識的，來自於理性；一個是無意識的，來自於欲望，人們的愛與惡、饑與渴等都產生於此。

克拉根：是的，這二者我們不可以同等看待。

蘇格拉底：很好。我們將這二者視為人類所共有的。那麼你

認為激情是什麼？是這兩種之外的第三種，還是屬於前二者中的一種？

克拉根：我認為應當屬於欲望。

蘇格拉底：我還能想到一個故事，並且我相信這是真的。這個故事是：有一天，哀克林的兒子李紅之[62]偶然來到城外，看到法場北牆下面白骨累累，想要過去看看，但心中很害怕，並且認為沒有什麼意義。一開始他不敢向前，但是他不願意過去看的理性，終究被他的欲望所打敗。於是他快步走到那個地方，強迫自己睜開眼睛，並對它說：可惡的眼睛，看吧，現在你可以看到美景了。

[62] 李紅之，人名，今譯為：「勒翁提俄斯」。

克拉根：這個故事我也曾經聽過。

蘇格拉底：這個故事的意思，無非是說激情和欲望有互相衝突的時候，好像是兩種東西。

克拉根：他的意思無非就是這個。

蘇格拉底：諸如此類的故事不可勝數。人在理性被強暴的情欲所制服的時候，一定會因為情欲的無理而激情澎湃。在這個時候，激情和理性結合而抗拒欲望，就像兩個國家聯盟攻打一個敵人。如果理性在情欲方面，認為欲望是合理的而不必加以反對，那麼會怎麼樣？想想你在自身或者他人身上，是否有過這種經驗？

克拉根：是的。

蘇格拉底：如果有一個人，以非理性待人而受到批評，只要那個人是善的，並且有自知之明，那麼他的激情也就不會再旺盛起來。因為他已經知道是自己待人不善，才招致了各種困厄，比如飢寒或者其他痛苦，那麼他當然會認可困厄的降臨是出於正義的，那麼憤怒還會從哪裡產生呢？

克拉根：你說得很對。

蘇格拉底：但是如果他是受人虐待的，就一定會勃然大怒，想著要報復虐待他的人。因為他會認為受到虐待而加以報復是符合正

義的。所以他的憤怒不是沒有原因的，他一定會等到戰勝或戰死才罷手。如果中途停止了憤怒，那麼他一定是被理性喚醒了，就像犬聽到牧人的聲音而停止作戰。

克拉根：是的，你的比喻很貼切。因為在我們國家中，軍人服從統治者，應當與犬服從牧人一樣。

蘇格拉底：你確實能夠徹底明白我的意思了。但還有一個方面，也是我們應當思考的。

克拉根：哪個部分？

蘇格拉底：你還記得激情不像是屬於欲望的嗎？但是到了激戰的時候，激情恰恰在理性這邊。

克拉根：是的。

蘇格拉底：因此，又產生了一個問題。這個問題是，激情是異於理性的，還是它也是理性的一種？如果後者正確，那麼人就具有兩個特性：一個是有意識的；一個是無意識的。如果第一種說法正確，那麼人有三種特性：欲望、激情和理性，就像國家有三等人：商人、軍人和統治者。因為如果人未受到不良的教育，那麼激情是理性天然的輔助，就像軍人輔助統治者那樣。

克拉根：在我看來，第一種說法是對的。

蘇格拉底：激情本來就異於欲望，如果能證明激情也異於理性，這種說法就能成立了。

克拉根：這很容易證明，觀察兒童就可以知道了。因為兒童雖然小，但已經有激情了，然而，那個時候他們還沒有理想、理性可言。

蘇格拉底：很好，那些無意識的禽獸，都具有激情而沒有理性，這也是明證。花滿亦有捶胸悔怒的說法，可見激情的產生一開始並不是必須伴隨理性的。

克拉根：是的。

蘇格拉底：就像行舟，經過許許多多的風浪才能很幸運地到達

目的地。到此，我們可以斷定所有國家和個人都具有三種品質。

克拉根：是的。

蘇格拉底：於是我們可以說個人的智慧與國家的智慧沒有差別，凡是能使國家獲得智慧的東西的，也能使個人獲得。

克拉根：是的。

蘇格拉底：國家的勇敢也就是個人的勇敢，其他國家與個人的關係也是如此，是嗎？

克拉根：是的。

蘇格拉底：承認個人正義也就是承認國家的正義，對嗎？

克拉根：確實如此。

蘇格拉底：我們應當不要忘記國家的正義就是每個人專門從事一項職業，特別是統治者、軍士、商人三者都需要各司其職。

克拉根：你不提醒，我差點就忘了。

蘇格拉底：由此可知，個人只要擁有這三種品質，而且讓這三者各司其職，那麼這個人就可以稱為正義者了。

克拉根：是的，我們必須記住這一點。

蘇格拉底：理性與激情之間，理性是有意識的，那麼它就具有約束全體的權力，而激情是輔助理性，並受其支配的，對嗎？

克拉根：是的。

蘇格拉底：我們不是說過，音樂與體育連帶的效力，無非就是透過高尚優美的課程，培養他們的思想，然後再以和諧的音韻調和他們不羈的野性嗎？

克拉根：是的。

蘇格拉底：理性與激情在人們接受了相應的教育，並且都知道各自分內的事後，就可以聯合控制那個無意識的欲望了。因為欲望對於我們來說，經常比那二者多，而且欲壑難填。如果沒有約束，那麼勢必會越來越強烈，超出適當的範圍，最終無可救藥而毀滅自身。

克拉根：是的。

蘇格拉底：但是如果激情與理性二者聯合，那麼在內可以不用擔心如何自保，在外可以抗拒強敵。因為一旦具有知識，就可以防止禍患；一旦具有膽量，就能服從理性的命令而作戰。

克拉根：是的。

蘇格拉底：所以人能以理性控制他的激情，受理性的指導，清楚地知道該不該懼怕，這才是真勇敢、真膽量，對嗎？

克拉根：這話很對。

蘇格拉底：凡是受到這個小部分約束的人，不能不說他是聰明的人，因為這小部分能洞悉局部和整體的利益。換言之，凡是能夠遵循準則，願意為理性所約束的人，不都是聰明的人嗎？

克拉根：毫無疑問。

蘇格拉底：如果這三者能夠相互調和，理性執掌統治權，激情和欲望被理性統治，並且激情和欲望都誠意退讓，認為這項權力應當歸屬理性，而決不違背理性。如果真的能夠這樣，那麼那個人不就可以稱為有節制的人嗎？

克拉根：這確實是完美無缺的節制，無論對於國家還是對於人都是完美無瑕的。

蘇格拉底：我們不是已經反覆申明，個人必須這樣才能稱得上正義，對嗎？

克拉根：是的。

蘇格拉底：個人的正義真的比國家的正義更難以見到嗎？它們是有差別的嗎？還是說個人的正義便是國家的正義？

克拉根：在我看來沒有區別。

蘇格拉底：如果有疑問，我們可以用尋常的事來證明。

克拉根：你指的是什麼事？

蘇格拉底：我們對此應該不會懷疑：正義國家與接受正義恩惠的國家中的訓練者，應該不會像不正義的人那樣肆意詐欺。如果有

人將金錢放在他那裡，那麼他絕對不會像不正義者那樣見利忘義，你應該不會反對這種說法吧？

克拉根：不會。

蘇格拉底：正義的人還會有盜竊、褻瀆神聖、背叛朋友、出賣國家的行為嗎？

克拉根：肯定沒有。

蘇格拉底：正義的人只要與人有盟約，也絕對不會有爽約的時候。

克拉根：是的。

蘇格拉底：我想他也絕對不會作奸犯科、不事父母、不敬上天。

克拉根：這也是肯定沒有的事。

蘇格拉底：他之所以能夠這樣，不就是因為他的理性、激情和欲望三者能夠做到先後有序、主次分明，各自順從它們的位置並且能夠相互調和、同舟共濟嗎？

克拉根：是的。

蘇格拉底：能使國家和個人達到這樣的境界不就是正義嗎？你認為呢？還是你認為是不正義？

克拉根：這確實是正義，我已經很滿意了。

蘇格拉底：於是我們之前的夢想，到現在已經成為事實了。當我們剛開始建立這理想國時，有很多疑點，到現在已經一一解決了，並且能夠初步解釋正義，這可以說是來自上天的啟示。

克拉根：是的。

蘇格拉底：一個國家之中，每個人各司其職：工匠專門從事工匠的事，鞋匠專門從事鞋匠的事業，其他人也都有專門的職務，而不兼做他人的事，這就是正義的影像，對嗎？

克拉根：是的。

蘇格拉底：就實際來說，正義應該像我們剛才所敘述的那樣，不在於人的外表，而在於人的內心。什麼是正義的人？正義的人不

就是不容許他的理性、激情和欲望相互干涉，相互改變職責嗎？他
能夠修養自身，使三者能夠相互調和，而沒有衝突的隱患。因為他
看待這三者，就像音樂中的高、中、低三種音，要使它們相互聯絡
之後才行動。所以他所做的，不論是對於財產還是衛生，或者為了
國家的事，或者為了個人的事，每件事都能夠恰到好處，與正義相
吻合。能夠使人堅守正義的知識被稱為智慧，而使人與正義背道而
馳的知識被稱為無知。

克拉根：說得很對。

蘇格拉底：我們既然已經找到正義的人、正義的國家和正義的
性質，那麼我們所說的應該就不是欺騙別人的言論。

克拉根：確實不是。

蘇格拉底：那麼就可以完全堅持這種說法了。

克拉根：是的。

蘇格拉底：接下來就應該討論不正義了。

克拉根：是的。

蘇格拉底：不正義就是三者各不相容，互相爭奪、互相干涉，
或其中的一部分起來反對整個整體，或是下級背叛上級，不論它們
的紛爭怎麼樣，都可以將其總括為不正義、不節制、不勇敢、不聰
明等各種惡德。你覺得呢？

克拉根：我也這樣認為。

蘇格拉底：如果正義與不正義的性質，已經被我們所覺察，那
麼想要知道人為什麼會做正義的事，為什麼會做不正義的事，就易
如反掌了。

克拉根：什麼意思？

蘇格拉底：就跟人身體的健康和疾病一樣，不同的是，一個是
肉體上的，一個是精神上的。

克拉根：為什麼？

蘇格拉底：凡是符合衛生的，都能使人健康；凡是與衛生相違

背的，都能使人生病。

克拉根：是的。

蘇格拉底：正義的事情能產生正義；不正義的事情能產生不正義。是嗎？

克拉根：這是肯定的。

蘇格拉底：能使人健康的方法，是能夠使他的身體不失去原有的常態，每個部分都能夠各盡所能；導致疾病的原因，不就是使身體的各個部位都不能各盡其能，失去本來的秩序嗎？

克拉根：是的。

蘇格拉底：那麼創造正義的方法不就是精神上的各個部分，能各自正常運行；而創造不正義的方式，不就是與此相反嗎？

克拉根：是的。

蘇格拉底：那麼善德不就是健康、美和精神的健全，而惡不就是殘廢、疾病之類的嗎？

克拉根：是的。

蘇格拉底：行善能養成善德，而行惡能帶來邪惡，對嗎？

克拉根：這也是毋庸置疑的。

蘇格拉底：但我們固有的問題還沒有解決：就是正義的人與不正義的人在利益上的比較。獲得利益較多的究竟是行使正義與積善的人，還是專門做不正義之事而不為人所覺察，也沒受到懲罰的人，這是我們亟待解決的。

克拉根：在我看來，正義和不正義的性質，已經不成問題了。因為人的肉身衰竭之後，即使能夠吃到豐富美味的食品，擁有巨大的財產，也不能使他的生命延長。人生在世，如果人的精神上的追求全都失去，那麼他就雖生猶死；精神上已經失去追求，則在其他事物上即使可以有求必應，但正義與善德卻是其絕對得不到的。那麼即使生存於世，又有什麼價值呢？

蘇格拉底：很對，這確實已經不成問題了。我們討論到這裡，

真理就在眼前了，幸好沒有中止。更進一步，這樣可以達到更高的境界。

克拉根：我是不願中止的。

蘇格拉底：那麼我們可以銳意前進，並一一觀惡的各種變相。我認為觀察這些真的很有價值。

克拉根：那你就繼續前進，另闢蹊徑，我追隨你的腳步。

蘇格拉底：我們所討論的問題，已經到了最高的地方。我們就像登上高塔，俯視大地，看到一種善德和四種邪惡，而這四者實際上是邪惡中最值得注意的，也是我們所應當研究的。

克拉根：你說的是什麼意思？

蘇格拉底：我認為人的差異和國家的政體一樣。

克拉根：其種類多少也相同嗎？

蘇格拉底：是的，政體有五種，人也有五種。

克拉根：請詳細解釋。

蘇格拉底：第一種就是我們所談到的，可以稱之為王政或貴族政治，這二者的不同之處不過是由一個人還是很多人來執政罷了。

克拉根：是的。

蘇格拉底：但我認為這兩種名稱指稱的卻是同一個政體，因為不論執政者是一個人，還是多個人，如果那個人已經接受了剛才所說的各種訓練，那麼整個國家的根本法律就不會無故改變。

克拉根：這是肯定的。

第五卷 婚姻 哲學

蘇格拉底：那麼真正善的國家應當如此，而真正善的人也應當如此。如果這是正確的，那麼凡是與之相異的國家政體和個人必定都不會是善的。對於這些惡的政體，不僅國家會受到它的影響，個人也會受到它的影響，並且惡的政體可以分為四種。

克拉根：哪四種？

我正想要詳細解釋四種惡德的發生順序，忽然看到坐在哀地孟德後面的派拉麥格伸出手去抓哀地孟德的上衣，交頭接耳。我聽不清他們說什麼，只聽到派拉麥格低聲說：「我們是要放他走還是怎麼的？」哀地孟德說：「怎麼可以讓他走呢？」我於是問他們：「你們不能讓他走，這個『他』究竟是誰？」

哀地孟德：就是你。

蘇格拉底：為什麼我不能離開？

哀地孟德：因為你在偷懶而且想要欺騙我們。你在進行討論的時候，遺漏了一個重要問題，你大概認為我們並沒有注意到這點。這個問題是什麼？就是關於女子和兒童的問題。這是一個大家樂意聽到並且需要討論的問題，但是你從來沒有涉及這個問題，好像這個問題不需要討論大家自己就能夠明白似的。我們不讓你離開，就是因為這個原因。

蘇格拉底：哀地孟德啊，我剛才說的那些都正確嗎？

哀地孟德：是的。但是哪種社會是正當的，應該像其他問題一樣加以清晰的解釋。因為社會的種類很多，你不能不申明你所指的社會究竟是哪一種。我們已經等了很久，希望你能夠將國民應有的家庭詳細告訴在座的各位。在養育兒童之後，究竟應該如何撫養，

以及關於女子、兒童的性質等各種問題，都要對其進行研究。因為我們認為這些問題對於國家來講意義重大，而你現在卻在這些問題還未討論的情況下，去討論什麼是邪惡的國家。因此，我們決定在對這些問題進行詳細討論後，再允許你談論其他問題。

克拉根：我也贊成這個決定。

派拉麥格：這是我們大家的意思，凡是在現場的無不贊成。

蘇格拉底：你們知道你們用來責備我的是什麼樣的事，你們所提到的問題有多廣闊嗎？我認為辨論可以結束了，並竊喜沒有涉及這個問題，而且你們都認為我以上所說的是對的，現在經這麼一問，就等同於在根本上進行重新研究。我知道一旦提到這些問題，一定會牽涉全域，所以我之前盡量避開不談。

斯拉雪麥格：你知道我們來這裡的目的嗎？是為了財產，還是為了討論？

蘇格拉底：我自然知道，但討論也應該有範圍。

克拉根：是的，哲人們的討論常常以人的一生為範圍。但我們不應該自我限制，你可以暢所欲言，以滿足我們的期望。那些保衛國家的人應該有怎樣的家眷親屬？在兒童還沒有接受教育之時，應當如何培養？這些方面都是非常重要的問題，我們一點也不應該馬虎，希望你告訴我們，不要有所隱瞞。

蘇格拉底：我不敢違背你的要求，但回答這些問題絕對不是一件容易的事。因為討論這些問題所遇到的疑難一定會比剛才討論所遇到的疑難要多得多。即使能夠一一解決，也未必能夠有令人滿意的答案。因此，我對這方面的問題甚是猶豫，也不願意去談及。因為如果討論的結果與剛才所承認的相反，那麼剛才被我們確信為真理的東西不就成為泡影了嗎？

克拉根：這有什麼可憂慮的？這裡在座的人，我想絕對不會對你有很多懷疑和為難。

蘇格拉底：你這麼安慰我，不就是要鼓勵我解答這方面的問題

嗎？

克拉根：是的。

蘇格拉底：但我覺得你所說的會起到適得其反的效果。因為如果我能夠自信我所說的是真理，那麼你對我的鼓勵確實是好的，對眾人宣佈的確實也會是有價值的東西。這樣，每個人都會重視，也樂意聆聽，那麼我也不會因忐忑不安而說不出口。但如果我本來對此問題就茫然不清楚，還有待於求教於他人，那豈不是一件很可怕的事嗎？我倒不是怕別人的嘲笑，我所害怕的是在重要的地方誤認真理，那就會因為我一個人的錯誤影響到大家對真理的把握。如果這樣，那麼我得懇求大家能夠寬恕我所說的話。我向來認為，誤殺的罪過比故意拋棄善崇尚惡，蔑視正義、法律的罪過更大。我發表自己的意見實際上是一種冒險，寧可在敵人之間做，也不願在朋友之間做。所以你想要我繼續說下去，應該還需再說一些激勵的話語，讓我有足夠的勇氣才行。

克拉根（笑）：蘇格拉底啊，如果你在討論中有損害我們的地方，我絕對不會以誤殺或欺詐罪來責罰你，你可以大膽地將你心中的話全盤托出。

蘇格拉底：從法律上來講，被法庭判為無罪的，那麼就不是有罪的。在言論上講也是如此，如果他的言論已經被眾人確認為無罪的，那麼他也就可以直言不諱了，對嗎？

克拉根：是的，你為什麼要對此顧慮重重呢？

蘇格拉底：也沒有別的。如果想繼續開展討論，就一定要對前面的話有所複述，有所論及。對於男子的情形已經討論出結果了，按照順序的話，現在應該是輪到女子上場了。既然你們這麼著急，那麼我就對其進行一一解釋吧。在我看來，凡有家室、有能力撫養妻子兒女的男人，在接受我們之前所提倡的教育後，一定要按照我們剛才所確立的準則行事不可。這個準則就是要像牧羊犬保衛羊群那樣保衛我們的國家。

克拉根：確實需要如此。

蘇格拉底：那麼我們可以假定女子也應當以此為準則，或者以類似這樣的為準則，再加以討論，然後可以考察其結果究竟和我們的本意是否相符。

克拉根：你說的是什麼意思？

蘇格拉底：如果我的意思不明晰，那麼可以用問答的形式來闡明。犬不是有雌雄之分嗎？這兩者是在打獵、守門以及其他職務上負擔著同等的責任，還是說那些雌犬有撫育幼犬的職責，而打獵、守門等事情應當交給雄犬？

克拉根：不是，這兩者具有同等的職責。不同之處只在於雄犬較強而雌犬較弱罷了。

蘇格拉底：能夠強迫沒有接受同等飼養的動物承擔同等的事嗎？

克拉根：這確實不能。

蘇格拉底：那麼女子想要分擔男子的職責，不就一定要接受和男子一樣的教育嗎？

克拉根：是的。

蘇格拉底：男子所接受的教育是音樂與體育。

克拉根：是的。

蘇格拉底：那麼女子也需要接受音樂與體育的教育，而且必須還要給她們和男子一樣的軍事教育，對嗎？

克拉根：根據你的推論，似乎應該如此。

蘇格拉底：但是我知道，如果實行我們所提倡的準則，那麼就一定會產生許多違背習俗的行為，這些或許會成為別人的笑話。

克拉根：這確實不可避免。

蘇格拉底：最可笑的莫過於女子在角鬥場赤身裸體與男子角鬥。不僅年輕的如此，年長的也是這樣。這種景象就跟白髮蒼蒼的老者和年輕人進行戰鬥一樣。

克拉根：確實，以現在的習俗來看，確實很可笑。

蘇格拉底：但既然我們決意要闡述自己的意思，那麼就不應該害怕別人的嘲笑。人們對於這種改革，特別是女子的教育不僅要讓她們熟悉音樂、體育，還要能夠戎裝出戰，必定會引起他人的閒言閒語，但這些都不是我們所要害怕的，對吧？

克拉根：是的。

蘇格拉底：既然這樣，我們就要督促立法者盡快制定出法律，使之能夠實行。同時又應當請求墨守成規的人暫時拋開成見，嚴肅一些；讓他們回顧過去希臘人嘲笑那些赤身裸體男子的情形，當時也認為男子裸體是不正當的，並認為這是未開化民族的行徑。但在拉西地孟[63]人和克利脫[64]等地方的人相繼裸體操練後，男子赤身裸體出現在體育場就成了風俗。而在這之前不也是被人百般譏笑的事嗎？所以這是沒什麼好奇怪的。

[63] 希臘城名。一譯者注

[64] 地中海島名。一譯者注

克拉根：確實如此。

蘇格拉底：在這之後人們才知道沒有遮蔽實際上比遮蔽更好。這種善與不善的辨別，應當以理性為標準，而不應該以眼睛所看見的外觀為標準。如果他們嘲笑的不是邪惡或無知的人，而是也將善德和埋性作為美的標準，那麼這些人才是實際上的愚蠢者。

克拉根：你說得很對。

蘇格拉底：但是可能有人會對此有所懷疑，不論他是開玩笑的，還是認真的，我們總需先辨明女子的稟賦，然後才能有圓滿答覆。那些女子究竟能不能分擔男子的全部責任呢？還是只是局部的責任？還是絕對不能擔任男子的職責？她們能夠出征作戰嗎？從這些問題著手，逐步深入，我們的問題也就可以解決了。你說這是不是最好的方法呢？

克拉根：確實很好。

蘇格拉底：我認為，在討論開始的時候，我們應當先對自己提出反對意見，這樣就不至於沒有辯護的餘地。你認為可以嗎？

克拉根：這有什麼不可以的？

蘇格拉底：那麼就嘗試用反對者的語氣來說。反對者會說：「蘇格拉底和克拉根啊，你們說的沒有道理，這無需反對者的批評就可以知道。因為你們在一開始創建國家的時候，不是說每個人都應當根據各自的性情而專門從事一項職業嗎？」這時就回答他：「這確實是我們認為最重要的。」於是他又會說：「男女的稟賦不是大不相同的嗎？」就再回答他：「是的。」他又會說：「那麼男女所擔任的責任，不是因為他們稟賦的差異而有所差異嗎？」那麼就再回答：「是的。」他於是會問：「如果是這樣，那麼你們所說的不是自相矛盾了嗎？因為你們說男女的稟賦不同，但又說應當從事相同的事。」克拉根啊，如果有人這樣詰難，那麼你會怎麼回答呢？

克拉根：如果突然有人這樣問我，那麼就不容易回答了，希望你能趕快為我們這邊進行辯護。

蘇格拉底：這種問題會層出不窮，我早就考慮過了。我之所以不願提到女子和兒童的教育，就是這個緣故。

克拉根：這確實不是容易解決的問題。

蘇格拉底：是的。如果有人失足落入游泳池或者大海中，就一定會用力地遊，以期能夠脫離危險。

克拉根：這是必然的。

蘇格拉底：如果我遭遇這種情況，在那個時候，一定希望有哀林⑥⑤的海豚，或是得到其他神的幫助來擺脫危險。

⑥⑤哀林是希臘古代詩人，俗傳曾被人投入大海。一譯者注

克拉根：是的。

蘇格拉底：那麼我們想要解決女子的問題而陷入這種窘困的時候，豈不就像掉入水中的人奮力自救，希望能夠找到擺脫危險的方法嗎？我們已經承認不同的稟賦應當有不同的職務，而男女之間稟

賦確實不同，我們又承認像男女那樣具有不同稟賦的人應當有同等的職務，別人認為我們自相矛盾，不就是因為這個嗎？

克拉根：是的。

蘇格拉底：克拉根啊，爭論所帶來的力量可不小啊！

克拉根：為什麼你突然這樣說？

蘇格拉底：有些人並不是真在辨論，因為他自己不能對問題進行分析和解釋，所以最後他自己也不知道自己在說什麼。雖然他們自信能夠依理推斷，而實際上他們就像是在吵架一樣。因為他們所爭辨的並非是真理，不過是在找字面上的矛盾，相互頂嘴，出出心中的怨氣，所以他們所謂的爭論便不是真正意義上的辨論。

克拉根：是的，這是常常遇到的，但這跟我們的問題有什麼關係呢？

蘇格拉底：大有關係，因為我擔心我們的討論無意中會變成字面上的爭執。

克拉根：變了會怎麼樣？

蘇格拉底：那麼，我們豈不是會爭論字面上的真理，說不同的稟賦應該有不同的職務。然後，在爭論中的人未嘗停下來想一想：稟賦相同與不同的真正含義；為什麼我們給予相同稟賦的人以相同職務，不同稟賦的人以不同的職務。

克拉根：是的，這確實是我們從來沒有想過的。

蘇格拉底：如果我們問自己：禿頭的人和長髮的人的稟賦會是相反的嗎？答案是肯定的。但是如果允許禿頭的人當鞋匠，卻不允許長髮的人也從事這項職業，或者反過來，長髮的人可以做鞋匠而禿頭的人不行，這樣對嗎？

克拉根：這真是笑話。

蘇格拉底：是的，這確實是笑話。因為我們在創立這個國家的時候，分辨稟賦是否相同，是根據人與事業的關係來說，從未計較瑣碎的其他差異。就拿學醫來說，一個男人和一個女人都從事醫

學，那麼這兩個人就有相同的稟賦。

克拉根：是的。

蘇格拉底：醫生和工匠的稟賦，本來就不能相提並論，對嗎？

克拉根：對的。

蘇格拉底：如果某一事業，男女的性格都不太適合，那麼就應當讓他們從事不同的事業。但如果不同之處不過是兩者生理上的不同，那麼就不能說男女不應該接受同等的教育。所以我們應當堅持我們原有的主張，認為男女應當有同等的事業。

克拉根：是的。

蘇格拉底：所以，我們應當反問反對者，在建設國家，為國家做貢獻的事業上，男女的稟賦真的有所差異嗎？

克拉根：這確實是我們應當問的。

蘇格拉底：他們可能也像你剛才的回答那樣，認為想要在短時間內解決這個問題實在是不容易的事，但只要稍微加以研究，就不難回答了。

克拉根：這是意料之中的事。

蘇格拉底：於是我們應當與他們討論，並希望他們能夠明白，對於國家事業來說，男女之間並沒有不同的稟賦差別。

克拉根：這確實是我們應該盡力去做的。

蘇格拉底：我們應當跟他們講：「為什麼不過來討論一下，我們有一個問題要問你：『有天賦才能和沒有天賦才能的區別，無論這種天賦是什麼，不就是前者容易成就一件事，而後者很難，前者學問雖然少但能夠舉一反三，後者窮年累月的付出仍然會無所得嗎？或者，前者有健康強壯的身體，長時間工作都沒事；後者懦弱多病，即使想有大作為，身體卻吃不消，最終一無是處。天賦之才與非天賦之才區別不就是如此嗎？』」

克拉根：沒有人會認為這是錯的。

蘇格拉底：在人類所有的事業上，恐怕都是男子比女子強，但

有些事不包括在裡面，比如紡織、裝飾和烹調等事。因為這幾件事，女子肯定遠勝於男子，如果在這幾件事上不如男子，她們就一定會被別人嘲笑。

克拉根：確實，普遍來說，女子確實不如男子。但女子所做的事情能夠勝於男子的，確實也不少。所以從整體上看，你所說的確實沒錯。

蘇格拉底：那麼在一個國家中，沒有一件事情是專屬於女子，也沒有一件事情專屬於男子，因為二者的稟賦實際上並無不同，所不同的地方只不過是女子較弱罷了。

克拉根：是的。

蘇格拉底：那麼我們可以將一切事業都讓男子來做，而絕不讓女子來做嗎？

克拉根：這怎麼可以？

蘇格拉底：在女子當中有精通醫術的，也有不精通醫術的；有熟悉音樂的，也有不懂音樂的，對嗎？

克拉根：是的。

蘇格拉底：會不會有一部分女子天性喜歡體育運動和軍事上的訓練，另一部分女子討厭運動，也不喜歡戰爭？

克拉根：是的。

蘇格拉底：或者一部分是哲學家，而另一部分是厭惡哲學的人；一部分意氣風發，另一部分精神萎靡不振。

克拉根：這也是常有的事。

蘇格拉底：在女子中，會有適合擔任保衛國家職責的人，也會有不適合做這一事業的人。我們挑選男子來保衛國家的時候，不也是看他是否具有這種天性嗎？

克拉根：是的。

蘇格拉底：所以男女都具有這種天性，不同之處只在於強弱程度罷了。

克拉根：確實如此。

蘇格拉底：凡是具有這種天性的女子，都選出來輔助具有這種天性的男子，可以嗎？

克拉根：很好。

蘇格拉底：那麼，具有相同天賦或稟賦的人，難道不應當有相同的職務嗎？

克拉根：確實應當有相同的職務。

蘇格拉底：那麼像剛才所說的，用音樂和體育來訓練女子，有什麼不恰當的呢？我們繞道而行，終於回到原處了。

克拉根：是的。

蘇格拉底：那麼我們所訂立的法律，絕對不是毫無根據的事。因為這個法律是根據人們的稟賦訂立的，那些反對者的論調實際上沒有充足的理由，因為與人們的稟賦相違背。

克拉根：大致沒錯。

蘇格拉底：我們急著想要解決的不就是什麼是可行的，且最為有益的事嗎？

克拉根：是的。

蘇格拉底：那麼我們已經證明了可行的事是什麼了。

克拉根：是的。

蘇格拉底：到這裡應當探究其最大的利益是什麼，是嗎？

克拉根：是的。

蘇格拉底：你會承認教育能使男子成為優秀的衛士嗎，它也能夠使女子成為優秀的衛士，因為男女的稟賦沒有差別，是嗎？

克拉根：這確實是我所承認的。

蘇格拉底：希望你試著回答我的問題。

克拉根：願意聽從你的教導。

蘇格拉底：你認為人對於善的理解是有等級的，還是沒有等級的？

克拉根：應該有不同的等級。

蘇格拉底：在我們所創立的國家當中，凡是保衛國家的人都曾接受我們所宣導的教育和訓練，你認為這些人比那些鞋匠具有更大的善嗎？

克拉根：啊！怎麼能這麼問呢？

蘇格拉底：很好，我知道你的意思了。那麼我們應當更進一步，稱那些承擔保衛國家責任的人都是最優秀的人，可以嗎？

克拉根：這有什麼不可以的。

蘇格拉底：國家中的女子都應該被培養成最優秀的公民吧？

克拉根：這是當然。

蘇格拉底：那麼考慮國家的利益，不外乎是要把男子和女子都培養成為最優秀的公民。

克拉根：是的。

蘇格拉底：這就是音樂和體育的功用，要使公民達到這樣的程度，全賴於此。

克拉根：是的。

蘇格拉底：那麼我們所訂立的規則，不僅是可行的，而且是對國家極其有益的，是嗎？

克拉根：是的。

蘇格拉底：那麼就應該允許女子裸體，因為她們有善德做為衣服，在戰爭和守衛國家的事情上，可以允許她們與男子共同承擔。只是在劃分責任的時候，應該將較輕的分給女子，因為她們較為柔弱。對於尋常輕便的事情，女子應該承擔與男子一樣的責任。那些認為女子裸體操練是可笑的人，不知道他們為什麼這樣想，都是一些無知的人，因為他們根本沒有認識到這其中的利害。古人說：只有有利的才是高尚的，只有有害的是卑賤的。這話說得沒錯。

克拉根：是的。

蘇格拉底：到現在我們關於為女子所訂法律的問題已經突破

了重要難關，接下來，應該能夠順利進行了。我們就像經歷了洶湧的波濤，但所幸沒有遭受滅頂之災。男女可以有相同職務的主張到這裡可以說已經清楚了，並且這種主張的可行性和有利性也得以證明。

克拉根：是的。這波濤不可謂不大。你能夠從中脫險，也算是幸運的了。

蘇格拉底：是的，但還有比這更大的波濤將要來臨。你要是看到這第二陣浪濤，就不會說第一陣浪濤有多洶湧了。

克拉根：那麼，就請你說下去，讓我聽聽看。

蘇格拉底：關於對於女子的法律以及剛才所討論的那些法律，勢必會帶來一個問題，那就是，女子與男子的婚姻問題。這應該是公眾問題而不是私人問題，女子應該為這些男子所共有，兒童也是一樣，做父母的應當都不知道誰是自己的兒女，做兒女的也應當不知道誰是自己的親生父母。

克拉根：這確實是更大的一個問題。至於這條法律是否能夠實行，是否有益，自然是更大的疑問了。

蘇格拉底：在我看來，這件事的益處未必有所爭議。只是其是否可行一定會引起極其激烈的爭論。

克拉根：我認為兩者都不會有人承認。

蘇格拉底：你認為這兩者必須相提並論才可以嗎？但是我認為不如你先承認其有益，這樣我可以先避開一個問題而專注於其是否會引起激烈的爭論。

克拉根：是的，你雖然避開這個問題，我想最後還是會被人們所察覺，所以我認為你可以將兩者合在一起討論。

蘇格拉底：但是我還是要試一試，看我是否足夠幸運。我需要向你請求的是，希望你能夠允許我像幻想者那樣可以任意幻想。因為他們始終都在夢幻之中，遇到一件事就開始設想會如何進行，凡是想到的就會成為現實，至於這件事是否可能實現則不是他們所

考慮的範圍，他們唯一考慮的是事情成功後的種種打算。因此，這些人久而久之形成慵懶的性格，所想出來的真正具有可行性的事微乎其微。現在我之所以有求於你，是因為我也染上了這種毛病，想要擱置可行性問題不顧，先假定是可行的，轉而詳細敘述統治者在實行時的具體措施，以及對於守衛國家有怎樣的益處。如果你不反對，那麼我就借助你的幫忙，先討論這種措施的益處，最後再回過頭來討論其是否可行。

克拉根：好吧，我不反對你，你就暢所欲言吧。

蘇格拉底：我認為，如果統治者和輔佐的人都能夠名副其實，那麼統治者就能夠發揮其運籌帷幄的能力，而輔佐者就能服從他的指揮，至於身負保衛國家之責和深受人民重托的人，就更應該遵紀守法、鞠躬盡瘁、死而後已。

克拉根：是的。

蘇格拉底：你作為他們的立法者，已經選擇男子來擔任職務，那麼現在就要將女子分配給男子了。他們都必須住在公共的房屋中，公共用餐，不論男女都不能有私有的物品。他們應當在公共的地方接受撫養、教育、操練。這樣他們就會自己察覺到彼此聯繫的必要，隨後就能夠加強聯絡了。「必要」兩個字，我想沒什麼不妥的，你覺得呢？

克拉根：是的，這種必要是不可以模仿的，而是由愛情產生的，具有使人們團結的巨大作用。

蘇格拉底：你說得很對，但這件事和其他事一樣，必須在秩序的範圍內。因為在一個完備的國家當中，淫亂是嚴重的惡，是必須禁止的。

克拉根：確實應該加以禁止。

蘇格拉底：因此接下來，應當讓婚姻達到最崇高純潔的地步，而這也是最有益的，是嗎？

克拉根：是的。

蘇格拉底：我現在想要問你的是，如何讓婚姻達到最崇高純潔的地步呢？我看到你屋子裡有幾隻獵犬和幾種飛禽，你曾經研究過它們的擇偶和生育的方式，對嗎？那麼，請你詳細告訴我。

克拉根：你想要知道什麼呢？

蘇格拉底：首先，它們大都是優良品種，當中還有較優秀和較不優秀的區別吧？

克拉根：確實有。

蘇格拉底：你會讓它們隨意生育嗎？還是會選擇最優秀的來使之生育呢？

克拉根：我會選擇最優秀的。

蘇格拉底：你會選擇當中最老的或是最小的？或者選擇處於壯年的？

克拉根：應當選擇壯年的。

蘇格拉底：如果你不注意它們的生育，那麼你的獵犬和飛禽就一定會退化，是嗎？

克拉根：是的。

蘇格拉底：其他的動物比如馬、牛等，我想也都是這樣。

克拉根：這是一定的。

蘇格拉底：哈！克拉根啊，如果人類也是這樣，那麼統治者必須有多麼完善的知識啊！

克拉根：人類自然也是這樣，但這跟統治者的知識有什麼關係？

蘇格拉底：我之所以這樣說，是因為統治者想要盡到他的責任使人類得以完美進化，就像治病一樣，一定要用藥。那些病情較輕的，只需要調節飲食，讓普通的醫生來護理治療就可以了。病情較重的需要吃藥，就必須有優秀的醫生才行。

克拉根：這確實是這樣，但你到底在指什麼呢？

蘇格拉底：我認為統治者想要人民不退化，就必須借助謊言。

這種謊言就是統治者治療人們的藥物，也是我們向來認為有益處並只有統治者能夠使用的。

克拉根：是的。

蘇格拉底：這種有作用的謊言，用在婚姻生育上很有益處。

克拉根：有什麼益處？

蘇格拉底：我們承認的是，最優秀的男子應當配以最優秀的女子。這樣的配對越多越好。而最惡劣的男子應當配上最惡劣的女子，這樣的配對應該越來越少。對前者所產生的兒女，應當進行撫育和教誨。因為不這樣做就很難確保人類中最優秀的人不會退化，但這種舉動應當予以保密，除了統治者之外都不能告知，否則不免會有叛亂的事發生。

克拉根：我也這樣認為。

蘇格拉底：於是國家應該在規定的節日，聚集青年男女，為他們擇偶。在那個時候應該規定一些祭神、唱歌的活動來助興。每次配對的多少應該由統治者來定，因為配對的多少應該以人民的多少為準，主持這件事的人更應該熟知一切與人口有關的事，比如要知道戰爭、疾病或諸如此類的事對人口總量會帶來哪些影響。這是非常重要的，因為統治者有必要將人口數量控制在一定的範圍內，不能太多，也不能太少。

克拉根：是的。

蘇格拉底：並且我們提倡一種命運的說法，一定要讓那些在擇偶過程中失敗的人都只是抱怨命運不佳，而不會將這件事歸咎於統治者。

克拉根：確實要這樣。

蘇格拉底：在我看來，凡是勇敢的青年或者能夠在戰爭中奮勇殺敵的人，除了獲得應有的種種榮譽之外，應該還要讓他們在擇偶方面具有較大的自由，雖然他們的勇敢已經足以成為與女子交往的資本。因此，多數的孩子都產自他們這一群人。

克拉根：是的。

蘇格拉底：在孩子降生後，要交付給專門負責撫養的官員。能夠擔任這項職業的人不限男女，因為我們已經承認男女都可以承擔這項職責。

克拉根：是的。

蘇格拉底：承當這項職責的官員，應當將優秀父母的子女送到專門養育的地方，對其進行專門的看護和撫養。那些不優秀人的子女，或者父母原本優秀而子女卻不如父母優秀的，就都置於人們不知道的地方。

克拉根：是的，想要讓優秀人種不退化，我想必須如此做。

蘇格拉底：接下來我們就專門看看養育的方式。當小孩還在哺乳期內時，要讓生母給以母乳，且讓她在養育的地方進行。但必須採用各種方法讓她不能認出自己的子女，並且哺乳的時間不能太長。作為母親不能半夜起來，從而導致其他母親辛苦勞累。剩下的事就都是看護者的責任了。

克拉根：你的意思是，想要讓優秀的母親不為兒女遭受各種勞累，是嗎？

蘇格拉底：是的，就是這個意思。現在，再進一步說，我們不是認為小孩要生自年齡適當的父母嗎？

克拉根：是的。

蘇格拉底：但什麼是適當的年齡呢？女子一生有二十年是適合的年齡，男子則有三十年，是嗎？

克拉根：不知道你所指的是什麼時候的二十年和三十年。

蘇格拉底：女子從二十歲開始，出嫁生子，為國家增殖人口，直到四十歲為止。男子應該從二十五歲開始直到五十五歲為止。

克拉根：是的，男子在這三十年中，女子在這二十年中，都是精神上和體質上最健全的時期。

蘇格拉底：如果有人還沒到或者已經過了規定的年齡，在公

共擇偶的地方成婚，應當視為不潔不義的做法，為眾人所不齒。他們所生的兒女也不能與尋常的孩子同等看待。因為在公共擇偶的時候，男女祭師和全國人民必須先向神明禱告：希望這次活動能夠促成美好姻緣，出生的兒女長大後能比現在優秀的父母更為優秀，更有益於國家。所以這些不在規定年齡生育子女的父母是不正義的，其所產生的子女可以說是來自於曖昧，是情欲的惡果。

克拉根：是的。

蘇格拉底：這一法律也可以適用於男女在適當年齡結婚，卻沒有經過政府的許可的人。因為未經政府的允許而結婚，那麼生出的孩子就是不正義、不聖潔的私生子。

克拉根：你說得很對。

蘇格拉底：但這一法律只適用於在規定年齡期限內的人，要是年齡已經超過這個時期的，就應該允許男人可以與任何女人在一起，除了自己的女兒和孫女，以及母親和外祖母。女子也可以與任何男人在一起，除了自己的兒子和孫子，以及父親和祖父。但同時必須禁止他們生出孩子，如果有，那麼國家就要將其處理掉，因為這些孩子是國家不應該撫養的。

克拉根：這確實說得有道理。但是他們怎麼知道誰是父女，誰是母子呢？

蘇格拉底：他們確實無從得知，應該以下面這個方法來分辨。凡是男女結婚超過七到十個月的，對於這之後生的孩子，不論是誰所生，都稱之為兒女，而這些小孩都稱他們為父母。那麼，兒女的兒女就可以稱為孫子和孫女，而孫子和孫女就稱他們為祖父和祖母。凡是在人們結婚的時候所生的子女，不論是誰所生，都可以稱為兄弟姐妹，兄弟姐妹之間禁止通婚。但這也不是絕對的，如果是命運安排，而為神明所特許，那麼兄弟姐妹之間也可以通婚。

克拉根：是的。

蘇格拉底：這就是我所說的男女婚嫁應該是公共的事情，而不

是私人的事情。組建這樣一個社會，應當與我們的其他政策沒有矛盾，除此之外，就沒有比這更好的社會了，你認為對嗎？

克拉根：是的。

蘇格拉底：我們首先應該反問自己：立法者制定法律組建國家應該以什麼為最主要的目的，並且要弄清楚什麼是最善的、什麼是最惡的，然後再與我們所討論的進行比較，看看我們所提倡的是善還是惡。

克拉根：這確實是很好的方法。

蘇格拉底：一個國家之所以被稱為惡，最惡的就在於意見參差，人民的行動不能一致；之所以稱為善，最善的就是人民團結，遇到事情能夠採取一致的行動。

克拉根：是的。

蘇格拉底：凡是人民團結的國家，可以做到有難同當，有福同享。

克拉根：是的。

蘇格拉底：如果遇到一件事，一半人欣喜，一半人悲痛，就表示公民之間私心很重，沒有做到上下一致的高度，而這個國家的政治也一定是不完善的。

克拉根：這是必然的。

蘇格拉底：這種參差不齊，大概是因為不明白「我的」和「非我的」、「他的」和「非他的」的真正含義所導致的，你認為對嗎？

克拉根：你說得很對。

蘇格拉底：如果在一個國家當中，人民都知道「我的」與「非我的」的真實含義，並且能一致地運用這兩個詞，不就是完善的國家了嗎？

克拉根：是的。

蘇格拉底：實際上，這種現象與人的身體很像。如果我們中間有人傷到了一根手指頭，大腦作為整個身心的統一指揮官，會將這

種痛傳遞給全身。所以雖然受傷的只是一根手指，但感覺到痛的是整個身體。因此，我們不說是那根手指痛苦，而說那個人痛苦。不僅是一根手指如此，人身上任何一個地方遭受痛苦或者脫離痛苦，我認為其痛苦和愉快並不只在小部分，而是在於整個身體。

克拉根：是的，我認為組織最完善的國家就像你所說的那樣，會與人的身體很像。

蘇格拉底：那麼，在一個完善的國家中，他人遇到快樂和悲憤之事，他之外的人會以他的遭遇為自己的遭遇，而都跟他一起表現出快樂或悲憤的情緒，對嗎？

克拉根：在完善的國家中，就應該這樣。

蘇格拉底：既然這樣，我們可以回到我們的國家，看看這種主張究竟對哪種政體最合適。

克拉根：很好。

蘇格拉底：我們的國家中，有統治者和人民，這大概跟其他國家一樣。

克拉根：是的。

蘇格拉底：他們彼此以公民相稱，對嗎？

克拉根：是的。

蘇格拉底：那麼其他國家中的人民有沒有其他名號來稱呼統治者呢？

克拉根：大致來說，稱治國者為主人的人比較多，而在民主的國家中只稱其為治國者。

蘇格拉底：在我們的國家中，治國者除了公民的稱呼之外，還有其他什麼稱呼嗎？

克拉根：有稱之為保衛者的，也有稱其為輔助者的。

蘇格拉底：治國者如何稱呼人民呢？

克拉根：納稅者與供養者。

蘇格拉底：其他國家中的治國者，如何稱呼人民呢？

克拉根：奴隸。

蘇格拉底：其他國家的治國者彼此相見時，如何稱呼？

克拉根：同治者。

蘇格拉底：我們國家中又如何？

克拉根：同守者。

蘇格拉底：你知道其他國家中的治國者，有以某位同僚為朋友，把其的同僚看作外人嗎？

克拉根：是的，這經常聽到。

蘇格拉底：將其視為朋友的那些人，不就是他認為與自己關係好的人嗎？不將其視為朋友的那些人，不就是他將其視為與自己關係不好的人，甚至是毫無關係的陌路人嗎？

克拉根：這是必然。

蘇格拉底：這樣，我們的守衛者也有視其同僚為陌路人，認為自己與他們絕對沒有任何關係的吧？

克拉根：這一定是沒有的，因為我們的治國者所遇到的人，不是父親就是母親，不是兄弟就是姊妹，不是兒子就是女兒，不是他們的尊長就是他們的後輩。

蘇格拉底：你所說的深得我意，但我還是要問你：這些親屬的名稱是有實質性內容的呢，還是只是一個空名？就以父親來說，凡是法律上規定的對父親應當如何孝敬，如何奉養，如何服從，如何尊重，真的要一一實行嗎？凡是違背這些規定的做法，就會被視為不孝不義而被神人所厭棄嗎？當兒童認識到誰是父母，誰是尊長的時候，應該熟悉這種論調，還是可以不必熟悉？

克拉根：這是應當熟悉的，因為如果人們能夠說出親屬的姓名而不能盡到親屬的本分，不是很可恥嗎？

蘇格拉底：如果真是如此，那麼在我們國家中，一致的聲調一定比其他國家強盛。這就與剛才所說的一致了：一個人愉快，那麼眾人也能夠因為他的愉快而愉快；一個人不愉快，眾人也會因他的

不愉快而不愉快。

克拉根：是的。

蘇格拉底：我們不是說凡是知道公眾的快樂和痛苦的人，自己一定有這樣的感受和與其一致的行動，是嗎？

克拉根：是的。

蘇格拉底：無論什麼事物他們都知道有一種共同的關係，都認為：這是和我有關係的，有了這種共同的關係，就會有共同的快樂和共同的痛苦。

克拉根：是的，這比其他國家要好得多。

蘇格拉底：因此，那些守衛者也應當有妻子兒女等親屬。因為只有這樣，他們才能夠有共同的快樂和痛苦。

克拉根：非常對。

蘇格拉底：而這種共同的感觸，就是最善的和最有利於國家的，當我們用人體來比喻完善的國家時已經承認了這一點。

克拉根：這確實是我們已經承認的，而且確實應當要承認的。

蘇格拉底：那麼公民有這樣的妻子兒女等親屬，對於國傢俱有很大益處，這已經很明確了。

克拉根：是的。

蘇格拉底：並且這一主張和剛才所提倡的並沒有抵觸。剛才所說的守衛者不能擁有私有的房屋土地和其他不動產，所應當得到的是由其他人民所供給的糧食。因為他們不應該有私人的財產，只有這樣才可以保全他守衛者的真正人格。

克拉根：是的。

蘇格拉底：實行這種財產親屬的公共制度，可以使他們成為更完善的守衛者。因為既然有這樣的財產、親屬，他們絕不會有「我的」和「非我的」的錯誤看法，使國家分裂。這是為什麼呢？因為既然沒有私人的房屋、妻子兒女，就沒有私人的快樂痛苦以及一切想要獲得的東西了。凡是一個人視為快樂的，大家都視為快樂的；

一個人視為痛苦的，大家都視為痛苦的。所以對於一切事物的意見，人人相同。而每個人的所作所為都只有一個公共的目的。

克拉根：確實是這樣。

蘇格拉底：他們除了軀體之外，沒有可以稱為自己所有的東西，所以沒有爭執、訴訟等事情。凡是人與人之間因為金錢、子女、親屬等原因發生的爭執，他們都能夠避免。

克拉根：這是必然的。

蘇格拉底：並且由此產生的相互攻擊或者其他暴力行為也不常見，因為人們知道自我防衛是正當的。可以允許年紀相近的人偶爾有相互攻擊的事，同時每個人都有自我防衛的權利來進行反擊，這樣就可以強迫他們加強體質、鍛鍊身體。所以，這是合法的，而且也是正義的。

克拉根：是的。

蘇格拉底：這個條例還有其他好處。因為人們只是因為生氣而跟他人爭執，就允許他透過自衛的方式決鬥，這樣他的怒氣就會以此發洩，不至於有更劇烈、更危險的舉動。

克拉根：這話說得很對。

蘇格拉底：管理和督促年幼的人的責任應當由年長的人來承擔。

克拉根：是的。

蘇格拉底：年幼者除了服從管理者的命令外，絕對不能去攻擊或藐視年長者。這也是毋庸置疑的，原因有二：一是羞恥，一是畏懼。這都是阻止年幼者貿然觸犯年長者的力量。因為每個人都知道觸犯父母尊長是無禮而可恥的，如此即使他們心中存有怨恨而想要有以下犯上的舉動，也都害怕親屬的一致聲討。

克拉根：這話很對。

蘇格拉底：那麼這樣的法律和條例就可以使人民和平相處，不是嗎？

克拉根：是的，這樣何必擔心不能和平呢？

蘇格拉底：並且守衛者之間既然沒有彼此攻擊的危險，那麼人民也就不會結黨來為難他們，在人民之間也就不會有劃分黨派而相互攻擊的現象了。

克拉根：確實可以消除這種隱患。

蘇格拉底：至於各種瑣屑鄙陋的事，那些我們羞於稱道的就不用一一敘述了。粗略列舉，比如貧窮的人媚富、貪婪的人愛財、作家創業的辛苦、經營借貸的困難，這些都不值一提。

克拉根：是的，像這些事情實在不需要詳細討論。

蘇格拉底：如果遵從以上所規定的條例，他們就自然能夠擺脫各種痛苦。我認為到那個時候，他們在生命上的快樂實際上比那些在屋林畢⑥中獲勝的運動員有過之而無不及。

⑥今譯為：「奧林匹克」。

克拉根：為什麼？

蘇格拉底：因為在屋林畢獲勝的人，人們都將其視為生命中最大的快樂，因為他們使國人獲得一部分的幸福；而我們的國民所得的勝利，比屋林畢運動者所得的勝利更為顯赫。因為這種勝利能夠使國傢俱有永久的和平。所以這樣的公民，活著的時候獲得國家的嘉獎，死後獲得國家的安葬。你應該能夠回想起我們在討論的時候，有人曾經說我們沒有讓守衛者具有任何幸福，並且說他們掌握一切，而我們卻從未給予他們什麼。當時我們回答道：到了適合的時機我們再來研究。我們所討論的是真正的守衛者，而我們創立這個國家的本意是以國家最大的幸福為前提的，而不是為了一部分人的幸福為福祉。我的話你還記得嗎？

克拉根：是的，我還沒忘記。

蘇格拉底：那麼你對於守衛者的生命比那些在屋林畢運動會上獲得勝利的人更為高尚、更為快樂的說法有什麼看法？守衛者的生命可以與鞋匠、農民、工匠等相提並論嗎？

克拉根：這怎麼可以？

蘇格拉底：我現在要重申之前的說法，如果我們的守衛者只知道娛樂和肉體的快樂，不再盡守衛的責任，那麼，即使明知和平與節儉是他們最好的生活，他們也不會知足。因而會無視自身的職責，誤解快樂的真義，導致他們想要將全國的食物據為己有。在這個時候，他們會發現黑西「半多於全」這句話實在是至理名言。

克拉根：是的。如果他們跟我討論，我會告訴他們：你們既然擁有這樣高尚的生活就應該謹慎保留防止失去。

蘇格拉底：像這樣的生活男女都可以擁有。你認為對嗎？男女應當接受同等的教育、共同的子女，他們應當共同保衛外出的和居住在國家中的公民。不論何時何事，凡是力量所及的地方，都應當共同防禦、共同糾察，不必有男女的分別。只有這樣，國家與個人才能得到善，男女之間應當有的關係才能得以維持。以天性而論，男女本來就應該共事。你認為對嗎？

克拉根：我也這樣認為。

蘇格拉底：有待進一步研究的問題是：此種共同關係能夠像在動物中那樣得以實現嗎？如果能，那麼應該如何才能實現呢？

克拉根：這正是我想要問的。

蘇格拉底：這並不困難，看看他們如何共同作戰就可以知道了。

克拉根：為什麼？

蘇格拉底：在接受命令去作戰的時候，他們一定會一同前往，並且帶著身體健壯的子女。其原因無非就像工匠想要讓自己的子女有更多的經驗一樣，希望他們將來成人之後能夠熟練地從事該職業。不僅如此，那些子女也可以為戰爭出力。你沒看到那些製陶者的子女在製陶之前一定會審慎觀察，盡力協助他們父親的工作嗎？

克拉根：是的，這確實是經常見到的。

蘇格拉底：那麼守衛者不是應當像製陶者那樣教育子女，給他

們觀察練習的機會嗎？

克拉根：這是不言而喻的。

蘇格拉底：再說，人也和動物一樣，愈是子女在面前，他們就戰鬥得越是勇猛。

克拉根：是的。但是蘇格拉底啊，戰敗也是常事，如果不幸戰敗，不是很危險嗎？因為一旦戰敗，一定會導致父母子女同時喪命，會給國家帶來巨大的損失，國家也會就此一蹶不振。

蘇格拉底：這確實很危險，但你未必希望他們永遠都不冒險。

克拉根：是的。

蘇格拉底：如果將他們置於危險的境地而能夠脫險，這對他們的益處很大。

克拉根：是的。

蘇格拉底：讓將來的軍人從小身在戰場，習慣軍旅生活，是一件極為重要的事。因此，我認為小時候偶爾冒冒險是有益的。

克拉根：是的。

蘇格拉底：所以我們主要還是讓小孩們觀戰，同時要設法保護他們的安全。

克拉根：是的。

蘇格拉底：作為父母，對於戰事的危險我想不至於一無所知。他們應該根據他們的經驗來預測哪些戰役是危險的，哪些戰役是沒有危險的。

克拉根：應該沒問題。

蘇格拉底：這樣就帶子女去那些沒有危險的戰役而避開那些危險的戰役。

克拉根：是的。

蘇格拉底：前往戰場之後，也應該將他們託付給富有經驗的人，讓這些富有經驗的鬥士們做孩子們的領袖和教師。

克拉根：是的。

蘇格拉底：但是戰爭的危險絕對不是常人所能預料的，所以不測之事還是難免會發生。

克拉根：是的。

蘇格拉底：想要避免不測，必須一開始就為孩子們裝上翅膀，讓他們在危險的時候能夠展翅高飛。

克拉根：你是什麼意思？

蘇格拉底：我認為在孩子小的時候就應該讓他們騎馬。等到他們能夠熟練掌控的時候，才讓他們騎馬觀戰。他們所騎的馬不能彪悍好戰，而必須是極為溫馴又跑得快的馬。這樣他們就可以很好地看到自己將來要做的事，如果遇到危險，就可以跟著那些領袖撤離。

克拉根：你所說的很對。

蘇格拉底：那麼，軍人對於戰爭的態度應該怎麼樣呢？一方是自己的戰友，另一邊是敵人，他們都應該有相應的態度。照我的意思，那些在應當殺敵的時候離開軍隊，或者丟棄盔甲逃走，或者犯其他類似錯誤的人，都應該被降為工匠或者農夫，你認為怎麼樣？

克拉根：這是當然。

蘇格拉底：被敵人俘虜的軍人，不管他願不願意，我們都將其視為是送給敵人的禮物，至於敵人如何處置，我們則無須過問。

克拉根：很對。

蘇格拉底：我們應該怎樣對待戰勝和建立功勳的英雄們呢？凡是同行的軍人不應當一一嘉獎他們嗎？你是怎麼認為的？

克拉根：我贊成。

蘇格拉底：而且應當接受握右手的禮儀，你是否贊成？

克拉根：我也贊成。

蘇格拉底：我還有一個提議，我想你未必會贊成。

克拉根：什麼提議？

蘇格拉底：就是軍人還應該與他行接吻之禮。

克拉根：這哪裡是我所不贊成的？我不僅贊成，而且要進一步說：凡是戰勝者想要與人行接吻禮，人們就不能拒絕。這樣，如果他在軍隊中有鍾情的人，不論是男是女，他戰鬥時也會格外奮勇，因為這樣才能得到意中人的歡心。

蘇格拉底：很好，我們曾經說過，勇士的妻子應當多於常人，而且有優先選擇的權利，這樣就會有更多的兒女。你認為對嗎？

克拉根：是的。

蘇格拉底：除此之外還有一種說法。花滿曾經說過，勇敢的少年應當為人所尊重。他詩中的哀俠客在戰勝之後受到牛脊的嘉獎。他們認為這是獎勵給少年英雄最適當的物品，因為這樣既可以授予年輕勇士以榮譽，又可以增強他們的體力。

克拉根：很對。

蘇格拉底：那麼我們在此應該以花滿為榜樣，在舉行祭祀等事情的時候，也應該根據每個人的功績大小一一進行獎勵。獎勵的方法無非是詩歌酒食以及各種人們視為高貴的事物，無論男女都一律平等對待。在敬禮的同時，我們還應該也對他們進行教育。

克拉根：這是很好的方法。

蘇格拉底：如果有人英勇戰死，我們不是應該認為這些人屬於金的血統嗎？

克拉根：是的。

蘇格拉底：我們要不要相信黑西所說的，他們是揚善去惡保護人類的天使？

克拉根：我們應當相信他的話。

蘇格拉底：那麼，我們應當用怎樣的葬禮來安葬這些神聖的英雄豪傑們呢？我們應該去詢問上帝的指示，然後按照上帝的指示安葬這些神聖的英雄嗎？

克拉根：是的。

蘇格拉底：並且在安葬結束之後，我們還應該時常去掃墓，

就像祭拜古代英雄的墓一樣，以此來表示我們的敬慕之情。不僅對這些人要這樣，對於那些有非常善德的人，或者建立了非常功業的人，不論他們是年老死亡的，還是非正常死亡的，我們都應當表達同樣的敬意。

克拉根：我同意。

蘇格拉底：軍人對於敵人應該採取什麼手段呢？

克拉根：你指的是哪些方面？

蘇格拉底：首先是奴隸問題。希臘人在征服其他城邦後，便以該城邦的人為奴隸，或者允許其他城邦的人以他們為奴隸，你認為這好嗎？還是自己不這樣做，同時阻止其他城邦也這樣做，讓他們看到蠻族入侵的危險，團結希臘所有城邦的人，彼此之間互不傷害，從而一改彼此互相奴役的風俗更好？

克拉根：沒有比後者更好的。

蘇格拉底：那麼希臘人不應當以希臘人為奴隸，這應當成為整個希臘的條例，而為人們所共同遵從。

克拉根：是的，只有這樣，希臘才可以協力抵禦外敵，不會自相殘害。

蘇格拉底：對於在戰爭中犧牲的人應當如何？戰勝者對於戰死的敵人，除了兵器盔甲之外，還有其他的可以拿走的嗎？剝奪死去敵人的東西，不就使那些膽怯的人得以掩飾自己不戰鬥的過錯嗎？因為膽怯的人都喜歡攫取死去敵人的東西來在眾人面前炫耀，以表現他的戰功，不知多少軍隊曾斷送於這種貪婪的行為。

克拉根：是的。

蘇格拉底：以死者為敵，讓活著的敵人丟下盔甲遠走高飛，而且還以攫取死者的東西為快，這恰好顯示了他們貪婪、淺薄、卑鄙、懦弱的特性。這與警犬不去撕咬扔石頭的人，卻只對石頭亂吼亂叫有什麼區別呢？

克拉根：簡直是一樣。

蘇格拉底：那麼，我們就應該禁止士兵在戰鬥中攫奪死者的物品，同時也應當禁止阻撓埋葬死者的行為。

克拉根：是的，這些都應該被禁止。

蘇格拉底：我們也不要將戰爭中繳獲的武器作為神的祭品。即使要祭獻，也絕對不能將希臘人的武器拿來祭獻。原因有二：一是我們想要與希臘的其他城市保持良好的友誼；二是拿本國的軍用器械來獻神，恐怕會褻瀆神明，因為這違背了神的旨意。

克拉根：是的。

蘇格拉底：此外，對於在本國戰爭時期所發生的劫掠、焚毀等行為應當如何處理？

克拉根：我想先聽聽你的意見。

蘇格拉底：我認為這種行為應當禁止。但可以允許只取一年的糧食。你想知道這樣做的理由嗎？

克拉根：我想知道。

蘇格拉底：你知道「紛爭」和「戰事」在名義上的不同點嗎？不僅名義上有差別，二者的性質也不同。一個是用來對外的，一個是用來對內的。紛爭是對內的名稱，戰爭是對外的名稱。

蘇格拉底：因此，希臘人應該都要以血統和感情作為樞紐團結為一家人，而希臘之外的種族就應當視之為敵人。你認為這話中肯嗎？

克拉根：很中肯。

蘇格拉底：所以希臘人和異邦人，或者異邦人和希臘人相互對抗，我們可以稱之為戰爭。因為二者本來就是仇敵。如果希臘人和希臘人相互對抗，就可以稱之為紛爭，而不能稱之為戰爭。因為雙方同樣是希臘人，他們之間本沒有仇恨。

克拉根：我也這樣認為。

蘇格拉底：如果遇到剛才所說的紛爭，一個城邦分裂為兩個部分，如果他們都進行焚毀劫掠，就會非常殘酷。因為真正的愛國者

不會傷害自己的母親和乳母，至於紛爭中所攫奪的糧食則也只是想表明言歸於好的立場。而且從紛爭開始的時候，敵對雙方應該秉持早晚會平息的信念，要堅信沒有永久紛爭的道理。

克拉根：這確實是較為文明的行為。

蘇格拉底：你所創立的國家，也是希臘諸城邦之一嗎？

克拉根：當然是的。

蘇格拉底：那麼，我們的公民是向善而文明的人嗎？

克拉根：是的。

蘇格拉底：他們難道不愛希臘，不將希臘視為自己的祖國嗎？他們難道不遵奉希臘人共同的宗教信仰嗎？

克拉根：不會。

蘇格拉底：如果他們之間因為意見不能一致而引起爭端，我們就將此稱為紛爭。因為本國人中的爭端，不能被稱為戰爭。

克拉根：是的。

蘇格拉底：那麼，他們在爭鬥的時候也會知道總有一天會言歸於好的，你認為對嗎？

克拉根：是的。

蘇格拉底：所以他們的爭鬥，應當用較文明的法律懲罰他們，不應當把他們降為奴隸，焚毀、掠奪他們的財物，因為他們不是真正的敵人。

克拉根：是的。

蘇格拉底：自己既然是希臘人，自然不應該踐踏希臘的土地，焚毀希臘的房屋。應當知道紛爭之所以會發生，不是由於一個城邦的人，而常常是因為一個城邦中的少數人。其餘大多數人都是這些少數人的親屬朋友。明白這一點，在爭鬥的時候，就不會忍心去焚毀、劫掠了。因為他們知道這種仇恨不會持續很久，只要那些少數引發爭端的人受到適當的制裁，就會立即和好如初。

克拉根：我也這樣認為，希臘人對待希臘人，就應該如此。那

些現行的法律是對待異邦人的。

蘇格拉底：於是我們應當增訂一條法律：不得劫掠希臘人的土地，焚毀希臘人的房屋，凡是軍中的人都需要遵守。

克拉根：是的。並且我認為這條法律的好處與之前制定的各種法律不相上下。但是蘇格拉底啊，我還有一句話，到現在不得不說了。如果讓你繼續下去，你會忘掉一個最重要的問題。而這個問題你在一開始討論的時候就說暫且擱置。說的是什麼呢？就是上面的各種說法究竟是否能夠實現。我知道你的種種說法如果能夠得以實行，對國家一定具有很大益處，而且我也相信這個國家中的公民能成為最勇敢的軍人，永遠不會畏怯。因為共同作戰的人都是熟悉的人，不是父親就是兒子，不是兄長就是弟弟。如果女子一同前往，無論是作為先鋒還是後勤，一定會同仇敵愾，既可以震懾敵人，又可以照應到男子所顧及不到的地方。所以，你雖然沒有說到這個，但我確實知道像這樣一支軍隊，是絕對不會被打敗的。不僅如此，我還看到內政上的種種利益，如果你指出這方面還有數不盡的好處，我也同意。但我急於想知道：這到底是不是可能的，如果是可能的，那麼又如何去實現它？其他的問題可以先不用討論。

蘇格拉底：我稍微有所懈怠，你就對我發起猛烈攻擊，一點兒也不體諒。我還沒有從第一個和第二個大波浪中脫險，你就帶著第三個大浪頭來襲。而這個波浪比第一個和第二個浪頭更加兇猛，恐怕這是你還不知道的。如果你知道的話，我認為你的言辭一定會稍微緩和，或者能夠體諒我對這個問題的躊躇和退縮。

克拉根：像這樣的請求越多，我想要你趕快說的意志就越堅決。這樣的國家究竟能否實現？希望你不要隱瞞，請趕快告訴我吧！

蘇格拉底：好吧。我們應該首先記得：為什麼會到這裡，我們是從追問正義與不正義來到這裡的。

克拉根：是的，但這跟我所問的問題有什麼關係？

蘇格拉底：如果我們真的找到了正義和不正義，那麼我們所崇尚的正義者應該是一個怎樣的人？他的行為需要全部都符合正義呢，還是只要大體上不違背正義，比平常人強就行了呢？

克拉根：只要大體上不違背就行了。

蘇格拉底：我們之所以不得不研究純粹正義的性質和純粹正義者的品格，純粹不正義的性質和純粹不正義者的品格，無非是想要得到一個理想的模範和完善的標準罷了。有了這一標準，我們就可以依照它判斷我們的生活到底是正義的還是不正義的以及它的程度如何；有了模範之後，我們就可以按照模範所展現的幸福或不幸福來判斷自身到底是幸福的，還是不幸福的。我們的目的並不是要這些模範和標準成為實際中可行的東西。

克拉根：是的。

蘇格拉底：如果畫家憑藉無上的技藝描繪一個美人，其神態惟妙惟肖，那麼人們會因為這個美人在現實中不存在而輕視這種藝術嗎？

克拉根：不會。

蘇格拉底：我們所創立的國家不也是一個理想的國家嗎？

克拉根：是的。

蘇格拉底：我們能因為這樣的國家不能實現而說這種主張沒有價值嗎？

克拉根：確實不能。

蘇格拉底：道理就在這裡。如果我想要告訴你在怎樣的程度，這一國家最有可能實現，一定會先重複一遍你之前的允許不可。

克拉根：之前什麼允許？

蘇格拉底：理想的模範究竟能否完全實現，還不能給出結論。但既然被稱為理想國，不就是說現實中的任何國家都不如它完善嗎？那麼，我們只要做到與它非常接近就差不多了。

克拉根：是的。

蘇格拉底：那麼，你就不能強迫我去證明一個現實的國家必須與那個理想中的國家沒有絲毫差別。如果我能夠找到一個國家的治理方式跟我們剛才所說的大致相似，那就是模範之國能夠得以實現的明證。我就可以滿意了，不知道能不能讓你也滿意？

克拉根：如果能夠這樣，我也就滿意了。

蘇格拉底：於是我應該先考察一下現在的國家為什麼會有不良的政治，乃至不能達到和我們的模範之國相似的程度。這些國家需要經過怎樣的變革，才會有所進步。而且還要注意在變革中如何做才最省力，因為在變革中觸動的利益階層越少就越好，所以如果能夠只要改變一項或兩項就能達到我們的要求，那是最好的。

克拉根：確實如此。

蘇格拉底：我認為國家中有一項改變了，就可以給國家帶來莫大的益處。這一變革不是輕而易舉的事，但也不是不可能的事。

克拉根：你是指哪方面？

蘇格拉底：這裡，我會遇到一個最大、最危險的浪頭。如果我說出來，一定會被眾人嘲笑和怒　，但希望你能留意聽聽我的話。

克拉根：好的。

蘇格拉底：除非哲學家成為君王，或者現在那些治國者能夠具備哲學家的精神和知識，除非政治上的能力和哲學上的知識合二為一，把不能兼有這二者能力的庸庸碌碌之輩剔除出去。否則，國家終究不會有脫離苦難的一天，不僅國家，整個人類也都會永無寧日。假如以上幾個方面得以實現，那麼我們的理想國家就有成為現實的可能了。克拉根啊，這就是我一再猶豫不肯說出的原因。因為我知道真理是很難見信於人的，我也知道要別人深信哲學家為王，個人和公眾才能獲得幸福是很難的。

克拉根：蘇格拉底啊，你到底在說什麼？你這話一出口，你就需要做好被他人攻擊的準備。很多人會捋起袖子，順手拿起一件武器向你發起猛攻。如果你事先沒有預備一個令人滿意的答覆，你不

如就此投降吧！

蘇格拉底：是的，但使我進入這種危險境地的人不就是你嗎？

克拉根：是的，但我做的是對的。不過我會竭力幫助你，使你擺脫險境。我可以用我的善意、我的見解鼓勵你。此外，我還可以站在我的立場答覆你的問題，答得比他人更加恰當。你在獲得我的幫助之後，應該自勉自勵，試著去說服反對者，讓他們相信你所說的話是真理。

蘇格拉底：你既然慷慨幫助我，我自然應該竭盡所能。我認為我們在戰鬥中，如果有暫時躲避的機會，就應該向他們說明我們所說的哲學家是什麼樣的人，這樣我們才有自衛的餘地。我們應當說，在人類中有些人的性情同哲學相近，這些人應當研究哲學並成為國家的領袖。那些性情與哲學不合的人，不必強迫他們成為領袖，使他們作為輔佐就可以了。

克拉根：這是應該需要說明的。

蘇格拉底：那麼就請你聽我說。我真的希望最終能夠給你一個滿意的答覆。如果一個人真的喜愛一件事物，那他愛的就不是這件事物的某一部分，而是就這個事物的全體而言。我想你還沒有忘記，所以我就不再問你是否記得了。

克拉根：請你再申明前面說的話，因為我實際上並不理解你的意思。

蘇格拉底：這話出自其他人之口並不奇怪，只是不應該從你的口裡說出來。因為你應該知道喜愛兒童的人，看到具有活潑氣質的少年就會產生摯愛之心，並且還會認為他確實具有使人去愛的價值。你對於你所鍾愛的事物也是一樣。如果那個人的鼻子太扁，你會說他美；如果他的鼻子是鉤形的，你會說他有威嚴；如果不扁又不鉤，你會說他正好適中；如果他的膚色黑黑的，你會說他雄壯；如果皮膚雪白，你會誇他是天之驕子。總之，只要那個人具有少年活潑的氣質，被你所鍾愛，你就一定會用種種說法去讚美他，即使

那個人形如死灰槁木，你仍然會用其他新奇的美名來稱讚他。

克拉根：如果你用我喜愛別人的方法忖度其他人，我可以贊成你的方法。

蘇格拉底：你知道酒鬼嗜酒嗎？他們經常喜歡借各種說辭來暢飲。

克拉根：是的。

蘇格拉底：有好勝之心的人也是這樣，他們即使不能指揮一支軍隊，也一定要去指揮一支小隊伍，即使得不到顯赫者的推崇，也一定去追求卑賤者的擁戴。對嗎？

克拉根：確實如此。

蘇格拉底：我要重申之前的問題，人們喜愛一件事物是愛它的全部，還是某一部分？

克拉根：全部。

蘇格拉底：哲學家是智慧的愛好者，那麼他是愛智慧的某一部分呢，還是愛它的全部？

克拉根：全部。

蘇格拉底：在少年尚未能夠辨別善惡的時候，就不愛好學習了，那麼他就一定不是哲學家和酷愛知識的人。這就像一個肚子不餓，不想吃東西的人一樣，我們不能說他有好的胃口，就是一個美食家吧？

克拉根：是的。

蘇格拉底：凡是酷愛各種知識，學而不厭而永不滿足的，就應當稱為哲學家。我說得對嗎？

克拉根：根據你所說的話，那麼哲學家就數不勝數了。因為喜好戲劇的人對於喜劇也有所研究，也能將其稱為哲學家嗎？那些人喜歡聽悅耳的聲音，與哲學家的氣質絕不一樣，因為他們是最沒有思想最不會討論的人。他們所有的時間都放在聽悅耳的樂音上，所以也沒有專門的知識可言。這些人想要在城中聽，就聚集在城中，

想要在郊外聽就聚集在郊外。這些人和其他具有狹隘知識的人都能夠稱得上是哲學家嗎？

蘇格拉底：不，這不是真正的哲學家。

克拉根：那麼，哪種人才是真正的哲學家呢？

蘇格拉底：熱愛真理、追求真理的人。

克拉根：很好。但我還是想要你的解釋。

蘇格拉底：如果給其他人解釋，我認為會很難辦到。但是給你解釋，或許可以得到滿意的答案。因為你一定會允許我先提出問題。

克拉根：什麼問題？

蘇格拉底：醜和美是對立的，它們是兩件事，對嗎？

克拉根：是的。

蘇格拉底：合起來是兩件事，那麼分開就各自是一件事，對嗎？

克拉根：是的。

蘇格拉底：比如正義與不正義、善與惡等都是這樣。分開來看，就各自為一件事物，與其他事物結合起來就是多件事了。

克拉根：是的。

蘇格拉底：我這樣說是想要分辨，那麼喜愛美色、美音以及其他一切有形之美的人絕對不是真正的哲學家。

克拉根：如何分辨？

蘇格拉底：人的眼睛喜愛美色，耳朵喜愛美音，在我看來，都只是喜愛人造的美的事物罷了。而這些美的事物都來自無形的真正的美，而這美的本身就不是他們所能夠領悟的了。

克拉根：是的。

蘇格拉底：只喜愛美的東西的人，並不能喜愛真正的美。即使別人進行引導，他們也不能興起摯愛之心。這樣的人他的一生是處於睡夢中呢，還是清醒的呢？你要知道，睡夢中的人常常將不同的

事物看作是相同的，將相同的事物看作是不同的，對嗎？

克拉根：像這樣的人實際上是在夢中。

蘇格拉底：那麼，我們還是來討論美吧！喜愛美本身的人能夠分辨美的事物和真正的美，那麼他就不會將美本身認作是美的事物，也不會將美的事物認作是美本身。具有這樣認識的人，是清醒的還是在睡夢中的呢？

克拉根：這一定是清醒的。

蘇格拉底：那麼我們就可以說，能夠認識這兩者，並且能夠分辨這兩者的人是有知識的，否則便只是徒有意見，你說對嗎？

克拉根：當然是對的。

蘇格拉底：如果那個只有意見，沒有知識的人不滿意於我們的區分，大發雷霆，那麼我們應該用安慰勸導的方法，引導他認清事實呢，還是直接斥其腦筋錯亂？

克拉根：應該用安慰勸導的方法。

蘇格拉底：那麼，我們就來想一想要怎麼勸導他。我們可以先告訴他：不論你追求的是哪種知識，你都可以努力獲得。而且我實在希望你能夠獲得。然後再進一步問：凡是具有知識的人，他是知道一點點的呢，還是一無所知的？你(指克拉根)來代替他回答。

克拉根：我會說他應該知道一點點。

蘇格拉底：他所知的是世間存在之物，還是不存在之物？

克拉根：自然是存在的。如果無物又怎麼知道呢？

蘇格拉底：由此就可以證明，凡是存在的事物，可以確切地為人所知，凡是不存在的事物，自然就不能為人所知。

克拉根：這是真理。

蘇格拉底：很好。但是如果有事物介於存在與不存在之間，那麼其地位也應當處於存在和不存在之間，對嗎？

克拉根：是的，應該介於這兩者之間。

蘇格拉底：「有」與知識相關，而「無」與無知相關。那麼，

處於有、無之間的事物自然就與知識、無知相關了，對嗎？

克拉根：是的。

蘇格拉底：我們承認意見的存在嗎？

克拉根：是的。

蘇格拉底：意見與知識是相同的能力嗎？還是說意見是另外一種能力呢？

克拉根：是另外一種能力。

蘇格拉底：那麼與意見相關的應當與知識相關的有所區別，對嗎？

克拉根：是的。

蘇格拉底：與知識相關的是「有」，這是剛才已經說過的。現在先說一下能力。

克拉根：請說。

蘇格拉底：能力是一事物賴以存在的東西，例如視覺和聽覺不就是人的能力嗎？

克拉根：是的。

蘇格拉底：那麼請聽聽我對於能力的意見。我認為能力不能被人看見。物的形式各不相同，顏色各異，這些並不是能力。人們能夠分辨其不同之處，這才是能力。因為我們討論能力，僅僅只考慮能力所及的勢力範圍。凡是能力所及的勢力範圍相同的，那麼就具有相同的能力；能力所及的勢力範圍相異的，那麼就有不同的能力。你認為對嗎？

克拉根：是的。

蘇格拉底：請再回答我的一個問題。知識是一種能力嗎？還是並不屬於能力的一類？

克拉根：不是能力又是什麼呢？而且是最大的能力。

蘇格拉底：意見也是能力嗎？

克拉根：是的。只有意見可以使我們有意見。

蘇格拉底：但你剛才已經承認知識和意見是不同的。

克拉根：是的。知識在任何時候都不會有錯誤，意見有時可能會出錯。明白事理的人一定不會將它們混為一談的。

蘇格拉底：這確實是一個極好的答覆。因為從這裡我們就可以得出：知識和意見不是一回事。

克拉根：是的。

蘇格拉底：知識和意見既然是不相同的能力，那麼二者的勢力範圍、所關聯的事物也必定是不同的了。

克拉根：是的。

蘇格拉底：知識關聯的是「有」，而知識能力所及的勢力範圍是關於「有」的性質和狀態，對嗎？

克拉根：是的。

蘇格拉底：意見使人有見解，對嗎？

克拉根：是的。

蘇格拉底：那麼究竟是對什麼事物的見解呢？意見對象就是知識的對象嗎？

克拉根：不是。剛才已經證明過了這兩者是不同的認識能力。不同的能力應該有不同的勢力範圍和關聯物，也即它的對象。知識與意見既然是不同的能力，那麼知識和意見的對象絕對是不同的。

蘇格拉底：那麼，存在的事物便是知識的對象，而意見不是關於存在物的意見，它應當有另外的認識對象，對嗎？

克拉根：是的，一定是另外的東西。

蘇格拉底：不存在的事物可以作為意見的對象嗎？從理論上看，人的意見一定是因物而生發的，如果沒有一件事物的話，那麼我們的心智會產生意見嗎？

克拉根：這怎麼可以？

蘇格拉底：那麼意見一定是對於某一事物的意見，對嗎？

克拉根：對的。

蘇格拉底：「無」是說沒有一件事物，對嗎？

克拉根：是的。

蘇格拉底：沒有一件事物與「無」有聯繫，對嗎？

克拉根：是的。

蘇格拉底：那麼意見與「有」「無」都沒有絕對的關係，對嗎？

克拉根：是的。

蘇格拉底：那麼，現在我說：有人既不是絕對有知識，也不是絕對沒有知識，可以嗎？

克拉根：好像可以。

蘇格拉底：意見應該是兩者之外的事物了。我們可不可以說：意見比知識更明亮，比無知更晦暗？

克拉根：不能。

蘇格拉底：那麼你認為意見暗於知識而明於無知嗎？

克拉根：是的。

蘇格拉底：在知識與無知之間。

克拉根：是的。

蘇格拉底：那麼你認為意見是居中的事物嗎？

克拉根：是的。

蘇格拉底：但我們剛才不是說過嗎？事物同時能夠似有似無的，就是有無之間的中間物。那麼，與這種事物相關的不是知識，也不會是無知，而應該是知識與無知的中間物。

克拉根：是的。

蘇格拉底：那麼，在知識和無知之間的東西我們已經找到，我們稱之為意見。

克拉根：是的。

蘇格拉底：我們現在所應該追求的是具有這種似有似無性質的事物。一旦求得，就應該配以它相應的能力。有、無的極端應當配以極端的能力，那麼，在有、無之間的應當配以知識和無知之間的

能力。

克拉根：是的。

蘇格拉底：這些原則已經肯定了。我就問那些不知道存在著一種永久不變的美的本身的人：你知道一切美的具體事物真的能夠存在很久，也不會顯露出其醜惡的東西嗎？正義的人永遠不做不正義的事嗎？一切高潔的事物永遠都不會變為汙濁的嗎？我之所以提出這樣的問題，是因為那些喜歡美的具體事物的人，始終認為美是很多具體美的事物。即使你告訴他們美的本身或美的理念和正義本身實際上是永遠不變的事物，他們也不相信。

克拉根：美的事物一方面讓人覺得好看，另一方面有時可能會讓人覺得醜陋。其他事物比如正義也是這樣。

蘇格拉底：有些東西看起來是另外一件東西的雙倍，而這件東西不也可以被看作是別的東西的一半嗎？因為，可以作為甲的倍數的，同時也可以作為乙的半數。

克拉根：說得很對。

蘇格拉底：事物的輕重、大小，也只不過是單方面的、相對的。從其他方面來看，難道輕的不可以是重的，重的不可以是輕的？大的不可以是小的，小的不可以是大的嗎？

克拉根：可以的。

蘇格拉底：那麼世間个之似是而非的事物。

克拉根：這就像小孩猜的謎語一樣，實際上無法確定它究竟是什麼。就像上面所說的，這些都有兩方面的解釋，想要確切地知道到底是是、還是否，是有、還是無，實在是不容易的事。

蘇格拉底：那麼你會怎樣？你會說它恰好是在是與否、有與無之間嗎？這些並不比「無」更晦暗，也不比「有」更明亮。這是不言而喻的。

克拉根：是的。

蘇格拉底：從這裡可以看出，眾人以很多美的事物為美之本身

的見解是錯誤的，實際上是盤旋於空中，處於有無之間。

克拉根：是的。

蘇格拉底：我們剛才已經承認，凡是這類事物應當是與意見相關聯的，而不是與知識相關聯的，是居中的，那麼它就應當屬於居中或為感官所能理解。

克拉根：很對。

蘇格拉底：那麼，只看到很多不同的美的事物，而看不到不變的美本身，只能看到多數的正義之人，而看不到不變的正義本身，即使經人指點，他還是沒有能力見到，那麼這樣的人我們可以說他只有意見而沒有知識，對嗎？

克拉根：是的。

蘇格拉底：那些能夠看到永久不變的美的本身或美的理念，也能看到很多美的具體事物的人，那麼他不僅具有意見，同時也具有知識。

克拉根：是的。

蘇格拉底：一種是專注於知識的對象，一種是專注於意見的對象，後者就是專注於聲色之美以及各種各樣的美，但卻不知道真正的美是美的本身，只有它才是實在的。

克拉根：確實如此。

蘇格拉底：那麼我們稱這類人是愛意見而不愛知識的人，有什麼不可以呢？他們會對我們這樣稱呼感到憤怒嗎？

克拉根：如果真是這樣，我們就要商量懲罰的方式了，因為人們不應當對真理生氣。

蘇格拉底：很好。那些愛真理、愛存在本身的人，我們不就可以稱他們為愛知識或愛智者而不稱他們為愛意見者，對嗎？

克拉根：這是當然的。

第六卷 政治 哲理

蘇格拉底：克拉根啊，經過長時間的探討，我們終於可以知道真哲學家和偽哲學家的區別了。

克拉根：這是沒有捷徑可走的，欲速則不達啊！

蘇格拉底：沒錯，假如我們只討論這個問題的話，那麼所得到的結論會更加的清楚明白，也不至於會浪費這麼多時間。我們之所以討論這麼久，實在是急於想知道正義者與不正義者的生活有什麼不同之處，從而引出了許多額外的話題。

克拉根：那麼，我們接下來討論什麼問題呢？

蘇格拉底：是的，我們是應該思考接下來要討論的問題了。唯有哲學家才能夠認識到變化中永恆不變的東西，而那些只認識到事物變化一面的人，往往都會被大千世界的多樣性弄得迷失了本性，認識不到事物的本質，這些人都不是真正意義上的哲學家。你認為這兩者誰應該成為統治者呢？

格拉根：你會怎麼回答呢？

蘇格拉底：誰能夠遵守國家法律，並且能夠維護國家精神的人，誰就應當成為統治者。

克拉根：對！

蘇格拉底：治理國家者負有守衛國家的責任，他必須有遠大的視野才能夠得以勝任。我想這你應該可以理解吧？

克拉根：當然可以。

蘇格拉底：換句話說，那些沒有智慧的人認識不到事物的真實

本質，這就好比一個畫家沒有對著自己想要畫的東西一樣，這就會失去事物的真實本質。這類人對於美、善和正義的區別，沒有以其本質的東西為座標，那麼也就不能持守真正的美、善和正義，這樣的人與盲人會有差別嗎？

克拉根：沒有差別。

蘇格拉底：假設於此之外，有人的人生經歷與美德相符，並且又能夠認識真理，那我們應當推盲人來做統治者，還是推既有美德，又有智慧的人來做統治者呢？

克拉根：當然是後者。自古以來，居高位者大都是具有最優秀的能力，那些居下位者必然是道德或經歷有所欠缺，還未獲得真正的能力。

蘇格拉底：那麼我們就有必要研究什麼樣的人才具有以上各種能力，以及到何種程度，才配當一國之君。

克拉根：是很有必要研究一下。

蘇格拉底：在討論開頭，我們要先明晰哲學家的天性，在我們彼此達到一致的看法後，我們會看到哲學家是兼具以上美德和能力的人，那麼也只有哲學家是唯一能夠勝任治理天下的人。

克拉根：這究竟是什麼意思？

蘇格拉底：我們暫且認為哲學家是熱愛尋求永恆知識的人，這種知識不會因為時代的變遷而改變它們的真理性，你可贊同？

克拉根：贊同！

蘇格拉底：進一步說，凡是具有事理的東西都是哲學家們的所愛，其愛沒有大小輕重之分。這與前面所講的愛少年者和好勝者一樣。

克拉根：是的！

蘇格拉底：如果哲學家是這樣的人，那麼這裡面必然還有其他的品德是他們所具有的。

克拉根：還有什麼品德？

蘇格拉底：「真」這個東西。哲學家最憎惡的就是「偽」，最愛的便是「真」，所以他們絕不會以「偽」為「真」。

克拉根：對的。但我看未必是必然的吧！

蘇格拉底：不是「未必」，而是完全必然如此！一個人的天性會使這個人去喜愛什麼，以及與之相關的一切，無不喜愛，這是自然的道理。

克拉根：是的。

蘇格拉底：還有什麼比真理更接近智慧的嗎？

克拉根：沒有。

蘇格拉底：愛智慧的人會愛虛偽的東西嗎？

克拉根：那是當然不可能的事。

蘇格拉底：那麼真正愛智慧的人，必然是從小就愛絕對真理的。

克拉根：那當然。

蘇格拉底：根據我們日常的生活體驗可以知道，人但凡在某一方面欲望較強，在其他方面就會弱化。這正如水流一樣，水流到這邊的越多，那麼流到他處的就會越少。

克拉根：沒錯。

蘇格拉底：那麼這類人的欲望只專注於對智慧的尋求，追求精神的快樂，而不會去追求肉體的快樂。這類人便是哲學家。

克拉根：對極了！

蘇格拉底：這類人必然會有節制的美德而不去貪求富貴，因為普通人所追求的財富和地位，那不是哲學家們天性中所熱衷的東西。

克拉根：對的。

蘇格拉底：具有哲學家天性的人絕對不會是一個心胸狹窄的人。哲學家的心胸向天地萬物之真理敞開，不管這種真理是屬於神還是屬於人的。此等胸襟便是以虛無納萬有，這與器量狹小之人相

反。所以，我說哲學家絕不會是個心胸狹隘之人。

克拉根：這話說得太對了。

蘇格拉底：哲學家的胸襟如此廣大，其所追求的是萬物的實在，這樣的人會將自己的生命看得比真理更重要嗎？

克拉根：那是絕對不會的！

蘇格拉底：那麼，他會畏懼死亡嗎？

克拉根：那也是絕對不會的！

蘇格拉底：那麼，貪生怕死、心胸狹隘者絕不可能是哲學家，這個道理可以清楚明白了。

克拉根：嗯，是的！

蘇格拉底：這樣的人既不貪圖榮華富貴，又不狹隘偏執；既不自我誇耀，又不貪生怕死，他待人接物會不公正嗎？

克拉根：於理是絕對公正的。

蘇格拉底：所以，你看一個人是不是真正具有哲學家的天性，只要看這個人是公正善良的還是暴戾蠻橫的即可。哲學家的這種天性也是在幼小時候就可以斷定出來的。

克拉根：是的。

蘇格拉底：除此之外，還有一點也必須考慮到。

克拉根：說來聽聽。

蘇格拉底：一個人如果學習起來收效甚微，那麼自然也就不會有什麼樂趣在其中，更不會有這方面的愛好了。這是很明顯的道理。

克拉根：是的。

蘇格拉底：一學就忘，最終是什麼也沒有學到，所以，健忘之人他的大腦是空空的，沒有什麼知識在裡面。

克拉根：是的。

蘇格拉底：堅持學習卻一無所獲，他必定會憎恨自己和他所堅持的學業。

克拉根：確實會這樣。

蘇格拉底：因此，健忘之人的靈魂缺乏哲學家的那種天性，良好的記憶力是哲學家必備的能力。

克拉根：是的。

蘇格拉底：一個人的天性乖戾粗暴，自是不會有節制的美德，對嗎？

克拉根：對的。

蘇格拉底：你認為真理與節制之美德相近，還是與沒有節制相近？

克拉根：與節制之美德相近。

蘇格拉底：那麼，哲學家除了之前所說的品性之外，更應該具有一種不偏不倚的節制美德，它自然而然地會將人引向對每一事物的理智的認識。對不對？

克拉根：對的。

蘇格拉底：一個人欲想獲得對事物的理智認識，必須兼具以上種種品性，否則那是難以想像的。

克拉根：這是不得不具備的。

蘇格拉底：透過以上論述可以說，一個人既好學又有良好的記憶力，既愛真理、正義，又節制、勇敢，那麼這個人可以說是完美的了。

克拉根：那當然，如果是這樣，即使是妒忌之神也沒有什麼可挑剔的了。

蘇格拉底：一定要這樣的人，而且還要等到他們年齡和學問趨於成熟的時候，方可將國家託付於他。

哀地孟德：蘇格拉底，對於以上你所說的這些道理，沒有人能夠給予有力的反駁。聽你辯論的人們往往由於缺乏問答術，不善於反駁，因而會被你的論點一步步帶向歧途。這些誤差一點點累積起來，到最後會造成極大的背離，他們會發現其所得出的結論完全

顛覆了他們已有的看法。這正如下棋，棋藝差的一方每每會被棋藝強的一方所困，到最後會被困得連一個棋子也走不了。在這場論辯中，他們受困於語言與思維較量上。我之所以這麼說，我知道在語言的論辯上，即使沒有人能夠反駁你，然而就事實而論，那些研究哲學的人只注重純粹理論的東西，他們確實在少年之時就立志鑽研學問，到年老之時也沒有鬆懈，但問題是這些人到最後往往會成為古怪之人，即使是其中最優秀的人對國家也是沒有多大裨益，而你卻不停地讚美這種學問。

蘇格拉底：你認為這種看法是對的嗎？

哀地孟德：我不能給你以清晰的說明，願意聽聽你的意見。

蘇格拉底：我認為這種看法是沒有錯的。

哀地孟德：既然你也認為這樣的看法是對的，那麼國家由哲學家來治理的主張不就難以成立了嗎？

蘇格拉底：對於你的詰問，我只能用譬喻的方式來回答你。

哀地孟德：啊，這不是你所慣常的論述方式嗎？

蘇格拉底：你已經把我置於進退兩難的境地，請不要再來譏笑我，還請你聽我慢慢講來。要想使你明白我的困境，我不得不以譬喻的方式加以說明，即使我也知道我的譬喻近於不倫不類，正如一個畫家畫一隻似鹿非鹿的東西以敷衍任務。現在我且試著來回答你的詰問。假設有這麼一支船隊或一隻船，船上的船長做事樣樣比水手好，但是他的耳朵有點聾，眼睛也有點瞎，航海技術也不是極其出色。於是水手們爭著想要去駕駛這艘船，每個人都相信自己能夠駕駛好這艘船。實際上，他們沒有這方面的智慧和知識，也沒有這方面的經驗，而且他們還認為航海技術是不需要教授的，誰要是反對這一看法，他們就會群起而攻之，將其碎屍萬段。那時他們紛紛圍繞在船長的周圍，要求將船長的位置讓給他們，甚至不擇手段地用酒精或麻醉藥之類的東西把船長給困住，以至於其失去知覺，然後自己任命自己為一船之領袖。到此時，他們已經免不了要進行

一場自相殘殺的鬥爭，待到稍稍安定下來之後，他們將船上所有的存儲之物都拿出來，供他們自己吃喝玩樂。不僅如此，他們還將船長、領袖、航海家等這樣的美名賜予每一個對此次行動做出貢獻的人，那些拒絕參加此次行動的人則被視為廢物。殊不知真正的航海家要懂得年、季節、天時、星辰等一切與航海有關的知識，而不能以自己的好惡來決定船隻的航行。如果一隻船在如此混亂的局面下航行，船中水手則會盡其所能爭奪船長之位，難以想像他們真正的領袖此時會受到何種待遇，他們會將真正的領袖玩於股掌之中，將他視為傀儡。

哀地孟德：是的，他們就會被視為無用之人。

蘇格拉底：那麼也就不用我多說了，我想你已經明白一個真正的哲學家在城邦中的境況了。

哀地孟德：是的。

蘇格拉底：那麼你碰到誰不明白為什麼哲學家不受人們重視的原因，你就可以用這個比喻來告訴他，並且詳細地告訴他，使他相信，要使哲學家受到重視，那才是非常奇怪的事。

哀地孟德：好的，我會按你所說的去做。

蘇格拉底：此外，你還可以告訴他，最優秀的哲學家對國家沒有用處，這句話是對的，但同時也要告訴他們，這不是哲學家自身的問題，而是在於他人不重用哲學家。船長不應求水手受其管理，這是自然的道理。所以，諺語說：「智慧之人不會主動到富貴者門庭任職。」這就好比生病的人，病人無論貧富貴賤，都應該自己去求醫生醫治，而不是相反。人們要想有一個智慧的管理者，他們就應該自己主動去邀請有管理能力的人，這才是正常的。因此，具有管理智慧的人肯定不會去求他人受其管理，然而，當今的統治者類似於我們之前討論的水手，而真正具有管理智慧的哲學家就像是船長，被視為無用的人。

哀地孟德：確實如此。

蘇格拉底：正因為如此，哲學雖未必是最高尚的學問，但卻每每被反對哲學的人視為無價值的空談，而被人們所輕視。但對其造成極其惡劣影響的不是來自哲學的反對者們，而是來自於那些自稱為哲學家的人，人們所謂哲學家是無用的壞人，實際上就是指這類人，這也是我為什麼承認你的看法是對的原因。

哀地孟德：有道理。

蘇格拉底：那麼為什麼優秀哲學家是無用的理由，你認為是不是已經解釋清楚了？

哀地孟德：是的，已經解釋清楚了。

蘇格拉底：那麼就可以進一步解釋多數哲學家變壞是不可避免的原因了。你說這個原因是不是哲學家本身造成的呢？

哀地孟德：必然不是的。

蘇格拉底：讓我再用問答法來說明它。我們先回顧一下之前所討論的關於哲學家天性的問題，真理是他們唯一追隨的領袖，否則他就是一個自詡為哲學家的騙子，而非真正有哲學的學問，你應該還記得我這麼說過吧？

哀地孟德：是的，還記得。

蘇格拉底：哲學家的其他美德先暫且不去討論，單憑這一條不就已經和今人對哲學家的看法相反了嗎？

哀地孟德：是的，正相反。

蘇格拉底：那麼我們為哲學家做辯護的時候，就可以這樣說：追求真理是哲學家的天性使然，是發自內心的對真理的熱愛。哲學家對事物的認識不會只停留在事物的表面，也不會只關注個別事物，而是憑藉其敏銳的目光和卓越的才華，探究萬物的實在。他不會因為稍稍獲得對事物似是而非的認識而沾沾自喜，停止追求真理的步伐，他必竭其所能，非要獲得真理的全部，而後才能安心、舒坦。

哀地孟德：真正的哲學家應當是這樣的。

蘇格拉底：說謊話，善詭辯，這也是哲學家的天性或美德嗎？還是哲學家會痛恨它呢？

哀地孟德：必然會痛恨它。

蘇格拉底：他實踐的是真理，走的方向是向著真理的方向，這其中會有邪惡夾雜在其中嗎？

哀地孟德：怎麼可能啊！

蘇格拉底：智力健全與公道是真理路上的伴侶，跟隨其後的還有節制。

哀地孟德：很對。

蘇格拉底：我想我也沒必要重新一一闡述哲學家的天性了吧？因為我已經跟你說過，你也一定還記得哲學家的天性裡面有過人的膽識、開闊的胸襟、善於學習、強於記憶。你剛才之所以提出反對意見，是因為你雖然不能反駁我，但你認為這些人實際上都是無用的，都是些名聲敗壞之徒。因此，我們要細細考究哲學家無用與名聲敗壞的原因，其中無用的原因已經闡明。現在要探究為什麼他們之中會有這麼多人變壞。想要解答這個問題，不得不重新提及哲學家的天性問題。

哀地孟德：我明白你的意思。

蘇格拉底：既然你已經明白我的意思，那麼接下來考察多數哲學家天性變壞的原因。能夠做到天性沒有敗壞的哲學家實在太少了，可悲的是這一少數沒有敗壞的哲學家即使不被視為敗壞之徒，也會被視為無用之輩。那些天性敗壞的人雖然自稱為哲學家，實際上他們研究的學問並非哲學。以人格來論，他們也沒有達到真正的哲學家的高度，實在是不自量力，糟蹋了哲學家的美名。世人辨別不出這其中的真假，因而也就將真哲學家視為跟那些自稱是哲學家的人一樣，最後真哲學家也就被當作敗壞之徒了。

哀地孟德：你說的哲學家的天性變壞是什麼意思？

蘇格拉底：我將為你詳細道來。人們知道，人的天性能夠像哲

學家那樣完備的是很難得的，也只有少數人才能達到。

哀地孟德：這樣的全才實在難得。

蘇格拉底：還要注意，敗壞這樣難得的天性的因素是很多的，而且是非常強大的。

哀地孟德：都有哪些因素？

蘇格拉底：首先，像膽量、節制等這些德性會不斷地敗壞它自身所屬的靈魂，使其離真正的哲學越來越遠，這聽起來很奇怪吧？

哀地孟德：這真是一個奇聞啊！

蘇格拉底：此外，所謂的美貌、財富、健康、名譽等世俗的品性，以及與此一切相關的，都具有敗壞的能力，我想你是明白的，我就不一一講述了。

哀地孟德：我知道，但更願意你說得更詳細些。

蘇格拉底：再聽我一言，就能夠知道我大概的意思了，那麼之前我所說的也就不足為怪了。

哀地孟德：請說來聽聽！

蘇格拉底：不論是植物的種子，還是動物的胚胎，如果沒有給予合適的培育，沒有合適的天氣、氣候、土地等條件，那麼它們越是強壯，就越是覺得痛苦。

哀地孟德：是的。

蘇格拉底：由此可知，當人處在不適當的位置，他的天性越是良善，所受到敗壞也就越嚴重，對吧？

哀地孟德：確實。

蘇格拉底：所以說，具有特別天賦的人，如果受到不當的教育，其為害社會也必然會高出普通人。難道你沒看到那些罪大惡極的人都是受了不當教育的聰明人嗎？這樣的人不為惡還好，一旦為惡其危害性必然比一般人嚴重。那些天賦差的人即使想做壞事，也做不出什麼大的壞事來。

哀地孟德：你說得真是沒錯啊！

蘇格拉底：所以，哲學家是不是壞蛋也在於此。這就像植物遇到合適的天氣、土壤，就會生機蓬勃，長得非常茂盛；但是如果它們沒有合適的生存環境，除非有上天庇佑它，否則肯定會成長為最差、最有害的野草。你也知道所謂有無數青年會被詭辨家所敗壞，又有無數詭辨家會隨時隨地敗壞青年，讓青年們去做壞事。依我看來，說這些話的人才是最大的詭辨家啊！因為照此說來，不正是這些人自己在教育青年嗎？不正是這些人自己按照自己的要求塑造他們成為上流的人物嗎？

哀地孟德：他們在什麼時候教育青年了？

蘇格拉底：在公共場合，集會上，或在法庭上，或在劇場裡，或在遊戲場所，或在其他公共場所時，他們總是大聲嚷嚷，多數人認為是不善的就無所不至其極地去辱　他，如果合於他們的心意就極力歡呼鼓掌，掌聲震動屋宇。無論是他們所贊許的，還是他們所指責的無不誇大其詞，而在唾　或稱讚之時，他們的氣焰之高漲，令人震撼。在這樣的環境下，青年們的內心又怎能沒有什麼反應呢？不論他們在此之前受到什麼私人教育，還是詭辨家的教育，這些教育能夠抵擋得住這些大眾的洪流嗎？這些青年肯定也會以眾人所是為是，以眾人所非為非，而失去自己的主見。

哀地孟德：這是勢所必然的。

蘇格拉底：此外還有一個更大的力量還沒有提及呢。

哀地孟德：是什麼呢？

蘇格拉底：以上這些真正的詭辨家，除了用言辭來誘導青年外，還用其他一些強制的手段懲罰不服從的人，這些手段便是嚴酷的刑法。

哀地孟德：確實如此。

蘇格拉底：那些指責哲學家為迷惑人心的詭辨家的人，難道就不知道，即使他們來教育青年，也抵不過公眾的主流導向，更難以在這種力量對比懸殊的教導中取得勝利？

哀地孟德：這確實沒有哪個詭辨者或哲學家能夠做到的。

蘇格拉底：在這樣的社會環境下，即使有人想憑一己之力去與公眾勢力抗衡，這樣的人是很愚蠢和不自量力的。對公眾的教育性質就是這樣，社會上絕對不可能有超出公眾人格的人來，現在沒有，將來也不會有。朋友，記住，我說的人格是指人力自然所能及的，而非有神力幫助的條件下，有神力明的情況又另當別論。在當今政治環境中，能夠做到明哲保身，實在是可以說有神力助佑了。

哀地孟德：我也認為你說得沒錯。

蘇格拉底：另外還有一點，希望你也不會反對。

哀地孟德：哪一點？

蘇格拉底：那些被公眾視為詭辨家和所謂的哲學家或私人教師的人，他們所教授的並不是高尚的哲學。實際上，他們所兜售的也只是公眾的意見，只是他們將這些意見集中一下就對外宣稱是他們自己的智慧了。他們的行為就像飼養員一樣，假設有一位飼養員專門飼養一隻強悍的猛獸，他必須瞭解猛獸的特性，如何才能接近它，何時才能接近它，何時會有危險而不能去接近它，同時還要瞭解猛獸的各種叫聲所傳遞的資訊。此外，還要知道什麼聲音能夠使它發怒，什麼聲音能夠使它歡快。凡此種種，在飼養野獸的過程中他們會不斷獲得，他們把這些知識總結起來稱為智慧，並形成一套技藝。其實他們不知道禽獸的情感欲望，至於什麼是善，什麼是惡，什麼是正義，什麼是不正義，他們全然不知。他們只按照野獸所喜歡的稱為善，所不喜歡的稱為惡，自己如此昏昏不明，還想教授別人明白什麼是善，什麼是惡，什麼是正義，什麼是非正義的道理，那簡直是不可能的事情。你說這樣的教師不是極其荒謬的人嗎？

哀地孟德：確實。

蘇格拉底：凡在繪畫、音樂、政治或者其他事情上，如果都是以公眾的意見為意見，以公眾的見解為自己的見解，這與以野獸的

好惡定是非標準有什麼區別呢？這些私人教師之所以如此做，無非想博得公眾的贊許，因為一個人如果想獲得公眾的支持和贊許，無論他是從事詩歌，還是繪畫，還是其他什麼技藝，都要以符合公眾的心理為參考。這種人即使所傳授的東西不被公眾所贊許，也從不敢違背公眾的意見，與公眾為敵。你聽說過在這樣的教導下會有關於善與惡、正義與非正義的真理嗎？

哀地孟德：當真還未聽過。

蘇格拉底：真正的哲學家之所以不多見，這也是其中一個原因。再進一步講，我們要想使世人都相信美的永恆存在即美本身，或美的理念，而不是各種各樣的美的事物，你覺得世人能夠相信嗎？

哀地孟德：那是絕對不可能的。

蘇格拉底：因此，世人不可能都是哲學家。

哀地孟德：當然不能。

蘇格拉底：如此看來，那麼研究哲學的人被世人所責難也是在所難免了。

哀地孟德：是的。

蘇格拉底：那麼，為附和世人的審美趣味而責難哲學家的那些人參與進來，也是在所難免了，對嗎？

哀地孟德：這是必然的。

蘇格拉底：這樣看來，哲學家能夠始終堅守固有的德性，並能夠達到最後目標的，實在是太少了。真正的哲學家的品性，我想你應該還沒有忘記吧，即善於學習、極好的記憶力、過人的膽識、開闊的胸襟。

哀地孟德：沒有忘記。

蘇格拉底：這樣的人再加上有與靈魂相匹配的健康體魄的話，那麼自幼兒時期開始便已有勝過他人的本領。

哀地孟德：是的。

蘇格拉底：那麼他的親戚朋友和他本城邦的同胞會盡力去幫助他，等他長大後能為自己帶來好處。

哀地孟德：這也是必然。

蘇格拉底：這樣一來，他們會推崇他、尊敬他、取悅他，期望將來他能夠為他們帶來種種利益。

哀地孟德：這是經常能夠見到的事。

蘇格拉底：處於這樣的環境下，外在的這些會對他造成怎樣的影響呢？假設他是大邦的公民，又出身於名門望族，地位、財富都很顯赫，那麼對他的影響又會是怎樣的呢？眾人肯定會趨附於他，事事以他為尊，他就難以節制地幻想自己不僅能夠有能力統治希臘，而且還能夠綽綽有餘地統治希臘以外的國家。於是他就會越發得意忘形，妄自尊大，自驕自傲，迷失了自己的天性。

哀地孟德：這是很難避免的。

蘇格拉底：在這個時候，假如有人悄悄地對他說真話：「你被人給愚弄了，要想獲得真的智慧，非虛心向學不可。」你認為他深陷那樣惡劣的環境下還能夠聽得進去真話嗎？

哀地孟德：這是不太可能的。

蘇格拉底：即使這個青年富有美德，能夠聽進忠言相勸，改變自己的作風，你想那些平日裡吹捧他的人，一旦想到自己的利益即將失去，你猜他們會如何做呢？難道他們不會竭盡所能去阻撓智慧者的教導，污蔑他，用各種誘惑和陰謀對付他，利用公眾大會審判來使其偏離正道，順從大眾的潮流嗎？

哀地孟德：肯定會的。

蘇格拉底：在這樣的環境下成長起來的人，你說他能夠成為研究哲學的人嗎？

哀地孟德：不能。

蘇格拉底：由此可以說，一個人即使擁有哲學家的天性，如果其所受的教育不合適，所處的環境不好，他也就會漸漸背離哲學

了。因為，不合適的教育和惡劣社會環境的影響，會使哲學家的天性變得跟普通生活中的名譽、地位、財富等一樣世俗，你說對嗎？

哀地孟德：對的。

蘇格拉底：所以說，真正具有哲學家天性的人不就是極具天賦的人嗎？不就是真正可以研究高尚學問的人嗎？然而他們的滅亡也基於此。他們能對城邦和個人做出最大的善，但一旦教育不得當便會成為人類最大的惡。平庸之人不論是為善還是為惡，對城邦和個人都不會造成什麼大的影響。

哀地孟德：確實如此。

蘇格拉底：所以，真正的哲學學問沒有人去研究，因為真正能夠做此高尚學問的人背棄了哲學，進入了不正當的道路，而那些卑鄙之徒見此高尚學問無人保護，乘虛而入玷污了它，佔據了它，並宣稱哲學是無用之學，學這些學問的人都非善類，應該受到懲罰。

哀地孟德：對，哲學就是這樣被毀壞的。

蘇格拉底：他們這些小人見如此好的地方沒有主人過問，裡面還存滿了各種昂貴物品，並有各種美名和榮譽頭銜，於是他們就像逃跑的囚犯忽然進入神聖的聖殿一樣，還有誰不立即放棄本來的技藝之學，跳進哲學的殿堂呢？哲學雖然被人所玷污，但它的名譽和地位依舊存在，其他技藝之學怎麼能夠和它相媲美呢？以他們的低劣品性與卑鄙的行為乘虛進入哲學的殿堂，以哲學的頭銜自欺欺人，你也認為這是難以避免的嗎？

哀地孟德：是的。

蘇格拉底：我再用一個比喻來說明這個道理。有一鐵匠剛從監獄裡釋放出來，剛開始身無分文，後來稍稍走了些好運有了些收穫。恰逢主人家需要有個人看護，於是他穿了一身新衣服，打扮成新郎，跟主人的女兒結婚。他肯定不是一個好的配偶。我之前所說的偽哲學家的情況跟這個人有什麼差別呢？

哀地孟德：這個比喻太恰當了。

蘇格拉底：這樣會帶來什麼好的結果嗎？

哀地孟德：不會。

蘇格拉底：哲學不是一般人所能接觸到的，但當這些不相稱的人以哲學為武器，他們的意見和見解會是怎樣的呢？可以說真的是詭辨之學啊！他們所謂的哲學智慧，難道會與真理相關嗎？難道會和真理相近嗎？

哀地孟德：當然不會。

蘇格拉底：所以，真正能夠成為哲學家的人是寥若晨星的，最後能夠成為哲學家的都是具有良好的天性，且受到合適的教育，他們要麼是被流放到邊遠的地區，未被社會惡習所薰染；要麼就是志向高遠，心性高逸，不慕虛榮，而且以獲得高官厚祿為可恥之事，至死不改其初衷。或者，他性情熱烈，身體虛弱，沒有染指社會的惡習。除了這些人以外，沒有什麼人能夠從事高貴的哲學了。因此，這樣的人極少，他們能夠專心於學問，陶醉於其中的意趣，樂此不疲。但在外人看來，這些與世俗的利益毫無相關，也就被視為沒有價值的東西。他們知道世間沒有真誠的政治家，也沒有絕對公正的人，他們所處的位置就像人落入一群野獸之中，既不能跟隨野獸作惡，也禁止不了野獸去作惡。他們雖然具有高尚的人格、淵博的知識，也不能給國家和個人帶來什麼利益。在這樣的情況下，他們即使樂於幫助他人，也於事無補。因此，他們緘默不語，明哲保身。他們之所以這麼做，不是因為他們本來就喜歡獨善其身，而是因為他們像遇到大風雨一樣，不得不暫時在室內躲避風雨，所以他們獨善其身以求保全自己的美德和高潔品性，而不受不正義和罪惡的沾染，直到終老，這樣也就滿足了。

哀地孟德：對，但他離世之前所完成的事業也不小啊！

蘇格拉底：是的。一個哲學家只有在合適的邦國中才能成就他最大的事業，因為也只有在合適的邦國中，他們才能夠激發他們的天性，對城邦和個人都會大有裨益。哲學受到不公正的唾　和非議

的緣故，我已經說明。你現在還有什麼要講的嗎？

哀地孟德：這個問題我已明白了，我想知道在當前政治制度下，哪個制度最適合於哲學？

蘇格拉底：不是我武斷，確實是一個也沒有。因為現代政治制度沒有一個適合哲學性質的，所以城邦之中即使有真哲學，也必會隨之改變和失去原有的本真性質。就像一顆極好的種子，落在不合適的泥土之中，當然不能正常發育成長，最終只會腐爛掉，哲學在當代的處境也是如此。假設能夠遇到適當的政治制度，哲學便能蒸蒸日上，那時人們會覺得它高貴，其他一切技藝和知識，都不能與它相媲美。說到這裡，你會問怎樣的政治制度適合哲學吧？

哀地孟德：猜得不對。我要問的另一個問題是你認為與哲學相匹配的制度的問題，應該是指如何建立一個好的國家的問題吧？

蘇格拉底：是的。你也知道在這樣的國家中，其立法者對於立法的把握，只有能夠與我們的主張一致才可以。

哀地孟德：是的。

蘇格拉底：我們以前已經說明過這點，但是還有沒有探索到的地方，要說明這一部分非常困難。

哀地孟德：是什麼？

蘇格拉底：這個還未研究的問題便是如何研究哲學才能有益於國家，這難道个是極其困難的問題嗎？然而越是做大事，就越會遭受艱險困難的折磨，所以，諺語說「不經歷風雨，又怎麼見彩虹」。

哀地孟德：還是請你詳細說明一下，然後這個哲學問題就可以結束了。

蘇格拉底：這也是我所想的。我雖然知道我未必有這個能力，但我絕不會因為有所畏懼而不說。你會知道我對此所懷的熱忱和決心，以及我的膽量，我敢毅然宣稱要想從事哲學這個高尚的學問，就必須堅決摒棄當前的城邦做法，反其道而行之。

哀地孟德：那麼從事哲學應當怎麼做呢？

蘇格拉底：現在從事哲學的人都是少年。他們在童年的時候就開始接觸哲學，但他們都是在賺錢補貼家用時間之餘，偶爾看看哲學的書。在這樣的情況下，即使他們具有哲學家的天性，一遇到哲學中難懂的部分，如純理論的問題，他們就會略過不讀，但他們照舊會被認為已經達到了一個哲學家的學問了，或者他已經完全是一個哲學家了。待到年長，他們會被邀請參加哲學辨論會，並以此為榮，但實際上他們也只不過是坐在邊上聽著，或者輔助他人，僅此而已。他們本就沒有以哲學為畢生的事業，所以到老也沒有什麼創新的見解和發明，這比罕拉克里德的太陽落得還要快，太陽的「熄滅」還有重新「燃起」的時候，而這些所謂的哲學家死後再也不會有人提及。

哀地孟德：那麼，該如何從事哲學呢？

蘇格拉底：應當與之相反，我已經說過了。人在年幼之時，大腦還處於柔嫩狀態，所看的哲學書要以淺易為主，待到少年之時，最需要注意的是養護好身體，這樣才能更好地從事哲學，不受疾病的干擾。成年之後，他們的身體已經很強壯，就可以專心研究哲學的大道理，等到身體走向衰弱之時，他們就已經過了為城邦政治和軍事盡力的時候，這時讓他們自由自在，不必再讓他們從事勞累的工作。如果我們不相信「讓他們在老的時候過得辛苦，死後才能在另外一個世界過得幸福」之說，那麼在他年老之時就應該讓他逍遙。

哀地孟德：聽你說來，你對此非常熱情，但就我看來，在座反對你的觀點的人恐怕要比你更為熱情，因為他們絕不會這麼快就相信你的言論，尤其是斯拉雪麥格。

蘇格拉底：請先不要與我辨論。斯拉雪麥格之前與我沒有什麼仇，現在已經和我成為好朋友，我必會竭盡全力讓你們相信我的話。

哀地孟德：這恐怕很難吧！

蘇格拉底：確實很難，但我也不怪多數人不相信我的話，因為從沒有人見過我們所談論的東西成為現實，他們所遇到的哲學不是真正的哲學，而是有名無實的偽哲學。今天突然遇到一個言行如一、學識淵博、德才完備的人治理一個同樣完備的國家，這是他們聞所未聞、見所未見的，因此他們不信我的話，也不足為奇。你認為這話可對？

哀地孟德：對。你說的這些確實沒被實現過。

蘇格拉底：他們也沒有聽過對自由的辨論，他們聽到後，也認為這是極其難得的事。大凡具有高尚和自由理想的人，他們的言行不會因外在的他人的看法而改變，他們完全根據真理的要求行事。他們把社會上和法庭上的那種非理性的論辨，視為沒有意義的討論，其最終的結果必然會帶來無盡的爭端和一些沒價值的意見。

哀地孟德：他們應當成為這樣的人。

蘇格拉底：我們明白這個道理後，不得不承認城邦和個人不是在哲學家的治理下，就不能達到至善。我這裡說的真哲學家，不是指虛偽和腐敗了的哲學家，而是被眾人認為無用之人中的那極少數的真哲學家。這極少數的真哲學家能夠為國家服務、治理國家，不論是他本人願意，還是出於某種強迫，並且公民們都發自內心地服從他的管理，或者，當今的君王或君王的兒子們如有神助，喜歡上了哲學，並以哲學的道理治理天下，在我看來這都是有可能的。假如這兩者都不可能，我們將會被人譏笑為夢想家了。你認為呢？

哀地孟德：我也這麼認為。

蘇格拉底：這樣說來，那麼曾經在古代社會，或在現代的某一地方，或離此很遠的某一國家，會有哲學家以某種天命之道治理國家，這個國家便是我們理想中的國家，哲學家治理下的國家氣象必會和我們所說的一樣，所以說這不是不可能的事情，但我也承認這是非常難的事情。

哀地孟德：我也如此認為。

蘇格拉底：你認為眾人不會這麼認為嗎？

哀地孟德：是的。

蘇格拉底：也不必完全怪公眾。假設你能以明白曉暢的語言和通俗比喻的方法，詳細告訴他們什麼是真哲學和真哲學家，他們的怒氣就會自然消解，自然會改變他們的看法。他們之所以這麼厭惡哲學，是因為他們不知道哲學與哲學家的真實情況如何，如果他們瞭解了真相，那麼哪有不醒悟的道理呢？對於自愛的人和不嫉妒他人的人，人們是不會厭惡他、嫉妒他的，這是人之常情，只有極少數天性殘暴的人才會讓人覺得不可理喻，多數人不會如此的。

哀地孟德：我也這樣認為。

蘇格拉底：他們對於哲學的厭惡感如此之深，主要是由於偽哲學家的緣故，他們在各種場合不請自來，又不肯研究真理，卻專門與他人爭論，誹謗他人，這種行為道德與哲學家完全相反。

哀地孟德：是的。

蘇格拉底：哲學家是專心於真理的探索，孜孜不倦，唯恐時間不夠，哪還有時間留心這些無謂的小事，與人喋喋不休，爭論長短呢？他們的注意力放在對永恆真理的探求上，追求永恆的美和善，以及事物的實在，盡力使自己的行為符合自己的追求，而不去傷害他人，也不去傷害自己，這才是對永恆之真、善、美的模仿，這才是哲學家心中所嚮往的東西。人們對於自己所嚮往的東西，哪有不會去模仿的呢？

哀地孟德：你說得對。

蘇格拉底：哲學家所嚮往的東西是如此的高潔和神聖，他們會在有生之年使自己也成為高潔和神聖的人，那麼來自於惡意者的誹謗也在所難免。

哀地孟德：是的。

蘇格拉底：在某種不得不出來的情況下，他們毅然決然地擔當起國家事務，以將國家和個人帶向至善作為自己的任務，你認為他

們會將他們看到的善的原型運用於正義、節制以及一切相關的美德上嗎？

哀地孟德：那是必然的。

蘇格拉底：假如公眾知道我們所說的並非虛言，那他們還會厭惡哲學嗎？假設我們告訴他們國家必須經過哲學家的治理才會有進步，他們還會懷疑我們說的話嗎？

哀地孟德：如果他們理解你說的話，大概是不會反對的。但我們必須進一步思考：哲學家應該如何治理國家呢？

蘇格拉底：一旦得到管理國家的權力，第一件要做的事便是將城邦的所有汙點和不合理之處洗乾淨，就如畫家在作畫之前必先將他的畫筆洗乾淨後才下筆一樣。這原本就是一件非常困難的事，也不是一朝一夕所能完成的，但不管多麼困難，他們必會竭盡全力去做好，將已有的壞習俗、壞制度、壞習慣洗滌乾淨後才安心。在這之前，他們不會先制定種種煩瑣的法律條文，擾亂人們的生活，這就是哲學家與普通政治家的區別所在。

哀地孟德：是的。

蘇格拉底：將城邦氣象更新之後，你不認為接下來就是要擬定憲法大綱，制定城邦的政治制度了嗎？

哀地孟德：這也是必然的。

蘇格拉底：等待憲法制定好後，我相信，他們必定會查看兩端，一端向上看，向永恆的真、美、正義和節制等看齊；一端向下看，察看公眾的德行是否與此相符合。他們的目的就是以花滿所謂的上帝形象作為道德標準，使每個人能夠具有神性般的美德。

哀地孟德：很對。

蘇格拉底：他會將該洗去的洗掉，該加入的加入，隨時更改不合適的，最終以人的行為能夠符合上帝的標準為止。

哀地孟德：對，除了上帝之外，實在是沒有什麼更好的可以模仿的對象了。

蘇格拉底：之前聽了我們說要哲學家管理城邦而大怒的人，現在怒氣應該消了些吧！知道了哲學家將如何治理城邦，如何處理與公眾的關係後，也應該知道哲學也是一門不可輕視的學問了吧！

哀地孟德：是的。如果他們理解了我們說的話，當然就不會像之前那樣反對了。

蘇格拉底：他們還有什麼可反對的？難道他們懷疑哲學家不是愛真理的嗎？

哀地孟德：當然不是！假如是這樣，那就是很荒唐的了。

蘇格拉底：難道是懷疑我們所描述的人不是最純潔和善良的嗎？

哀地孟德：不是。

蘇格拉底：假如這樣的哲學家在合適的環境裡，必然會對城邦做出極大的貢獻，一直以來的反對者們至此是不是可以歡迎哲學家了呢？或者，仍會以我們所反對的政治家管理城邦嗎？

哀地孟德：當然會歡迎哲學家了。

蘇格拉底：現在我告訴他們說，城邦和個人不經過哲學家的管理是絕對達不到至善的，是絕對無法實現我們心中的理想國的，他們聽了還會對我怒目而視，群起而攻之嗎？

哀地孟德：肯定不會了。

蘇格拉底：可以說他們非但不會發怒，反而會很平和溫順地站在我們這一邊了，因為討論到這裡，他們會不得不承認，我們所說的話是極有道理的，假如內心還有不服，他們自己會覺得是非常可恥了。

哀地孟德：是的。

蘇格拉底：如果是這樣，之前說國王或國王的子孫偶爾會出現具有哲學家天性的人，他們還會反對這個論斷嗎？

哀地孟德：肯定不會了。

蘇格拉底：統治者中非常幸運地出現了這麼一位人，人們還會

說他必定會腐敗而一無所成嗎？雖然我們也承認要讓哲學家的天性完美發展出來是很難的，但誰人能夠保證說所有的具有哲學家天性的人就必定會腐敗？

哀地孟德：沒有誰會贊同這麼說。

蘇格拉底：這樣的人有一個就足夠了，全國只要服從他的管理，他會將世人所不相信的理想政治制度實現出來。

哀地孟德：對，這樣的人一個就足夠了。

蘇格拉底：做了統治者的哲學家，他必定會以至善之道制定城邦法律和制度，公眾當服從而無異議，這也是可能的了。

哀地孟德：是的。

蘇格拉底：那麼之前不贊同我們的看法的人，想必現在也都會贊成我們了吧？

哀地孟德：是的。

蘇格拉底：如若以上種種都能夠實現，那麼我們豈不是證明了它們是最善的東西了嗎？

哀地孟德：這已經證明了。

蘇格拉底：我們至此證明了，我們的主張能夠被制定為國家法律，實現出來，那必是最善的制度，並且也證明了這是可能的事情，雖然它是一件很難辦到的事情。

哀地孟德：是啊！

蘇格拉底：我的朋友哀地孟德啊，我們費了這麼多口舌終於結束了這個話題，然而後面還有很多相關的問題有待進一步討論。例如：要想使哲學家真能夠拯救國家，那麼應當以什麼樣的知識和什麼樣的教育將他培養出來，以及在什麼時候學習什麼樣的功課呢？

哀地孟德：是的，是應該討論這些問題了。

蘇格拉底：在前面討論的時候，我故意避開婚嫁生育和遴選城邦統治者的難題，因為它們討論起來很困難，解決起來很棘手，而且實行起來更是困難，但不能因此而避開不談，現在，我一併提出

加以討論。婦女和兒童之前已經討論過而且有了結論，現在就單獨談論統治者一事。在最初討論統治者的時候，我曾說，治理國家的人必須是愛國的人，檢驗其是否愛國，應當以危難、困苦、富貴、淫樂等各種情況考驗他，在各種情況下都能證明他都不會變心的，就像真金不怕火煉一樣，這樣才可以放心將國家託付於他治理，給他種種榮譽。這是我們之前已經說過的，只是之後便不再提及，因為擔心提及之後會引起各種爭論，你應該不會忘了吧？

哀地孟德：沒有忘，我還記得。

蘇格拉底：當時我斷然下結論說，治理國家的人非哲學家不可。

哀地孟德：對，現在可以大膽地下這個結論了。

蘇格拉底：普通人隨時隨地都有，但要想將各種優秀德性集中於一人身上，這絕不是一件容易的事，我們所見到的大都不是完美的人。

哀地孟德：你說的是什麼意思呢？

蘇格拉底：想要一個人集中具有過人的聰慧和才智，德性各方面都具備，記憶力又極好，這豈不是極其困難的？即使有這樣的人，他也會自高自大、驕奢淫逸，人只要一驕奢淫逸，聰明才智之心就會被蒙蔽，最後他所學的東西也就白學了。

哀地孟德：是的。

蘇格拉底：那些不驕奢淫逸而材質較魯鈍的人，自然不會在戰爭中畏懼任何東西，但是要他好好學習，去領悟道理，那就太過艱難了，對於深奧的學問他們更是厭倦。

哀地孟德：會是這樣的。

蘇格拉底：所以，要求獲得高尚的學問，執掌國家大權，非兼具兩者的優點不可，如此才能放手將管理的權力交給他。

哀地孟德：對。

蘇格拉底：我們真能遇到這樣的人嗎？

哀地孟德：可以的。

蘇格拉底：這樣的人我們不僅要將他放在我們之前所說的危難、富貴、貧困、淫樂等環境中加以考驗，還有一個更大的考驗也是我們所不能忽視的，那就是要以各種知識考驗他，看他能否從中學到最高貴的學問。如果他能夠從中學到最高貴的學問，那麼此人可以算是完美的了。

哀地孟德：考驗他的方法很對，但是什麼是最高貴的學問呢？

蘇格拉底：我想你應該還沒有忘記之前我們曾將靈魂分為三個部分，並分別討論了正義、節制、勇敢和智慧的性質。

哀地孟德：這我都忘記了，那我還配在這裡和你討論嗎？

蘇格拉底：那你還記得在此之前所討論的內容嗎？

哀地孟德：不知道你指的是什麼。

蘇格拉底：當時我們說要想看見最完美的德行，必然經歷一段崎嶇的路途，才能獲得對它的認識，並說這不是不可能的事情，而是需要一顆不畏艱險的心，按照我們所指出的路途來走，總有一天會到達目的地。當時你認為這個問題的討論已經可以了，沒必要再細究下去了，我以為這還是沒有完全說得透徹，不知道你現在認為如何呢？

哀地孟德：我真的認為你的話已經夠明白的了，我想其他人也都明白了的。

蘇格拉底：如果是那樣就好了，但是如果還有沒有說透徹的，那必須再一一說清楚，因為統治者對於國家的前途命運有著重大的關係，所以我們不可不深查。

哀地孟德：是的。

蘇格拉底：統治者要想達到完美的德行，也是非要經歷崎嶇路途不可。在這過程中，他既要鍛鍊其體魄，又要努力增長智慧，否則是不能成就最高學問的，而最高學問是統治者所應該具有的，他怎麼可以不去擁有它呢？

哀地孟德：你說的最高學問究竟是什麼呢？難道還有比節制、正義、美德等更高的嗎？

蘇格拉底：是的。對於這些美德的討論，我們都以詳細的說理反覆地論述，力求使其明白地呈現出來，這些較小的美德令我們已經如此費盡心力，那麼對更大、更高的東西哪有不更加詳細論說，使其徹底呈現出來的道理？

哀地孟德：話是不錯，但這個更高的學問到底是什麼呢？請你明示於我！

蘇格拉底：不是別的，就是善的理念。只有理解了善的理念，其他的知識才能是有益處的，我不是經常提到嗎？我們對於什麼是善的理念，理解的還不是很多。如果沒有善的理念，其他的學識再多也不會帶來什麼益處，有也等於無，這是很明顯的道理，難道不對嗎？

哀地孟德：是的。

蘇格拉底：你也聽過很多人以快樂作為善，學識更高點的則以知識作為善？

哀地孟德：我聽到過的。

蘇格拉底：然而後者往往說不明白他們所說的知識到底指哪些類型的知識，最後只好說是指善的知識。

哀地孟德：這真是可笑。

蘇格拉底：他們一開始往往責怪我們不懂得善，經過追問後，他們實際上也是不知道的，他們有解釋和沒有解釋是一樣的，這難道還不可笑嗎？

哀地孟德：確實很可笑。

蘇格拉底：那些說善是快樂的，也是犯了同樣的錯誤，也一樣的可笑，因為有善的快樂，必然會有惡的快樂。

哀地孟德：是啊。

蘇格拉底：他們這樣會將善與惡相混淆。

哀地孟德：是的。

蘇格拉底：如果是這樣，則必然會產生無數的問題和疑問。

哀地孟德：是的。

蘇格拉底：我們對於正義等美德，但求形似，而不去注重其實質，能做得到形似就可以去矇騙，自己也便會覺得滿足，唯有對於善則非要得到其實在不可，形似的善在這裡都會被拋棄。

哀地孟德：人大概就是這樣。

蘇格拉底：然而，人雖然都以善為目的，並且要追求善的實在，但是很多人卻不知道善究竟是什麼，對善的性質都沒有一定的把握。即使善在他的面前，他也熟視無睹，這真是太可惜了。統治者深受人民的重托，自然要以善為前提，他總不能像民眾一樣對善的實在熟視無睹，我們也總不能把國家託付給這樣一個人吧？

哀地孟德：那自然是不可以的。

蘇格拉底：我可以確切地說，不知道美和正義也是善的話，絕對是不能治理好國家的，因為不明白善是什麼的人，對於正義和美也絕對不會有正確的認識和把握。

哀地孟德：是的。

蘇格拉底：你認為如果我們的國家被深知善的人管理，國家的制度會變得完美嗎？

哀地孟德：是的。但是我想知道你說的善究竟指什麼，是指學識，還是指快樂，或者兩者都不是？

蘇格拉底：哀地孟德啊，我瞭解你這個人，你是絕對不會只想聽別人的見解就滿足的人。

哀地孟德：是的，我知道你終身都在研究哲學，而且也已經有所成就，你總不能以轉述他人的觀點為能事吧，你總要向別人講出你的見解吧？

蘇格拉底：你說得沒錯，但是對於任何事理都沒有一個正確認識的人，他會有正確的看法嗎？

哀地孟德：要有正確的認識，這是很難的，但是陳述一下自己的意見，那也是可以的啊！

蘇格拉底：難道你不知道僅僅有見解而不知道真理的人，他與盲人沒有什麼差別嗎？他說話和行事即使不會犯大錯誤，也會像盲人那樣無所適從。

哀地孟德：是的。

蘇格拉底：假設現在有人以光明和美的東西指引你，你還會胡亂地行走嗎？

克拉根：蘇格拉底啊，你討論的結論就在眼前了，可別又返回去，你就像解釋正義和節制那樣來解釋善，這樣我們就滿足了。

蘇格拉底：這也是我所希望的，但是我認為這不是我所能達到的，盡力而為吧，不要成為人們的笑柄就好。我之所以不急於給善下定義，就是因為這個問題很大，也不是一時半刻能說清楚的，所以我現在先講講善的兒子吧，然後再來說善。不知道你們是否想聽？如果你們不想聽的話，那就算了。

克拉根：可以，我們很願意你先說說善的兒子，反正你欠我們的債務是它的父親。

蘇格拉底：我當然是願意將我所欠的債務全部還給你們，使你們能同時明白，但現在我只能將善的兒子作為利息付給你們。如果在討論的過程中有什麼錯誤的地方，你們得隨時指出來，我可不希望誤導了你們。

克拉根：我們自當留心，你只管說來便是。

蘇格拉底：在討論之前，有一件事不得不再提一下，這件事你們之前都同意過的。

克拉根：什麼事？

蘇格拉底：我們不是曾說美的事物是多種多樣的，有多種多樣的美，並用複數的形式表達嗎？

克拉根：是的。

蘇格拉底：我們難道不是說有一永久不變的美，而這種美是唯一的，而不是多數的，也就是說有一個美本身嗎？

克拉根：是的。

蘇格拉底：多種多樣的現象之美是看得見的對象，而美本身是看不見的理念，我們只能用思想來思考它，對嗎？

克拉根：是的。

蘇格拉底：人的五官之中，哪一個能夠看見實物？

克拉根：眼睛。

蘇格拉底：使用聽覺，我們能夠聽到各種聲音，那麼使用其他器官也能辨別其他可以辨別的東西，對嗎？

克拉根：對的。

蘇格拉底：你注意到視覺組織比其他感官更為精緻複雜嗎？

克拉根：這我還真沒有注意過。

蘇格拉底：你想想看，聲音需要借助第三者才能聽到嗎？

克拉根：不需要。

蘇格拉底：其他感官，雖然不能說是全部，但大都是這樣，都無須借助第三者就能直接感覺到，這是毋庸置疑的。

克拉根：是的。

蘇格拉底：但是你要知道視覺不是這樣的，它需要借助第三者才能看見實物。如果沒有第三者，我們的眼睛就會變成盲人的眼睛—成了擺設。

克拉根：你說的是什麼意思？

蘇格拉底：每個人都有眼睛，但是要想使眼睛看見各種各樣的顏色和事物，需要借助第三者，否則，雖然各種各樣的顏色、事物依舊存在，但是我們將會一無所見。

克拉根：你說的第三者是指什麼呢？

蘇格拉底：就是你稱作光的那種東西。

克拉根：對。

蘇格拉底：光是連接視覺與可視物之間的樞紐，它的重要性不言而喻，而且光也不是尋常的事物。

克拉根：光是不尋常的事物！

蘇格拉底：你可知道光是屬於天上的哪個神？

克拉根：大家一直會認為是屬於太陽神，我猜你的意思也是指太陽神。

蘇格拉底：那麼，太陽光和人的視覺關係可以這樣來說。

克拉根：怎麼說？

蘇格拉底：人的眼睛和視力都不能稱為太陽，對嗎？

克拉根：對。

蘇格拉底：在眾感覺器官中最像太陽這類東西的，莫過於眼睛。

克拉根：是的。

蘇格拉底：那麼，我們是不是可以說，眼睛看見東西的能力需要借助於太陽呢？

克拉根：可以這麼說。

蘇格拉底：那麼，太陽是不會給人以視力的，而是視力的原因。

克拉根：是的。

蘇格拉底：這視力的原因便是我說的善的兒子，所以，太陽光跟視覺和可視之物之間的關係，就好比善跟理智與可知物之間的關係。

克拉根：請你詳細說下。

蘇格拉底：假設在沒有日光照射，只有星星和月亮的微光所照耀的情況下，人能看清東西嗎？他看見的不是清晰的事物，而會是模糊的影子，這是外在環境所帶來的必然結果啊！

克拉根：確實是這樣。

蘇格拉底：如果事物被日光所照，那麼你看的事物就會清晰明朗。

克拉根：是的。

蘇格拉底：那麼，人的靈魂就好比是眼睛，認識對象在真理的照耀下，人才能獲得對事物的正確認識，如果不在真理的照耀下，而僅僅在暗淡微光下，那麼人對事物的認識是偏執片面、模糊不清的印象，隨時隨地會發生改變而不具有永恆的真理性。

克拉根：這是必然的。

蘇格拉底：好了，現在可以說，給予認識對象以真理，給予認識主體以認識能力的那個東西便是善的理念，也是真理和知識的源泉。但真理和知識雖然已經至高至美了，但你應該知道，這終究還是不能與善的理念相提並論，善的理念要遠遠高出二者之上，是二者得以可能的前提。真理和學識就像日光和視覺一樣，它們雖然很像太陽，但終究不是太陽，所以說，學識和真理雖然與善很接近，但它們說到底畢竟還不是善本身。

克拉根：照你這麼說來，這善真是妙不可言啊！它既是真理和知識這兩種至美的東西的源泉，又遠遠高出這兩者，那麼它的美還是人可以用語言描述的嗎？而你也始終不認為它是快樂的吧？

蘇格拉底：這是絕不可能的，我現在打算再從其他方面來討論這個比喻！

克拉根：從哪些方面？

蘇格拉底：太陽不僅是視覺與可視物之間形成認識關係的源泉，而且也是它們誕生、生長、獲得營養等的原因，但太陽自身不是生產者，你認為對嗎？

克拉根：對的。

蘇格拉底：善也是這樣，善不僅是形成知識的源泉，也是知識中最奇妙的東西，但善本身並不是這種知識，它的能力和玄妙要遠超於這種知識。

克拉根：（大笑起來）呀！這真是奇談啊！

蘇格拉底：神奇是神奇了些，但你也難辭其咎，是誰逼我說

的？是你啊！

克拉根：即使如此，你對於善如果還有其他需要闡述的，請全部說出來，我們很願意傾聽你的想法。

蘇格拉底：還有很多關於善的說明。

克拉根：那麼，請全部都講出來吧，即使是無關緊要的，也希望你不要遺漏掉。

蘇格拉底：我會盡我所能地講出來，但是不得不隱瞞的地方還是挺多的。

克拉根：我希望你能毫無隱瞞地講給我們聽。

蘇格拉底：你首先要知道有兩種力量主宰著人的認知能力：一種主宰著我們的智力，它的認識對象是可知世界；一種主宰著我們的視覺，它的認識對象是可見世界。你能明白這兩者的區分，並將其永遠牢記在心中嗎？

克拉根：可以。

蘇格拉底：現在我用一條線來表示它們，首先把這條線分成不相等兩部分，然後按同樣的比例將每一部分再分為兩部分，第一次劃分的兩部分中，把一部分作為智力的可知世界，另一部分作為視覺的可見世界。那麼，每一部分中會有一長和一短兩部分，長的部分必會比短的部分明白清晰，所以，以視覺的清晰度來講，可見世界中的一部分必然代表事物的肖像，就好比水中物體的影像或陰影，你明白我的意思嗎？

克拉根：尚且還能明白。

蘇格拉底：這裡面還有一部分，它必是事物肖像和影像的實體，它或是動物，或是植物，或是有機物，或是無機物，一切物質都包含在裡面。

克拉根：很對。

蘇格拉底：那麼，這兩部分所表示的真實性比例，有著不同程度的區分，其影像與實在物之比，就好比意見與知識之比，你認同

嗎？

克拉根：這是毫無疑問的。

蘇格拉底：再來看智力的可知世界部分。

克拉根：洗耳恭聽。

蘇格拉底：這部分也是分為兩部分，一部分代表假定，不可靠的東西，另外一部分代表超越假定達到真實可靠的東西，真實在假定之上，就好比實在物在影像之上一樣。

克拉根：暫時還不能理解你的意思。

蘇格拉底：既然如此，我就再解釋一遍，你一定會理解我的意思的。我猜你研究幾何學以及與其相似的學科，都會預先假定偶數、奇數和三種角的存在。他們將這些認定為已知的絕對假設，所以運用這些假設的時候不會對他人或自己做出說明，而是依據這些假設，透過一步步的推論，最後達到他們的目的和結論，你認為是這樣嗎？

克拉根：是的。

蘇格拉底：他們的研究雖然利用有形的可見之物，但是目的不在於此，比如幾何學，雖然利用圖形的方和圓進行推論，但實際上所要研究的則是方圓所模仿的那個東西。他們所畫出來的只不過是模仿方圓本身的影像，就好比是水中的倒影，方圓的真實存在是眼睛看不見的，唯一能夠看見它的是我們的靈魂。我想你不會認為這是錯誤的看法吧？

克拉根：你說得很對。

蘇格拉底：這就是我所說的關於智力的可知世界，這一部分所代表的是幾何學和其相關的學科。對這一類的研究，必須使用假設進行推論，因此終不能走出假定的範圍，它的真理性也不能上升到最高的層次。雖然如此，但它的見解是由推理得來的，因此，比起平時所見的實在物和影像來已經高明了許多。

克拉根：我知道你所說的就是專指幾何學和其相近的學科而

言，對吧？

蘇格拉底：是的。智力的可知世界還有另一部分，這一部分所代表的是理性和哲學的知識，這些知識雖然有時也不得不使用假設的定理，但這裡的假設僅僅是假設，它必然會透過假設而到達真理，這才是它的目的，所以這裡的假設只是作為真理的階梯而已。

克拉根：我明白你的大概意思了，但未能完全理解，因為你所說的不是平常簡單的事情，所以很難去理解全部。你的大概意思是說，由哲學獲得的知識是理性知識，它比由尋常的其他學科所獲得的知識要高明，因為尋常的學科知識是以假設作為前提，也以假設作為結論，不能超越假設，達到對絕對真理的認識。我想你會把由幾何學或相似學科所獲得的知識稱為理智知識，而不稱為理性知識吧？因為它處於理性和意見之間。

蘇格拉底：你已經很明白我的意思了。那麼相對於實體層面的四部分劃分，即影像、假設、實在物、真理，人的智力認識層面也有相應的四個部分，即理性對應於真理，理智對應於假設，信念對應於實在物，想像對應於影像，人的認識能力的各部分之間有高低層次之分，它們的真實性各不相同，它們的真實性相當於實體層面的四個部分之間的清晰度之比，你可明白我的意思？

克拉根：我理解你的意思，而且我也很贊同你的看法。

第七卷 教育之實在與影響

蘇格拉底：接下來我們可以討論人性開明者與人性封閉落後者的本質差別。要想辨別這兩者，首先請設想一下一個洞穴式的地下室，日光從洞穴的通道口照入洞中，裡面住著無數的人，有些人從小一直生活在裡面，他們的脖子和頭都被東西綁著，不能自由行走，只能向前看而不能向後看。然後，再想一下他們背後遠處高一點的地方，有火把在燃燒，在火與被囚禁者之間，有一隆起的走道，走道上築有一矮牆，矮牆背後的人清晰可見，這種狀態就像木偶戲一樣。

克拉根：我彷彿能夠看見。

蘇格拉底：接下來你會看見，在矮牆的背後有的人拿著器物，有的舉著木偶，有的牽著用木料或用石料製作成的假動物。這些路過的人各種各樣的狀態都有，即有說有笑的、默默不語的。

克拉根：這真是奇觀，這些囚犯也是奇特的囚犯啊！

蘇格拉底：他們是和我們一樣的人，而他們所能見到的則是火光映射於牆壁上的影像，包括自己的影像和他人的影像。

克拉根：既然他們不能轉動，那麼除了只能看牆壁上的影像之外，怎麼可能還會看見其他東西呢？

蘇格拉底：那麼，矮牆後面的人舉著東西走過，他們也只能看見其影像了？

克拉根：是的。

蘇格拉底：當他們在談論自己所看見的事物時，你會不會認

為，他們會斷定自己所見到的影像便是事物本身呢？

克拉根：會這麼斷定。

蘇格拉底：假設後面路過的人發出聲音，在牆壁上造成回聲，他們會不會認為這聲音是影像發出的呢？

克拉根：必然會這麼認為。

蘇格拉底：那麼，他們這些人便沒有事實和真理可言，他們所能看到的只是事物的影像罷了。

克拉根：是的。

蘇格拉底：假設有一個囚犯被釋放出來，他雖然能夠行走自如，但當他環顧四周看見巨大的光亮，他一定會感到很痛苦，會覺得看光照下的實在物還不如往日看影像來得舒服。這個時候，假如有人告訴他，他往日所見的都是虛假的東西，現在所見的才是逐漸接近真實的世界，所看到的才是真實的實在物，你認為他如何回答？再假設，指導他的人讓他看各種東西，並告訴他這些東西的名字，他豈不會更加混亂嗎？他豈不會懷疑今天所看見的實在物，還不如往日所見的影像清晰明白嗎？

克拉根：是的，會這樣。

蘇格拉底：如果強迫他去看火光，他的眼睛自然會感到痛苦，他肯定會轉身逃走，認為往日所看見的影像給人以安寧、舒適，並且會認為影像比實在物更容易看得清楚。不是嗎？

克拉根：是這樣的。

蘇格拉底：假如有人這個時候，將他強制帶到洞外，暴露在太陽光之下，使他不得不面對光明的世界，他此時肯定是非常生氣，甚至會發怒，同時他也感到非常的痛苦，頭暈目眩不能看見任何東西。

克拉根：這不是他一時能夠看得見的。

蘇格拉底：因此，他要先逐漸適應地面上的生活，慢慢試著去接觸日光，這時他看見的東西剛開始屬影像看得最清晰，其次是水

中的倒影，然後是天上的星星、月亮和浩瀚的蒼穹，但他始終還是不能像看月光和星光那樣容易地看白天的太陽光。

克拉根：這也是必然的。

蘇格拉底：但他最終肯定是能夠看見太陽的，而不僅僅是水中的倒影，因為在他看了倒影之後，必然會想看一看太陽的真相。

克拉根：是的。

蘇格拉底：於是他知道形成四季更替的正是這個太陽，使人能夠看見事物也正是這個太陽，生養萬物的也是這個太陽，到此他已經完全融入了這個真實的世界，可以毫無畏懼地看這個真實的世界了。

克拉根：是的，既然能夠看到真實的世界了，自然會對其加以研究。

蘇格拉底：如果他還記得往日所居住的洞穴與當時的智力水準，他難道不會慶幸自己今日的改變，而憐惜往日的懵懂嗎？

克拉根：這也是難免的。

蘇格拉底：假設他往日的洞穴，有頒發榮譽和獎勵的活動，凡是能夠靈敏於識別來往影像，而且能夠記得它們的先後順序，哪個在先，哪個在後，哪些同時出現，由此而推論後面將要出現的東西，則給予重賞。你認為他對於這種獎賞還會有覬覦之心嗎？還會嫉妒獲得這種獎賞的人嗎？或者，他會像花滿所說的那樣，寧願活在真實的世界裡做他人的奴隸，也不願回去過那種囚徒的生活嗎？

克拉根：他肯定寧願受各種苦也不會回到之前的洞穴中的。

蘇格拉底：如果他離開日光，重新回到過去的地方，他不會覺得裡面很黑暗嗎？

克拉根：是的。

蘇格拉底：當他剛進入黑暗的時候，目光尚不能適應黑暗，（就像離開洞穴一樣，眼睛要適應於光亮不是一時所能做到的。）這時要他和洞穴中囚徒們比辨別牆上的影像，他必然會被囚徒們笑話。

他們會說他到了上面眼睛不能看，回來後又失去了之前的視力，假設此時有人要他們到地面上去，這肯定不是他們所願意的，再假設他們抓住了強迫他們出去的人，或許會將他殺死，因為鑒於前面那個人的痛苦，他們肯定認為地上不如地下好。

克拉根：一定會這麼認為。

蘇格拉底：這個比喻正好可以解釋之前說的問題，地下洞穴便是可見世界，火光便是太陽光，從地下到地上便是從黑暗到可知世界的過程。我之所以用這個比喻來說明，這也是你的要求，至於我說的對不對，那只有神才知道。但無論如何，我堅信在可知世界中最後花了很大力氣才能看見的那個東西便是善的理念，我們一旦見了它，就會知道它是可見世界中萬物得以存在的原因，是可見世界中光亮和能見度的源頭。也是可知世界中理性和真理的源泉，人如果能於公共生活和私人生活上事事公道合理，而不違背至高的大道，那麼他肯定是看到了善的理念。

克拉根：能夠理解你的意思，也同意你的看法。

蘇格拉底：凡是得到了高明見解的人，肯定不會放棄在真實世界裡面的生活，而去做那些世俗瑣碎的事情，與世俗的人共同生活在一起。這不是一件奇怪的事情，因為他們的靈魂嚮往的是高處的真實之境。對於他們來說，這種嚮往是自然而然的，你認為呢？

克拉根：是的，是自然的。

蘇格拉底：如果他離開高處的真實之境進入黑暗，並在他的眼睛還未適應黑暗的時候，被迫於法庭上與人爭論關於物的影像和正義的影像，而且還要與沒有見過正義本身的人辯論關於正義的觀念，他的舉動和言行在生活在黑暗中的人看來會是極其可笑的，你認為這值得奇怪嗎？

克拉根：一點也不奇怪。

蘇格拉底：凡有常識頭腦的人，都知道導致眼睛眩暈和迷亂的有兩種原因：一是由光亮處到黑暗處；一是由黑暗處到光亮處。

人的靈魂也是同樣的道理。明白這個道理的人，當他看到某個人由光亮處進入黑暗處，或由黑暗處進入光亮處，發生靈魂迷亂看不清事物時，他不會去嘲笑，而會說他的靈魂之所以在黑暗中看不清事物，是因為他的靈魂剛從光明的地方來，還未適應黑暗的世界；而之所以在光明中看不清事物，是因為他的靈魂剛從黑暗中來，還未習慣於光明的世界。他會慶幸後者，而悲痛前者，所以他想笑的話，一定會覺得前者更可笑。

克拉根：非常有道理。

蘇格拉底：如果這是對的，那麼我們現在的一部分教育是不正確的，因為他們認為可以將原來靈魂裡面沒有的知識裝進人的大腦，彷彿能夠將視力放進瞎子的眼睛裡去似的。

克拉根：持這種觀點的人，真的不少啊！

蘇格拉底：但是我們知道，學習知識的能力是我們靈魂天生所具有的，是每個人本身所具有。但要使這種能力成為有用，就必須使我們的靈魂朝向正確的方向，就好比人要看見太陽，不得不移動全部身軀朝著太陽望去。知識也一樣，只有當我們的靈魂轉個方向離開變化的世界，朝向真實實在的時候，我們的靈魂才從黑暗的世界來到光明的世界，再經過不斷地學習和磨煉，而後才能看到天地萬物間最明亮的那個東西，即善的理念。

克拉根：非常對。

蘇格拉底：難道就不需要一種使靈魂轉向的技巧，使其能夠在短時間內獲得對真理的認識嗎？這不是說要教授給人以學習的能力，這個能力是靈魂裡天生所擁有的，我們的目的只不過是要使靈魂中的這種能力不誤入歧途，使其能夠幡然醒悟轉向真理的大道上來。

克拉根：這種方法當然是不能少的。

蘇格拉底：人的學習能力和身體很像，身體健康與否可以透過運動得當與不得當而發生改變，即使是身體本身所不具有的能力，

也可以透過鍛鍊來獲得。人的學習能力也是這樣，如果所接受的教育是正當的大道，那麼他就會成為有用和有益的人，否則便是無用而有害的。你難道沒有見過聰明的惡人嗎？你觀察一下就會知道，他們的眼光是何等的敏銳，令人惋惜的是心思用於不正當之道上，做了惡人。因此，聰明的人學習不當，或接受的教育學不到善的知識，他為惡也必然要勝過不學無術之人。

克拉根：這是肯定的。

蘇格拉底：假設有一個人從小就沒有被不良的習慣薰染，比如酒肉享樂等之類的肉體上的快樂，那麼他將會成為怎麼樣的人啊！這種享受肉體快樂的欲望對人的影響，就好比在人的身上綁了一個重物，將人往下垂，只去看感官享樂的事物，而不知道還有比這更好的事物。如果真能夠使人拋開各種惡行，朝向正道的方向，那麼他便能為善且能看見真理，而他的學習能力不會因為他轉向正道而有所減退，而是像現在看事物那樣清楚地去看真理。

克拉根：是的。

蘇格拉底：這樣看來，這個結果是什麼已經不言而喻了，換句話說，沒有受過教育不懂得真理的人以及學了沒有成果的人，都不能說是有用的治國之才。為什麼說沒有學識的人不能治理國家呢？這是因為他們沒有一個堅定的宗旨，不知道什麼是責任，而且在公在私也不能約束自己的行為，因此這兩種人一旦掌握了國家大權，又如果沒有他人的強迫和監督，他們這些人是絕對不會為分內之事盡力，反而會以為自己身處最高最快樂的位置，可以為所欲為，肆無忌憚的。

克拉根：說得很對。

蘇格拉底：國家統治者的一個重要責任便是要迫使靈魂最好的人獲得最高的知識，要使他專注於學問，日新其德，到達最高學問，看到善後，他的學識在此已經趨於完美，這個時候就不能讓他再停留於此，像今天的哲學家那樣終生於此了。

克拉根：你說的是什麼意思啊？

蘇格拉底：我的意思是說，當他到了這個境界後，會留戀於此，這是我們所不允許的，他必須返回地下與囚徒一起分擔工作，不論其工作是否具有價值。

克拉根：這是不是太不公道了啊？當他們過上高尚生活的時候，我們卻強迫他們過較低級的生活，這豈不是太委屈了嗎？

蘇格拉底：你難道忘了治理國家者的抱負了嗎？治理國家者不是以一部分人的幸福為宗旨，而是以全國人民的幸福為最高福祉。他應當先引導、說服或強制全國人民成為有益於國家的人，然後再根據他們的個性特點，將眾人安排在一起共事，如此，國家才會受益，人民才能團結一致，人心才會凝聚於一處。

克拉根：是的，我已經忘了，你說得很對。

蘇格拉底：那麼強迫哲學家執政，為他人服務，就不是不公道的事。我們可以告訴他們說：哲學家在別的國家有理由拒絕參加勞苦的政治工作，因為他們完全是自發產生的，不是國家有意識培養出來的，而且他們也不受政府的歡迎。在這樣的情況下，要他們對國家有熱切的感恩報答之心，為國家盡責盡力，怎麼可能呢？而你們小時候所受的教育都由國家提供，而且你們所受的教育都要比其他國家的人更為高深，希望你們學成之後有利於國家。正因為這個緣故，你們之中不管是誰，輪值時就應該下去與其他人共同工作。在工作上逐漸有了經驗之後，見識就會增加，看事物的能力會比他們高出許多倍，因為他們只知道影像，而你卻能知道事物的真實和實在，見過美、正義、善的真實，所以當你看到各種影像，就會知道哪種影像代表哪一種事物，只有這樣我們的理想國才能得以實現，而非僅僅只是夢想。我們治理國家的方法也會與其他國家不同，其他國家的人會因為影像問題，以及各種糾紛和權利問題而使國家分裂，因為影像和權利被他們視為最高最大的東西。由此可知，一個國家中的治理者不熱心於政治權利，這個國家必定是最好最善的國

家，反之，一個國家的治理者迷醉於權利，那麼這個國家必定是極壞的國家。你認為對嗎？

克拉根：說得很對。

蘇格拉底：他們聽了以上的忠告之後，還會不問世事，自我逍遙於學問之中嗎？

克拉根：絕不會拒絕，他們都是正義的人，要他們去做的是正義的事，為國家盡責盡力這是他們不可逃避的事，哪有推辭的道理。唯一不同的是，他們不會像當今政治家那樣對權利日思夜夢。

蘇格拉底：是的，這兩者之間的差距是不可同日而語的。換句話說，想要未來的統治者比現在的統治者更好，就必須使他們有一種比政治生活更善的生活，唯有這樣，國家才能被管理好。因為，只有在這種高尚生活的國度裡，這些富有的人才會出來擔任職務，注意，我這裡說的富有的人不是指他擁有黃金玉帛等貴重物品，而是指他擁有使人過上幸福生活的善和智慧。統治者如果沒有這兩樣寶貴的財富，他們執政必然會走向對權利的渴求和追逐，只顧自己的私人欲望，不顧國家的利益。久而久之，必然會出現爭權奪利的現象，進而導致國家頻頻內亂，百姓遭受苦難，最終不僅是毀滅了統治者自己，也毀滅了整個國家。

克拉根：所論極是啊！

蘇格拉底：在日常生活中，除了哲學生活外，還有什麼能夠輕視政治權力的呢？

克拉根：肯定沒有了。

蘇格拉底：治理國家大事不能找戀棧權力的人來擔任，因為戀棧權力的人執掌國家大權必然會出現各種權力之間的鬥爭。

克拉根：是的。

蘇格拉底：我們所要強迫去執政的人是什麼樣的人呢？在我看來，他應當擁有足夠的治國智慧，並且能夠實現其治國理想，同時他還應當擁有比政治更高、更善的生活。你認為如何？

克拉根：這正是我們想要物色的人啊！

蘇格拉底：所以，我們應當考慮如何才能培養出這樣的人，如何才能使他從黑暗上升到光明世界。

克拉根：對，這又是一個我們所應當認真思考的問題。

蘇格拉底：然而想要他從佈滿塵埃、黑暗而朦朧的世界中上升到明亮的光明世界，又要他從簡單的頭腦變成哲學家的頭腦，這絕非像俯身拾取貝殼那樣容易。

克拉根：是的。

蘇格拉底：那麼我們該不該研究一下什麼樣的學問能夠使其成為現實呢？

克拉根：確實應該。

蘇格拉底：首先我們要知道什麼樣的學問能夠使人的認識由見解到達對真理的認識。你還記得我說過，我們國家中的少年應當去戰場做鬥士嗎？

克拉根：我們之前是說過這樣的話。

蘇格拉底：這種學問必須再具有一種特性。

克拉根：什麼特性？

蘇格拉底：能夠使人習慣於戰事的能力。

克拉根：如果有，那最好了。

蘇格拉底：我們一直以來主張將教育分為兩部分，對吧？

克拉根：是的。

蘇格拉底：一是體育，它關乎身體的強壯和衰弱，因而它關乎的是生滅變化的事，即與人的生長和死亡相關。

克拉根：是的。

蘇格拉底：因此，這不是我們所要尋求的學問，對嗎？

克拉根：是的。

蘇格拉底：音樂不也是我們教育的一部分嗎？

克拉根：是的，這也是我還沒有忘記的，音樂與體育是並重的，

治國者必須經過音樂的陶冶，然後才會有修養。曲調能夠陶冶人的性情，音律能夠使人合於秩序，至於它的故事和歌詞，都是以此為標準而取材的。但是，這也不是我們目前所要尋求的學識啊！

蘇格拉底：你所記的絲毫沒有差錯，音樂自然不是我們當下需要尋求的那種學問，其他平常的技藝更不是我們所要的。那麼，我們所要尋求的到底是什麼學問呢？

克拉根：是的，這不用懷疑。音樂、體育以及其他平常技藝都不是當下我們所急切尋求的東西，那除此之外還有什麼別的學問呢？

蘇格拉底：既然我們在個別的學問中沒有收穫，那麼我們去人人都不可或缺的學問中尋求吧！

克拉根：它適用於哪些地方？

蘇格拉底：這是所有學問和技藝所不可或缺的，也是每個人在一開始學習的時候應當就有的。

克拉根：這到底是什麼呢？

蘇格拉底：即分為「一」「二」「三」的東西，換句話說，它就是數學，這不是各種技藝和科學不可缺少的嗎？

克拉根：是的。

蘇格拉底：戰術不也要需要它嗎？

克拉根：是的。

蘇格拉底：所以每次當貝勒彌在劇中出現的時候，都會嘲笑哀克孟沒有資格做將領，因為貝勒彌會算術，他會按照數學原理點數他的軍艦和將士，這表明哀克孟從來沒有點數過他的軍艦和將士們的數量，這一能力的缺乏，你就可想而知他是一個怎樣的將軍了。

克拉根：如果這是真的的話，他真是一個可笑的將軍。

蘇格拉底：所以，我們不得不承認作為一個將領，不會算術那是絕對不行的。

克拉根：要想在軍事上稍微具有智慧，算術是不可不熟悉的學

問，而在我看來，每個人都應該懂算術。

蘇格拉底：但不知道他人對於此學問的見解如何，不知道是否與我相同？

克拉根：你的想法是怎麼樣的？

蘇格拉底：我認為它正是我們在尋求的能夠開發人的智慧的學問，可惜的是沒有人能夠正確地使用它。如果人們能夠正確使用它的話，那麼它會使人變得有思想，引導人們到達對真理實在的認識。

克拉根：請你再給我仔細講講看！

蘇格拉底：我很願意將這想法講給你聽。你想辨明各種學問中具有上面所說的功用到底是什麼嗎？數學到底是不是這種學問之一呢？請你用「是」或「否」來回答，這樣可以使這個問題有一個明白的決斷！

克拉根：是的，請說來聽聽。

蘇格拉底：我的意思是說，凡是我們感覺所能及的事物，可以分為兩部分：一是無須借助理性就能夠做出判斷的；一是需要借助理性才能做出判斷的。

克拉根：你是指遠處的東西與畫中的東西嗎？

蘇格拉底：不是。

克拉根：那你的意思是指什麼呢？

蘇格拉底：我說的無須借助理性判斷，是指不會同時產生相反感覺的東西，需要借助理性判斷的是指能夠同時產生相反感覺的東西，這一類東西不論它是在遠處還是在近處，如果我們想對它做出正確的判斷就必須借助理性，因此，單純的感官判斷是難以勝任的。接下來，我以比喻方式來說明它，你或許就可以理解我的意思了。

克拉根：如此甚好。

蘇格拉底：我舉三個手指頭為例：一個是小指頭；一個是無名指；

一個是中指，這三個手指頭彼此間的距離都是很近的，對吧？

克拉根：是的。

蘇格拉底：這其中無論是在當中的、黑的、還是白的，也無論是粗的，還是細的，它們都是手指，這與手指本身作為手指沒有關係，所以我們無須借助理性就可以明確斷定這是手指，因為我們眼睛看到就是手指，而感覺器官向大腦傳遞的是明確的信號，沒有同時傳遞信號表明這不是手指。

克拉根：是的。

蘇格拉底：這就是我說的同時不會產生相反感覺的判斷，因而它無須借助理性來做出決斷。

克拉根：是的。

蘇格拉底：但是手指大小的區分，也是這樣子的嗎？也是我們的視覺器官能夠單獨做出判斷的嗎？視覺器官能夠單獨判斷哪個手指在中間，哪一個在邊上嗎？同樣，手指的粗與細、堅硬與柔軟難道也能由視覺器官單獨做出判斷嗎？難道其他器官都能單獨來判斷事物，還是需要借助感覺器官以外的他物呢？就以手指的堅硬和柔軟來論，能夠知覺手指是堅硬的感官，一定也能知覺到手指是柔軟的，因此，它傳遞給心靈的必定是，這個東西既是堅硬的，又是柔軟的，對嗎？

克拉根：你說得很對。

蘇格拉底：那麼心靈接收的信號既是堅硬的，又是柔軟的，肯定會迷惑起來。如果心靈接收到的信號既是重的，又是輕的，那麼它不會更加的迷惑嗎？

克拉根：確實會這樣。

蘇格拉底：這種相互異質的信號報告必然會需要集中思想和算術能力，幫助心靈審查各器官所傳遞過來的信號，然後判斷它到底是一個東西，還是兩個東西。

克拉根：這是必然的。

蘇格拉底：如果是兩個，那麼它們各自是獨立的一個，而且各不相同。

克拉根：是的。

蘇格拉底：分開來既然各自為一個，那麼總共便是兩個，這兩個必然是不同的兩個，要是相同的話，就不會把它分為兩個了。

克拉根：是的。

蘇格拉底：眼睛毋庸置疑能夠看到大與小，但是不能將其區分開來。

克拉根：是的。

蘇格拉底：但是理性卻不然，它會努力解釋這個疑問，把大和小看作兩個不相同的事物。

克拉根：是的。

蘇格拉底：難道理性在這裡就不會問「大的是什麼，小的是什麼」嗎？

克拉根：會問的。

蘇格拉底：所以說，會有可見事物和可知事物的區別，這就是它們區分的原因，難道不是嗎？

克拉根：很對。

蘇格拉底：這就是我之前想要對你說的，事物會同時產生相反感覺需要借助理性加以判斷的原因，反之，則無須理性的加入，現在能夠明白我的意思了嗎？

克拉根：不但能夠明白，而且還非常贊同你的觀點。

蘇格拉底：「一」與數屬於哪一類呢？

克拉根：我回答不上來。

蘇格拉底：如果你能根據我們說過的話稍加推敲，你就不至於如此迷茫了。假如整體的「一」也是能夠用眼睛看清楚，或其他感官能夠感覺到的話，就不會引導人的心靈去把握真理實在了。但如果它同時能夠使人產生相反的感覺，心靈就會感到迷惑，就需要對

其做進一步的分析，以探究這個「一」到底是什麼，到這裡心靈才會轉而注視真理和實在。

克拉根：是的，「一」確實有這種效果，因為一個事物我們視覺看到的既是一，同時又是無限的多。

蘇格拉底：「一」具有這種效用，那麼研究其他的數，也必然具有同等的作用和效用咯？

克拉根：這是自然的。

蘇格拉底：算術不就是研究數的學問嗎？

克拉根：是的。

蘇格拉底：那麼它也是能夠引導心靈接近真理和實在嗎？

克拉根：當然可以！

蘇格拉底：所以，算術便是我們所要尋求的學問，因為它既能夠有用於哲學，同時又能夠有用於軍事，軍人不懂算術就無法計算軍隊的合理佈局，研習哲學不懂算術就難以超越眾人，從而獲得對真理和實在的認識，你認為呢？

克拉根：是的。

蘇格拉底：我們的國家護衛者應當既是軍人又是哲學家，難道不是嗎？

克拉根：這是不用說的了！

蘇格拉底：因此，這個學問有必要用國家法律的形式來規定它，凡是將來想要在政治上身居要職的人都得要求他們學習算術，而且不是淺嘗輒止，而是要深入持續地研究，直到洞悉數的本質為止。之所以要他們學習算術，不是為了市儈買賣之事，而是為了運用於軍事和提高自己的理性能力，以便能夠通達真理的大道。

克拉根：說得很對。

蘇格拉底：這種學問充滿著誘人的魅力，假如能夠將哲學作為其研究目的，日夜不輟，必給人帶來莫大的益處，而非一些淺顯的道理，因為它能夠使人看見變化事物背後的那個實在。

克拉根：如何能夠做到？

蘇格拉底：也沒有別的什麼，數學能夠提升人的理性，使人的理性能夠離開變化事物轉向對抽象數的關注，所以假如有人以可見或可觸摸的事物作為數學推論和研究的東西，那是絕對不會被贊同的。你要知道，深知這門學問的人都會譏笑那些想將「一」拆開分析的作為，因為要想從理論上分割「一」，你得先乘後除，否則「一」將成為一個別的東西，而不會是「一」了。

克拉根：是的。

蘇格拉底：假設有人問他們：「我的朋友，我很好奇你們所研究的關於數的學問，它到底是個什麼數呢？你說這些數字中，有個統一完整的『一』，又說這個『一』與其他別的『一』一樣都是無形質的，而且『一』的內部也不分部分，這到底是什麼意思呢？」他們將會怎麼答覆呢？

克拉根：我猜他們肯定會說，這些數只可用理性來把握，不可僅以視覺來把握。

蘇格拉底：那麼，我們不能缺乏這種學問的道理已經很明顯了，因為它會迫使我們以理性本身來通達真理的大道。

克拉根：是的，這就是這一學問的最大特殊之處。

蘇格拉底：此外，你有沒有看見凡是天性精於算術的人，他在其他學問上明顯會比其他人更加敏捷，即使是天性遲鈍的人，要是能夠接受長期算術訓練，他雖然不會獲得巨大的好處，但是也要遠比他不學習的時候靈敏得多。

克拉根：這個當然。

蘇格拉底：在我看來，沒有什麼學科比算術更難的了，和它具有差不多難度的也是很少見的。

克拉根：是的。

蘇格拉底：正因為如此，數學是人所不可或缺的學問，特別是那些秉性聰明的人更應該致力於數學的研究。

克拉根：我也是這麼認為的。

蘇格拉底：那麼，我們就應該將其確定為一項學科，下面我們再研究與之相類似的學問，看是否有利於學習者。

克拉根：你是說幾何學嗎？

蘇格拉底：是的。

克拉根：幾何學對於我們的用處自不必說，對於軍事則更是不用說了。因為那是行軍者不可或缺的，無論是軍中的安營紮寨，劃分界限，還是軍隊的隊形排列以及交戰之際的謀劃等，無不用到幾何學的知識，所以將領有沒有學過幾何學對於行軍作戰有著直接的關係。

蘇格拉底：你說得沒錯，但在軍事上只要普通的幾何學知識就足夠了。如果你由此想靈魂轉向對真理和善的理念的把握，則必須學習幾何學中深奧的那一部分，因為唯有這一部分才能將人逐漸地帶向正道，由此我們才能到達我們的目的地。

克拉根：是的。

蘇格拉底：如果幾何學能夠使人看到真理實在，那麼它對於人的身心是大有用處的，如果它僅僅只是使人看見可變的世界，那麼就是無用的。你認為呢？

克拉根：這是自然，無須多論。

蘇格拉底：但是只要稍有幾何學知識的人，聽了我們的話後，都會覺得我們的看法跟當今的幾何學家們的看法是相反的。

克拉根：為什麼？

蘇格拉底：因為他們這些人只知道將規矩方圓運用到實際事物中，將其視為平常日用工具，這豈不是很可笑嗎？他們不知道幾何學的真正目的是達到對最高深學問的把握。

克拉根：你說得對。

蘇格拉底：這裡還有一點也是我們應該承認的。

克拉根：請說！

蘇格拉底：幾何學所探究的對象乃永恆事物，而不是暫時的、生滅變化的事物。

克拉根：這一點是肯定的，不需要懷疑。

蘇格拉底：克拉根啊，那麼幾何學不是能夠引導靈魂注意到真理實在，提升人在哲學上的能力嗎？

克拉根：這是幾何學本身所固有的功能啊！

蘇格拉底：那麼，在我們的理想國中幾何學應該作為人人都要學習的學科，而且他還有其他間接的好處，這些好處還不小呢。

克拉根：什麼間接的好處？

蘇格拉底：你剛才說的軍事上的用處便是其一，其他方面以我們所經歷的事情可以知道，幾何學是各種學問中所不可或缺的東西，假如有人能夠精通幾何學，那麼他在其他事物上必然比其他人精通、靈敏。

克拉根：是的，兩者之間的差距將會非常大。

蘇格拉底：這麼說來，我們是不是可以將幾何學作為少年們必學的第二門功課呢？

克拉根：確實應該作為少年們必修的第二門功課，數學為第一門功課。

蘇格拉底：那麼，將天文學作為少年們必學的第三門功課，你覺得如何呢？

克拉根：我贊同。在我看來，年、月、四季的學問不僅對農民和航海家有用，它也會給其他的人帶來好處。

蘇格拉底：讓我感到很有趣的是，你擔心他人會以沒有用處來反駁你的建議，所以你急著申明這些學科的功用。但是，我要人深信的是，人性中具有靈性的雙目，雖然它會被世俗習俗所蒙蔽，但可以借助我們所建議的學問得以除弊和復明，所以人性中的靈性雙目要比我們面部的雙目重要不止千萬倍。因為只有這個雙目才能看見真理實在，但是要人們相信它確實很難。現在的人可以分為兩部

分：一部分人聽了你的話後覺得你說得非常對，對你佩服得五體投地；另一部分人則認為你說的是毫無價值的空談，因為他們看不到其中有任何的利益和好處。你可以選擇任何一方來討論，或者你都不願意和他們討論，你只是想自己和自己討論，為的是增進自己的學識，至於他們是否能夠在其中獲得益處，那都不在你要討論的範圍之內。我猜的沒有錯吧？

克拉根：沒錯，我之所以要研究探討這些，一大半便是為了提高自己的學識。

蘇格拉底：既然這樣，那麼我們得退回去，因為我們剛才討論的先後順序不對。

克拉根：怎麼不對了？

蘇格拉底：我們在討論平面之後，應當先談立體本身，而不是立即談論關於運動的立體事物如日、月、星、辰等，因為知道事物的面積之後，要探求它的第三維，從第二維依次到第三維才是符合先後順序的。

克拉根：你說得沒有錯，但是現在的人對這個學科的認識還不夠成熟啊！

蘇格拉底：這個學科沒有得到良好發展的原因有兩個：一個是政府沒有大力提倡，再加上這門學問本身就很難；另一個原因是這門學問非要有人指點才能學到深處。此外，能夠教授這門學問的人很少，即使有研習者也不會虛心接受，因為現在的風氣使他們常常妄自尊大，自以為是。但只要當權者一旦提倡立體幾何學，以獎勵的方式激勵他們去學習，那麼情形就會發生很大的改變，研習者會日漸增多，研究力度會不斷加大，日積月累必然會有所突破和發明。雖然現在的人們輕視這門學問，研習者也不知道它有何用途，但是其本身所固有的理論特色，保持著它在眾學科中的獨特魅力，使它不因人們的輕視被淹沒。所以我說，只要政府一提倡，總有一天它會得到很好的發展。

克拉根：是的，這門學科很可愛，很有魅力。但你剛才說的先後順序問題，我還不是很清楚，難道你不應該先說平面幾何嗎？

蘇格拉底：我是先說平面幾何，但平面幾何之後應當接著講立體幾何，我卻馬上講了天文學，這不是由平面幾何直接到了運動中的立體事物上去了嗎？這就是欲速則不達啊！

克拉根：是的，你是按這個順序講的。

蘇格拉底：既然你已經知道了，那麼假如立體幾何在政府的大力提倡下，得到了很好的發展，我們是不是可以將立體幾何學列為第三門功課，將天文學列為第四門功課呢？

克拉根：這是自然的順序啊！剛才你說我對天文學的理解太過功利性，我擔心你也會犯這樣的錯誤，因為人人都知道天文學能夠引導人們的思想朝上看而不是朝下看。

蘇格拉底：人人都知道，但唯獨我不知道。

克拉根：你說的是什麼意思？

蘇格拉底：以當前研習者的研究方法能夠引導人們進入哲學的領域，從而擁有高尚的思想，我不相信。在我看來，他們是引導人們向下，而不是向上。

克拉根：怎麼說呢？

蘇格拉底：你對高尚思想的理解固然是沒有錯的，但如果將抬起頭看見屋樑這樣的舉動，認為是在用腦力思考，而不是在用眼睛看，你說這可信嗎？或許你說的是對的，我是無知的，但我還是難以相信。因為在我看來，唯有對無形物的研究才能夠上升到哲學的高度，窺見真理的大道。如果僅僅斤斤計較於有形物，即使是窮年累月，我也不會認為他真正學到了什麼，因為他的靈魂也始終不會向上看。這不管他是在水上或在陸上躺著，仰望天空，還是俯視大地，這與是否能夠獲得高尚之學問沒有關係。

克拉根：對，對，實在是我錯了。我很想聽聽，到底要怎樣學習天文學才能達到對高尚學問的認識呢？

蘇格拉底：請聽我說，天上的星辰是我們用肉眼就能看見的事物，所以天空中的事物雖然是有形物體中最高、最亮、最美的東西，但它始終還是遠不及它自身的實在，以及它們之間的真正的快和慢，因為這些是眼睛所看不見的，只能被理性和思想所把握。

克拉根：是的。

蘇格拉底：因此，我們必須把天空中所見的當作天文學中的圖畫，它能夠幫助我們去理解它們的實在。這就像提忒勒畫了一張設計圖，這些圖我們平時也能看得到，任何懂幾何學的人看了這些圖都會稱讚它的精妙絕倫，但卻不會有人在圖畫中尋找相等、成倍或其他比例的真理，因為這會顯得很荒誕。

克拉根：確實會很荒誕。

蘇格拉底：研究天文學也與此類似，天上的一切都出自上帝的創造，所以它是極其完美的，但是不能因此就說，日與夜之間、日夜與月之間、月與年之間、星體與星體之間的比例，以及一切有形體之間的比例都是永恆不變的絕對之關係，如果是這樣，豈不是很可笑嗎？

克拉根：這是我之前從未注意到的，我贊同你的觀點。

蘇格拉底：所以我們研究天文學要像研究幾何學一樣，要以能夠解決問題為首要任務，而不是僅僅用以觀看日月星辰的形式之美，因為只有在解決各種問題中，我們天賦的理性能力才能顯示出它的作用。

克拉根：你說得沒錯，但這不是當前天文學家所能做到的。

蘇格拉底：是的。如果我們要想制定出完善而恰當的教育體系的話，還有許多其他類似的東西，你能舉出幾個來嗎？

克拉根：不是我不思考，我是真的想不出來。

蘇格拉底：運動方面的種類不可能只有一種，即使以我們的學識也知道有兩種，智力更高的人則能夠看見更多種。

克拉根：哪兩種？

蘇格拉底：一是我們說的天體的運動，即天文學。我們已經說過了，除此之外還有一種，它與我們已經說過的有相關的聯繫。

克拉根：是什麼？

蘇格拉底：這類事物與耳朵有關係，就好比眼睛與天文學之間的關係，因為眼睛能夠看到天體，就好像耳朵能夠聽到和諧的音律。這是畢散各理⑥⑦學派所主張的，也是我們所贊同的。

⑥⑦今譯為：「畢達哥拉斯」，古希臘數學家、哲學家。

克拉根：沒錯。

蘇格拉底：然而這不是能夠輕易學到的，我們應當向畢散各理派的學者們請教，或許他們能夠告訴我們這兩門學科的有用、無用處，但是千萬不要忘了我們的高尚目的。

克拉根：這個高尚目的是什麼呢？

蘇格拉底：即各種學問的完備是我們所應當到達的境界，像剛才所談論的天文學是這樣，凡是想求得真實學問的都不得不以它為目的。然而，當前研究聲學的學者們，他們所從事的研究都是以耳朵能夠聽見的聲音為研究對象，而不去研究其他更高的東西，所以他們只能重蹈當前天文學研究者們的路子，白花力氣於可見事物上。

克拉根：你說得一點兒也沒錯，他們談論音律，往往流連於絲竹之音，就像聽隔壁鄰居談話那樣聽著，說出來都令人發笑。一些人說能夠辨別兩個音階，哪個音高，哪個音低，可以作為衡量其他音的計量單位，一些人說這個音和那個音其實沒有差別，不能作為衡量音量的準則，這豈不是很可笑？

蘇格拉底：你所說的這些研習者都是在絲竹之音中尋找煩惱的人，除此之外，還有一些人他們會因為彈不好琴，撥不出優美的音律而遷怒於琴弦，這些都是非常令人厭惡的事，不是我們所要的教育。這些人只研究可以聽到的聲音，而不去用理性思考問題，所以也就不知道音律的真義是什麼，也不知道音律為什麼會有和諧與

不和諧的區別，這與當前研究天文學的人一樣，都是犯了同樣的錯誤。我們所能討論的，也只有畢散各理學派的人了。

克拉根：沒錯，這是一門多麼高尚的學問啊！

蘇格拉底：如果以美和善作為這門學科的目的，那麼它是有益的，否則也只能說是玩物喪志。

克拉根：是這樣。

蘇格拉底：到了對各項學問都有了心得體會，對它們之間的相互聯繫又能夠融會貫通的時候，一個人的所學才能派上用場，達到既定的目的，否則即使很勤奮，也是徒勞無益的。

克拉根：我也這麼認為，但是聽你這麼說來，覺得這是一件極其繁重的工作啊！

蘇格拉底：以上所談論的各學科都只是入門初步知識，你總不會把算術家稱為辯證法家吧！

克拉根：不會，我還真的沒有見過哪一個算術家富有思想辯證法的功力。

蘇格拉底：如果不能以思想辯證法啟迪人的智慧，那麼也就不會教人以辯證法的智慧，那麼他們還能夠獲得我們所崇尚的高尚智慧嗎？

克拉根：絕對不會。

蘇格拉底：到此我們要稱頌思想辯證法，只有思想辯證法才能引導我們通往至高至善的境地，這一過程與之前講過的視覺能力由黑暗到實在物，再到星月，最後見到太陽本身的認識過程相類似。如果人能夠以思想辯證法，依靠理性的論證，不靠感官的知覺探求事物的本質，日積月累，便可最終獲得對善的本質認識，他在此也就達到了可知世界中最高的認識，就好比眼睛在可見世界中看到了世界上最亮的事物—太陽。

克拉根：你說得很對。

蘇格拉底：這就是思想辯證法，難道你不想這樣稱呼它嗎？

克拉根：應該這樣稱呼。

蘇格拉底：你還記得黑暗之中的囚犯嗎？自從他從桎梏中解放出來後，剛開始只能看水中的倒影，繼而才能看事物在日光下的影像和其他非火光中的影像（火光中的影像比日光下影像更加模糊），進而才能看星辰和月亮這樣的實在物，最後才能去看太陽。這個過程由視力的發展程度決定，人要想看見真理實在，那麼就必須有深邃的思想，而深邃的思想則非得研究我們之前所說的各門學問不可。

克拉根：我贊同你的說法。雖然一方面我很難完全相信你的看法，但另一方面我又覺得駁斥你的看法比贊同你的看法更難。這個問題將來肯定會進一步討論，而不是只提到這麼一次，所以無論今天的答案是對還是錯，我們都可以暫且擱置不論。先認識入門的東西，再進入我們所要討論的主題，詳細論述思想辯證法的性質、種類以及如何能夠通達對真理實在的認識，因為引導人通往思想辯證法的路徑，也是引導人通往智慧圓滿的路徑。

蘇格拉底：也不能全怪你不相信我所說的，我會盡我所能使你明白我的意思，不留遺憾。我想要你看見的是真理實在而不是影像，雖然我不能斷定我所說的全是真理，但我想至少離真理不會太遠吧！

克拉根：是的。

蘇格拉底：我必須重申之前所說的，唯有思想辯證法才能引導人們看見真理實在，也只有學了我們之前討論過的各項學問才能看到它。

克拉根：這也是我所深信的啊！

蘇格拉底：我們也可以確定除此之外，沒有別的什麼途徑能夠看得見真理實在，雖然其他的學科有專門論述人的見解或情欲的，有專門論述人自身結構和生育的，也有某種程度上涉及對最高學識討論的，如幾何學以及一些相關的學科，但是這些學科不能洞見事

物的本質，只能似真似夢地看到過真理實在，因為這些學科只一味地使用假設前提，而不去考察其性質，探究為什麼要使用假設來進行推論。如果假設前提得不到證實和說明，也不知道是否正確，那麼由此推斷出來的結論能夠看見真理實在而不會出錯嗎？

克拉根：那是肯定不能的。

蘇格拉底：因此，只有思想辯證法才是唯一的正確方法，也只有思想辯證法才能不使用假設而達到對第一原理自身的認識，其地位穩固可靠。當心靈的眼睛被荊棘所遮蔽，思想辯證法便能輕易地撥開荊棘，看見陽光。思想辯證法是借助我們之前所談論的一門門學科才具有了這樣的能力，這些學科人們稱之為知識，而事實上不應該稱之為知識，它只是比意見清楚明白些而已，所以我們還是用前面提到過的「理智」來稱呼它。但我們現在面對著尚未解決的重大問題，不必，也沒有時間去斤斤計較於一個名稱。

克拉根：是的，名稱能夠表達那個意思就可以了。

蘇格拉底：沒錯，無論如何我還是滿足於之前用過的名稱來稱呼這四部分。第一部分稱為知識，第二部分稱為理智，第三部分稱為信念，第四部分稱為想像，前兩部分可以合起來稱為理性，後兩部分可以合起來稱為意見。意見是關於生滅變化的看法，所以它是暫時的；理性是關於實在的知識，所以它是永恆的。永恆實在與生滅變化的關係就像是理性與意見的關係，理性與意見的關係又如知識與信念的關係、理智與想像的關係，至於理性與意見裡面更小的部分，以及它們之間的關係，可以暫時不加以談論，因為這又是一個極其困難的問題，跟現在討論的這個問題比起來恐怕有過之而無不及呢。

克拉根：沒錯。

蘇格拉底：你會不會把一個能夠論證萬物真理實在的人稱為辯證法家？如果他不能夠做到，你會不會認為這個人缺乏思想辯證法的高度？

克拉根：對，這是無可否認的。

蘇格拉底：人們對於善的理念的認識也是如此。一個人只有對善的理念做出明白清晰的解釋，而且有著充分理由去論證，並且不是用意見而是用實在的真理經受住一切反對者反駁的，我們才可以稱之為擁有最高學問的人，是真正懂得真善美本身的人。不然，他對善的理念的理解就會恍恍惚惚沒有任何依據，他所知道的也只能是影像而不是實在，而這影像它是來自意見而非知識，這樣的人似乎終身都在打瞌睡，雖然跟別人一起生存在這個世界上，但是他的一生彷彿都是被囚禁在黑暗中，從未看到過太陽。

克拉根：你說得一點也沒錯！

蘇格拉底：假如我們的理想國有一天得以實現，我想你一定不願意城邦中的青年，未來城邦的領袖，也即我們所要撫育和教養的受教者成為政治傀儡，雖然身居高位，卻沒有思想辯證法的修養和學識。

克拉根：哪裡會是我們所願意的啊！

蘇格拉底：那麼國家是不是要透過法律規定一種學問，培養人們在方法論和答辯上的能力？

克拉根：是的，我願意與你共同制定這樣的法律。

蘇格拉底：所以，思想辯證法是各門學科的最上頭，沒有哪個學科能夠和它平起平坐，我想你也不會不贊成這一觀點。那麼，我們理性的學習到了思想辯證法這裡也就達到了學習的最高點，學習課程的問題到此可以告一段落了。

克拉根：我同意。

蘇格拉底：那麼，我們接下來的問題就是你該如何選定這些研習者以及怎麼教。

克拉根：沒錯。

蘇格拉底：你還記得我們之前是如何選擇統治者的嗎？

克拉根：當然記得。

蘇格拉底：很好，那麼我們應該選擇那些具有同樣天賦和品質的人，他必須是堅定、勇敢、善良，並且相貌威嚴，胸襟開闊而性情溫和的人。此外，他還要具有聰明的天性，能夠接受高尚學問的教育。

克拉根：需要怎樣的聰明天性呢？

蘇格拉底：大腦要有很強的領悟力和敏銳的反應力，因為腦力活動遇到困難的時候，人就會憂愁，產生厭倦的心理，這比體育運動中遇到的苦難更為可怕，因為學習中所帶來的勞苦是與靈魂直接相關的，與人的肉體無關。

克拉根：是的。

蘇格拉底：此外，他們還要有很好的記憶力，同時還要好學，具有百折不撓的精神，否則他們就難以忍受腦力上的折磨和肉體上的訓練。

克拉根：除了這些具有天賦的人之外，沒有其他什麼人可以勝任的了。

蘇格拉底：然而，現在研究哲學的人往往不把它當作一回事，這是一個極大錯誤。我之前已經講過，哲學之所以被人蔑視就是因為這個緣故，因為哲學是要由崇拜哲學、適合研究哲學的人來做，而不應該被不合格的人所玷污。

克拉根：請說得仔細些。

蘇格拉底：把哲學當作事業的人，在腦力勞動和體力勞動上都不能有所偏頗，不可以重此輕彼，或重彼輕此，這都是不對的。比如，一個人熱心於體育活動，以及一切相關的體力勞動，而不願意研究學問，也不喜歡和人辯論，或者他專喜愛研究學問，而對體力活動毫無興趣，碰也不愛碰，這兩者都是不合格的。

克拉根：你說得很對啊！

蘇格拉底：研習哲學的人，如果他只是嫌惡故意的欺詐和虛偽，對自己身居的汙濁環境沒有羞恥感，自己犯了欺詐行為，卻以

自己不是故意為惡來自我安慰，只知惡之可惡，不知惡為何物，這樣的人是不學無術之人。他不知道有意為惡和無意為惡都是惡，所以我們說這樣的人在腦力用功上有所偏廢難道有錯嗎？

克拉根：沒有錯。

蘇格拉底：我們在分辨真哲學家上，還應該仔細考察這個人的膽量、節制以及其他所有的美德，如果不考慮這些，個人錯誤地把偽哲學家當作師友，國家錯誤地將品格不完備的人提拔為管理者，這將會給國家和個人帶來極大的不幸。

克拉根：嗯，不分辨清楚，勢必會造成不良的後果。

蘇格拉底：因此，這方面我們不得不留心把關，假如我們所制定的教育和訓練果真能夠挑選出身心健康完備的人，那麼我們也可以無愧於公道，無愧於立法者。如果情況相反，即我們所選出的人都不是我們所想要的人，那麼國家必然會遭受災難，我們對哲學的玷污將會比任何人都要嚴重。

克拉根：這是毋庸置疑的。

蘇格拉底：雖然事實如此，但我想我的這些言論會因過於誠懇而成為他人的笑話。

克拉根：怎麼會這樣說呢？

蘇格拉底：因為我幾乎忘了我們是在玩笑般地討論它，不過是為了相互切磋學問，但在談到哲學受人玷污的時候，我竟然這麼嚴肅起來，怒從心頭起，確實有失體統啊！

克拉根：但我不覺得你有什麼地方不妥。

蘇格拉底：但是我自己在說話的時候，有這樣的感覺，不過這沒有什麼可討論的價值。我們在選擇人才的時候，都沒有考慮年老者，而沙倫⑱卻說人生有許多事到了老年時期才能學，這其實是很不對的。人老了肯定是學不了多少了，就好比人老了肯定是走不了多少路的，發奮用功應該在年輕有為之時。

⑱或譯為「梭倫」，古代雅典的政治家、立法者、詩人。「古希臘七賢之一」。

克拉根：有道理。

蘇格拉底：所以作為思想辯證法入門基礎的算術、幾何以及其他類似的學科都應該在他們年輕時候就學好，但也不能強迫他們。

克拉根：為什麼？

蘇格拉底：因為一個自由的人不應該被強迫去學習，肉體上的強迫訓練對身體不會造成太大傷害，但是智力上的強迫學習對大腦的傷害是明顯的。

克拉根：是的。

蘇格拉底：所以不能強迫孩子學習，他們的教育可以採取遊戲的方式進行，使其能夠在學習中獲得樂趣，你也由此可以觀察他們每個人的天性。

克拉根：很有道理啊！

蘇格拉底：我們之前曾講過，要讓孩子們騎著馬到戰場上親身感受一下戰事。如果戰事不是非常危險，則可以讓他們靠近前線，增長他們的見識，我想你應該也沒忘記吧？

克拉根：當然還沒有忘記。

蘇格拉底：不僅在這方面，在其他事情和功課上，都應該有這樣的練習，在各種練習上表現最敏捷、領悟力最強的人應當被提拔出來。

克拉根：應該在幾歲的時候呢？

蘇格拉底：應當在體育訓練期過後，因為在體育訓練的這二三年期間是專為鍛鍊身體體質而設的，除了睡眠和運動之外，沒有時間去做其他的事情，於其他事上不會有任何的成就，而長時間的睡眠和辛苦的鍛鍊也決定了這個時段是最不適合於學習的。但是在幼年時期，不得不重視體育訓練，所以要挑選人才必須選擇已經完成體育訓練的人。

克拉根：你說得很對。

蘇格拉底：所以，在二十歲之後具有以上各種優點的人，當被

提拔出來接受更高級別的學習，給予更多的學習機會和榮譽，使他們在幼年時候所學的各種知識在長大後融會貫通，探究各知識間的本質聯繫和它們的功用。

克拉根：對，只有這樣的知識才能有用而不被忘記。

蘇格拉底：是的，一個人能夠擁有這種知識便是具有思想辯證法的證明，只有智力最富有的人才能夠吸收最高的知識。

克拉根：沒錯。

蘇格拉底：因此，以上這些天賦條件是我們應該牢記在心的。凡是學習上堅定不移，並且於軍事以及其他各項練習上都能夠表現出矢志不渝的意志的人，我們應當在他們年滿三十歲的時候，在第一次挑選的基礎上進行第二次遴選，選出更具天賦的人才，授予他們更高的榮譽，仔細查看誰不用眼睛、耳朵或其他的感官能夠達到對真理實在的把握。你在這個時候需要特別的謹慎和小心。

克拉根：為什麼？

蘇格拉底：你不知道許多人為思想辯證法帶來許多惡果嗎？

克拉根：什麼惡果？

蘇格拉底：弄思想辯證法的人往往不遵守法律。

克拉根：是這樣的。

蘇格拉底：你會認為他們變成這樣子是最不正當、最不可原諒的，還是認為這是可以原諒的呢？

克拉根：這哪有值得原諒的地方啊！

蘇格拉底：我打個比方吧！假如有一個養子被養在富貴家庭，從小時候開始他身邊就有許多阿諛奉承的人伺候著他，直到成年後他才發現，自己平日叫的父母不是親生父母，但他又不知道自己的親生父母是誰。你試著想想：他知道此事之前和之後對身邊阿諛奉承的人和義父母態度和想法會有什麼不同？

克拉根：還是你試著說說吧！

蘇格拉底：我想在他知道養育自己多年的父母不是親生父母之

前，與對周圍阿諛奉承的人比起來他會更尊敬養父母，在言行上也不去違背養父母的旨意，而在重大事情上更不會不聽養父母的話。

克拉根：這是肯定的。

蘇格拉底：在他知道後，他對養父母肯定沒有以前那麼尊重了，而對周圍阿諛奉承他的人則會比以前多花心思，他會受到他們的影響，逐漸和他們成為一夥。如果這個人的天性不是很正，他便會完全不去關心他的養父、養母。

克拉根：大概會這樣吧，但是這個比喻與哲學家有什麼關係嗎？

蘇格拉底：等我說完你自然就會知道了。我們小時候就已經聽說什麼是正義、什麼是光榮的說法，我們在這些觀念下哺育長大就好比是在父母親的養育下長大一樣，哪裡會有不尊重不服從的道理呢？

克拉根：是的。

蘇格拉底：但在這同時也有許多與之相反的觀點和一些社會上放縱情欲的惡習，這些就好比是環繞於周圍的那些阿諛奉承之人，會使人陷入迷途，只有那些是非明確的人不會受此影響，而能始終尊重一直以來關於正義、榮譽的看法。

克拉根：沒錯。

蘇格拉底：這個時候，人如果被惡習所蠱惑，自問「什麼是正義」「什麼是光榮」的話，就會覺得以前的那些看法是不盡如人意的，再加上如果他在辨論中多次遭到反駁，並被駁倒，他就會覺得所謂的正義、榮譽的東西和不正義、可恥的東西差不多。到了這個程度，你再要他服從正義可能嗎？

克拉根：肯定不可能了。

蘇格拉底：到了這個境地，不會失去本心，習染惡習，放縱自己的人是很少的了。

克拉根：是的。

蘇格拉底：所以，此時一個一直守法的人最終就變為一個違法者。

克拉根：沒錯。

蘇格拉底：這種情況都是研習哲學者最容易犯的，也是最容易被原諒的。

克拉根：也是最可憐的。

蘇格拉底：所以，為了使我們城邦年滿三十歲的公民避免這種可憐的境地，就必須在他們開始訓練思維辯證法的關鍵點上萬分謹慎。

克拉根：沒錯。

蘇格拉底：年紀尚輕的時候讓他們嘗到甜頭，就會擔心過了頭，這是我們在教育孩子的時候不可不特別注意的危險。我想你也知道，在他們能夠運用思想辯證法跟他人辨論的時候，剛開始會將其當作遊戲一樣，覺得好玩，進而會拿它攻擊他人的主張，就像別人用思想辯證法攻擊他的主張一樣，久而久之，就會像幼小的狗碰到東西就去咬。

克拉根：是的，這個比喻再恰當不過了。

蘇格拉底：到他能夠多次在論辨中使用思想辯證法戰敗他人，最後自己也被別人戰敗後，他一定會氣憤地改變已經有的觀點，拋棄之前的看法。到這個時候，不僅是他自己，也是哲學以及與哲學相關的整個事業都會在世人的心中失去名譽。

克拉根：說得極其正確啊！

蘇格拉底：但是年齡稍大的人血氣已定，就不會這麼瘋狂，他們所要效法和追隨的是為真理實在而辨論的思想家，而不是為了辨論而故意去惡意攻擊他人的所謂思想家，所以他們研究哲學便會提高哲學在世人中的名譽，而不是相反。

克拉根：沒錯。

蘇格拉底：所以，我們在這一點上需要萬分謹慎。難道這是無

緣無故說說而已的嗎？難道我們在選擇參與哲學談論的人中，不應該嚴格把關，拒絕一切假冒高尚的不合格之徒進來嗎？

克拉根：當然要嚴格拒絕他們這些人！

蘇格拉底：我們計畫用一倍或兩倍於體育訓練的時間讓他們去學習哲學，在這個過程中，就像之前的體育訓練那樣不用他們去管其他事情，只專心於思想辯證法的訓練，你覺得夠嗎？

克拉根：你是說四年或六年的時間吧？

蘇格拉底：五年應該夠了，五年後，就可以讓他們從事於政治、軍事或其他青年人所應當做的事務，由此他們可以獲得處世經驗，並可以查看他們能否抵擋外來的誘惑，保持內心的平靜。

克拉根：這個階段應該需要幾年？

蘇格拉底：十五年吧！到年滿五十歲，並且於學問和行為上都沒有缺點，我們就可以讓他們自由了，因為這個時期他們的學問已經積澱得非常深厚，經驗也非常豐富，能夠將靈魂轉向上方，注視真理實在本身，並以此作為原型管理他人，這對他們來說已經不是什麼困難的事情了。所以整體來說，人應該以哲學為一生最重要的事業，到年滿五十歲的時候，要出來為國家服務，管理國家，其目的不是要創自己的事業向世人炫耀自己的才華，而是要為國家盡自己應盡的義務。在等到他們培養出來的接班人能夠像他們那樣完備無缺的時候，他們才可以卸下身上的責任交給繼承者，自己可以逍遙自在地過完餘生。國家應該在他們回歸樂土後建立紀念碑，像祭祀神那樣來祭祀他們，如果神許可的話。

克拉根：蘇格拉底啊，你對城邦統治者的描述就像是雕刻家雕刻偶像那樣惟妙惟肖啊！

蘇格拉底：你要知道我們所說的城邦治理者不是專指男性，也包括女性在裡面，因為有些女性的天賦也適合從政，這也是我們已經承認過的。

克拉根：是的，我們本來就允許女子分擔男子的事業。

蘇格拉底：我想你也知道我們的理想國並非純屬空想，而是具有實現的可能性，實現它就只有一條道路，那就是讓真正的哲學家執政，至於人數是一人或多人大可不論，但他們一定不要以權力所帶來的名利為榮譽，而以正義所帶來的名利為榮譽，並且以正義作為唯一的標準衡量和處理一切城邦大小事務，推動城邦向善的方向發展。

克拉根：他們應該如何推動社會發展呢？

蘇格拉底：我們要把年滿十歲的孩子送到偏僻的鄉下，對其進行教育，這樣他們就不會受到父母的生活方式的影響，教育的方法就按照我們已經制定好的學科和制度進行。如此，國家才能在短時間內得以繁榮和昌盛，人民才能在短時間內獲得最大的福利。

克拉根：是啊，這是一條最方便的，也是最好的治國之道。一旦我們的理想國能夠得以實現，其中的一切設施和佈局就是你已經所論及的，我認為你對理想國的描繪可以說已經很完備了。

蘇格拉底：我們關於完美之國和完美之人格的研究已經取得一致的看法，什麼是完美的國家也已經講明，那麼這個國家需要怎樣的完美之人，我想你也不難知道。

克拉根：是的，我已經很清楚了，所以我們對這些問題的討論可以告一段落了。

第八卷 四種政治

蘇格拉底：克拉根啊，我們在這樣的完美國家之中，婦女、兒童、教育都是公有的，無論戰時還是平時，男女做一樣的事情。城邦的統治者必須是最完備的哲學家和最勇敢的軍人，這些難道不是我們之前討論所得出的結論嗎？

克拉根：是的，這都是我們之前取得的一致結論。

蘇格拉底：治理者接受任命後，就要帶著軍人駐紮於我們之前所描述過的營房中，這種營房也是共有的，房內不放任何私人物品和財產，這也是我們之前所贊同的。我想你應該也還沒有忘記吧？

克拉根：是的，即使是人們通常之物，他們也不應該具有，他們所需的都由國家供給，但不可以用金錢來替代。他們作為勇敢的軍人和忠義的衛國者，其唯一的責任便是保護神聖的國家。

蘇格拉底：你說得對，既然這些問題已經解決，那就讓我們回到之前討論過程中所離開的本題吧！只要想想我們是在什麼時候離開本題討論其他的東西去了，或許可以使我們重新回到本題上來。

克拉根：想要回到本題上來並不是很難，在你詳細訴說理想國後，雖然你現在對個人和國家的論述比之前所講的更加詳細和完備，但是你說這樣的國家需要有相應的那種人來治理才是完美的。並且你還假設這個國家的政治制度是正確的，那麼其他國家的政治制度是錯誤的，你還認為其他國家的政治制度有四種，這四種國家政治制度的優缺點以及與之相應的代表人物的優缺點都是值得我們

去考察和研究的。等到個人方面的問題討論完後，彼此在哪些人是最善的，哪些人是最惡的問題上取得一致的看法，然後打算再看看最善人是否也是最大的幸福者，最惡的人是否是最不幸者。這個時候我問你四種政治制度是哪四種，接著派拉麥克與哀地孟德插了進來，然後你又從頭開始講，反覆地討論，直到現在。

蘇格拉底：你的記憶力真是無與倫比啊，一點兒也沒記錯。

克拉根：現在希望你能夠像表演拳術那樣回到之前的位置，並允許我請你以你之前本來想要說的話回答我的提問，可以嗎？

蘇格拉底：我能回到你的問題上來，這本來就是我所期盼的。

克拉根：我想聽聽你所說的四種政治制度是哪四種。

蘇格拉底：回答這個問題不難。第一種是相當於司巴達和克里德的政治，這是人們所廣泛稱頌的。第二種是少數人的寡頭政治，這種政治沒有第一種那麼受歡迎，有許多害處。第三種是平民政治，它與寡頭政治相對立。第四種是僭主政治，這種是最壞的政治制度，與以上三種政治制度都不相同。除此之外你認為還有其他政治制度嗎？你也許會說還有如封地領土之類的政治，以及與之相類似的政治制度，但是這些都是毫無特色可言的，這也是我們希臘城邦和其他城邦所不贊同的。

克拉根：是的，我們是聽過種種離奇的政治制度。

蘇格拉底：你一定也知道不同的政治制度就像不同的性格一樣，人的性格有多少種，國家的政治制度也會有多少種，因為政治制度是由人來建構的，並不是從石頭或木頭中來的，國家狀況怎麼樣，政治制度怎麼樣是由國人的精神品性所決定。

克拉根：是的，政府本來就與人一樣，因為它是被人所造就的。

蘇格拉底：那麼，有五種政治制度，就有五種不同的人類品性了？

克拉根：必然是這樣的。

蘇格拉底：我們之前不是已經承認，哲學家或賢人的政治是最

正義和最善的政治嗎？

克拉根：是的。

蘇格拉底：那麼，下面我們討論較低級的幾種政治制度吧，它們依次為專重榮譽的司巴達類型的政治、寡頭政治、平民政治和僭主政治。現在就請比較一下最正義政治和最不正義政治兩者間的差別，然後就可以知曉最正義的人到底是不是最幸福的人，最不正義的人到底是不是最痛苦的人了。然後就可以進一步決定，我們到底是要走斯拉雪麥格說的不正義的道路，還是信賴我們所提倡的標準，遵守正義，唯正義是從。

克拉根：我們確實應該這樣來討論。

蘇格拉底：為了方便理解，我們還是按照以前的討論模式，先國家後個人，你覺得如何？可以的話，我們就先考察專重榮譽的司巴達類型的政治，這種政治我沒有什麼專名可以稱呼它的，我們暫以豪傑或軍閥政治來稱呼它吧。我們可以先研究這一政府，然後再聯繫這一政治制度考察豪傑或軍閥式的人物。之後，我們再討論寡頭政治與寡頭式的人物，接著是平民政治和平民式的個人，最後我們考察僭主制政治和僭主式個人。討論完這些之後，我們或許就可以給以上問題找到一個圓滿的答案。

克拉根：你的研究方法實在妙極了。

蘇格拉底：我們的第一步應該先查看我們的最好政治，即哲學家或賢人的政治如何轉變為豪傑或軍閥的政治的？因為政治上的變遷必定是由執政者之間的紛爭與叛變所造成的，如果執政者內部團結一致，國家的政治制度是絕對不可能發生動搖的。

克拉根：是的。

蘇格拉底：那麼我們的國家是如何發生動搖的呢？我們的統治者和輔佐者又是如何發生分裂與叛變的呢？你說我們要不要像花滿那樣，祈求神明告訴我們第一次內訌是如何發生的呢？你說神明會把我們看作小孩，用詼諧的語言和嚴肅的態度告訴我們，使我們相

信她的話是真的嗎？

克拉根：她究竟會告訴我們什麼？

蘇格拉底：神明大致會說，一個國家組織得如此完備是很難動搖的，但是一個事物有它的開始必有它的終結，一個社會組織再好也不會是永久的。存在的必然會滅亡，滅亡的必然又重新存在，這是萬物循環不變的大道，沒有哪一事物能夠避免。生長在地上的植物和生活在地上的動物都是正值其應當存在的時期，它的存在期短，那麼它的消亡時期也就短，它的存在期長，那麼它的消亡期也就長。但是即使是最聰明的統治者和最聰明的智者，也難以明白其中的大道，正是因為統治者不明白生死循環的大道的緣故，人在不該生育時節，或未到生育時節卻生育了，還沒有到該擇偶時期，卻為人擇偶。這一行為導致的可怕結果便是會生育出生理或心理不健全的兒女，等到這些兒女長大代替父親或母親執掌國政後，其能力必定比不上父母，必定會怠慢神，繼而會荒廢音樂，最終拋棄體育，於是一國之人都會受其影響而得不到正當的教育。到了這個地步，她們的繼承者就喪失了鑒別種族的能力，即黑西所謂金種、銀種、銅種和鐵種，當鐵和銀混在一起，銅和金混在一起的時候，就會產生不平衡，而一切的爭端就在此產生，種族間的相互仇恨和戰爭也便由此而起。這些便是神明告訴我們國家分裂和動搖的原因。

克拉根：是的，我們將認為神明的回答是正確的。

蘇格拉底：神明當然是不會欺騙我們的，她的回答肯定正確無疑。

克拉根：神明還會說什麼嗎？

蘇格拉底：等到這種爭端發生，就會形成兩種利益集團，銅鐵集團孜孜於利益的追求，看重房屋、金錢等一切財物，而金銀集團本身便已擁有真正的財富，無須外來財物的填充，所以固守美德和傳統秩序。但是，彼此間的相互鬥爭，最終會形成某種妥協，平分財產，把平日的朋友或老師以及一切平日的自由之人和受其保護的

人變成奴隸，讓他們為保護主人而作戰。

克拉根：我認為說得太對了。

蘇格拉底：由此誕生的新政府不就介於賢人政府與寡頭政府之間嗎？

克拉根：沒錯。

蘇格拉底：國家變故的情況一定會是這樣發生的，經過變故後，那麼國家將會是一個怎樣的國家呢？國家又將怎樣運行呢？既然這個政府介於賢人政府和寡頭政府之間，那麼它必定具有兩者的特點，同時又不同於兩者。

克拉根：這是必然的。

蘇格拉底：統治者專門享受榮譽，軍人階層不得從事農業、手工業等活動，不得混雜在一起進餐，統治者要終身接受體育和軍事上的訓練，這些都與賢人政治相似。

克拉根：是的。

蘇格拉底：但是這個政府不敢給予哲學家以權力，這個時候的哲學家已經不是之前純粹而熱情的哲學家了，他們的品質已經發生了改變，變得複雜而不再純粹，人們也不再相信哲學家，寧願選擇簡單而勇敢的人執政。這些人天生好戰，不愛好和平，所以在他們執政後必然會注重軍事，以及一切有關軍事的學問，如軍事韜略等，為永久戰爭做好準備。這便是新政府的最大特點。

克拉根：是的。

蘇格拉底：這些執政者像寡頭政府中的執政者一樣，貪得無厭。他們會以秘密的方法取得財富，並將其藏於私宅，私宅四面圍著城牆像宮室一樣，在裡面肆無忌憚地揮霍以滿足他們的欲望。由於他們的這種欲望和舉動是秘密進行的，所以常常不被人們發覺。

克拉根：極是。

蘇格拉底：我認為他們一方面愛慕金錢，另一方面又沒有光明正大的管道，所以不得不以盜竊的手段剝削他人的錢以滿足自己的

私欲，這是多麼的可憐啊！這種做法於女子背著父母與他人私奔有什麼區別啊！所以，他們所接受的教育不是出於自己內心的願望，而是被時勢和各種利益所驅使，因此也就會忽視音樂，注重體育，因為他們根本不知道音樂是哲學與真理的引導線。

克拉根：沒錯，這樣的政府實在是善惡不分的政府。

蘇格拉底：但這樣的政府有一個非常引人注目的特點，即國人愛爭強好勝，有野心，這是由於其統治者魯莽而好戰的天性決定的。

克拉根：是的。

蘇格拉底：這就是這種國家制度形成的過程。我們所描述的只不過是其大概，但也足夠了，因為能夠知道最正義和最不正義之人的區別就可以了，而無須斤斤計較於其中的小節，但要想詳細地說明各種政治和各種政治下的人，那是不太現實的。

克拉根：是的。

蘇格拉底：與這種制度相適應的人是怎樣產生的呢？他的人格是怎樣形成的呢？他究竟會是一個怎樣的人呢？

哀地孟德：就拿爭強好勝而言，這種人難道不像克拉根嗎？

蘇格拉底：這一點有點兒像，但是另外幾點絕對是與克拉根不同的。

哀地孟德：哪幾點？

蘇格拉底：這種人必定具有自信心，喜愛聽，不喜愛說，學問不深但擁護教育者，對於奴僕則比較粗暴，不能像哲學家那樣公正待人，但他對和他平等的人則能夠遵循禮節，對上級極為服從，極其愛好權利、榮譽、軍事和體育。所以，他們執政不是因為憑藉自己的辨論才能或學問獲得的，而是憑藉自己在軍事上的天賦和才能獲得的，並以此獲得了至上的榮譽。

哀地孟德：沒錯，這種人的特性確實與這種政治相匹配。

蘇格拉底：他們小時候也肯定是不注重金錢的，長大後他的心

日漸貪婪，因為他們的天性中本來就有貪婪，由於其失去最善的保護者，所以他們在長大後難免不能一心向善。

哀地孟德：什麼是最善的保護者？

蘇格拉底：就是有音樂輔佐的理性，人的心由此保護，則人的一生可以沐浴在善德之中，不用擔心了。

哀地孟德：說得很對。

蘇格拉底：這就像寡頭政治下的個人。

哀地孟德：是的。

蘇格拉底：他們具有這樣的人格是由於以下原因。他或是一個勇敢而又具有深厚修養的老者之子，但他所生活的城邦政治混亂，所以他的父親隱居起來不願意擔任職務，不想與貪圖名利之輩爭來爭去，而寧願放棄他的權利，避免無謂的煩惱。

哀地孟德：他的兒子將會怎麼樣呢？

蘇格拉底：他兒子的人格在幼年時期受到母親的影響，因為他的母親會在他面前抱怨其父親在政治上的無能，從而導致自己在婦女之中不被人所重視。她丈夫對公眾場合下的論辯和爭訟不大感興趣，與人爭鬥，遇到不平之事都以和平的方式來處理，只注重自身的身心修養，即使是對自己的妻子也是看得很淡，沒有特別的愛。當她看到這些後，她非常生氣，會經常告訴兒子說他父親沒有男子漢應有的氣概，而且還以婦女慣有的嘮叨責備他的父親。

哀地孟德：這樣的例子確實很多。

蘇格拉底：他家的忠誠老僕人們也每每以這樣的語言告訴他的兒子，假如有欠他父親債務未還的，或有開罪於他父親不去告發的，他們就會告訴他兒子，這是不值得提倡的做法，你長大後可不能像你父親那樣懦弱。因此，在他成人後，這樣的教導已經深入腦海，他在外面看到的情況也確實和家裡的做法不一樣。在這樣的國家之中，人只是為了盡其本分，安分守己的就會被視為愚蠢的人，只有那些熙熙攘攘為爭名奪利而忙碌的人才會為人們所推崇。但是

另一方面，他在家也看到父親的高尚情操和高雅的言談舉止，這些也給他帶來一定的影響，所以在他身上就有了兩種特徵：一方面他會被名利榮譽等誘惑；另一方面又會被他父親的善德所感化，壓抑對前者的追求。兩方面在一個人的心中共同起作用，便會帶來介於兩者間的人格，造成他不重權利而重榮譽的性格和一個爭強好勝的心。他之所以沒有變成一個徹底的惡人，是因為他並不是一個劣根之人，他的病根不過是受到的不良教育的影響罷了。

哀地孟德：你對這一人格誕生過程的描述實在是妙極了。

蘇格拉底：那麼我們對第二種政治和與之相應的個人的描述是不是可以告一段落了呢？

哀地孟德：是的。

蘇格拉底：接下來我該討論再次一級的人格，對此討論應該按照哀思克勒說的，要結合其國家來研究個人。難道我們研究個人，不需要先研究其國家政治嗎？

哀地孟德：當然需要。

蘇格拉底：寡頭政治是少數人的政治或是富裕者的政治。

哀地孟德：這種政治的性質是怎麼樣的？

蘇格拉底：這是少數擁有財產者所操縱的政治，在這樣的政府中，權利集中於富人之手，貧窮者幾乎沒有權利。

哀地孟德：我知道。

蘇格拉底：我是不是應該講一下寡頭政治是如何從注重榮譽的政治中產生的？

哀地孟德：是的。

蘇格拉底：即使是瞎子也會看清楚這個變化是怎麼產生的。

哀地孟德：什麼緣故？

蘇格拉底：私人財產的累積便是破壞榮譽政治的原因，他們非法聚斂財產，揮霍浪費，無惡不作，女人們也跟在他們後面這樣做，到了這個地步，他們自然就藐視法紀，踐踏正義了。

哀地孟德：是的。

蘇格拉底：如此，一個人在成為巨富之後，就會成為眾人愛慕和效法的對象，於是一國之人都成了勢利之徒。

哀地孟德：這是必然的。

蘇格拉底：富人會一天比一天富有，他們對道德的踐踏也一天比一天嚴重。如果把金錢和道德放在天平上，必然是一邊高，一邊低。

哀地孟德：是的。

蘇格拉底：於是城邦中的富人越發被人所尊重，固守善德的窮人越發被輕視。

哀地孟德：這也是必然的。

蘇格拉底：眾人所看重的，追求的人必然會多；眾人所輕視的，必然會被人所唾棄。

哀地孟德：這是很明顯的道理。

蘇格拉底：因此，他們最終必然會忽視榮譽而重金錢，對富人的愛慕一天勝過一天，最後必然會讓富人來執政。

哀地孟德：沒錯。

蘇格拉底：他們然後通過法律規定，只有達到規定財產數目的人才能有執政資格，財產達不到規定數目的，沒有執政資格。這項法律的確立是透過恐嚇的手段實現的，恐嚇無效的就用武力來解決。

哀地孟德：沒錯。

蘇格拉底：這就是寡頭政治的由來。

哀地孟德：那麼這種政治有什麼特點呢？又有什麼毛病呢？

蘇格拉底：首先它的執政資格的設定是有問題的。假設人們以財產的多寡來選擇船長，那麼那些富有航海智慧和經驗的貧窮者就會被拒之門外，你認為這樣會如何？

哀地孟德：你是想說，這船必定會有覆滅的危險，是嗎？

蘇格拉底：是的，人管理事務難道不也是這樣嗎？

哀地孟德：自然會是如此。

蘇格拉底：治理國家除外嗎？或者，也是這個道理？

哀地孟德：哪有除外的道理，治理國家更是如此，因為它比其他事務更難，職位也更重要。

蘇格拉底：難道這不是寡頭政治的最大毛病嗎？

哀地孟德：哪有不是的這個道理呢？

蘇格拉底：此外，這一政治制度還有一個毛病，這個毛病並不比前者小。

哀地孟德：說來聽聽。

蘇格拉底：這樣的國家難免會走向分裂，會分成兩部分：一部分是富人；另一部分是窮人。他們之間會進行著無休止的鬥爭。

哀地孟德：這個毛病確實不小。

蘇格拉底：正因為這個緣故，他們不具備與他國作戰的能力，因為他們不敢武裝人民群眾，怕人民群眾會造反，這使寡頭們更加害怕。但是自己親自作戰的話，人數又太少，畢竟寡頭們是少數，而且他們貪財又吝嗇，不會慷慨解囊以解決軍餉問題，這難道不是他們又一個很大的毛病嗎？

哀地孟德：沒錯。

蘇格拉底：還有，在這樣的國家之中，一個人往往身兼太多職務，他既做農民，又做商人，又是軍人，這不也是一種小毛病嗎？

哀地孟德：確實不是好事。

蘇格拉底：此外，還有一個很大的毛病，或許是所有毛病中最大的，然而卻是這個政府不可避免的。

哀地孟德：是什麼？

蘇格拉底：在這個政府統治下，人人都可以變賣所有財產，人人都可以購買他人所有的財產。等到自己的財產都已賣完，他雖然身居這個城邦之內，卻不屬於這個國家的任何一個階級，他既不是

商人，也不是工人，又不是騎兵和步兵，只不過是一個一無所有的窮苦之人。

哀地孟德：這確實是這個國家所不可避免的缺點。

蘇格拉底：而且這個政府不會去阻止這樣的事情發生，因為寡頭政治下，極端富有和極端貧困都是被法律所許可的。

哀地孟德：是的。

蘇格拉底：而他們這些執政者在富有的時候卻揮霍無度，這哪裡會有益於國家和人民呢？或者你認為他們僅有執政者之名，而沒有執政者應有的擔當，所以他們既非是領導他人的人，又不是被他人所領導的人，只不過一個專門揮霍浪費金錢的人。

哀地孟德：是的，他不過在形式上是一個執政者，但實際上他只不過是一個敗家子。

蘇格拉底：他們對於國家來說難道就不像是雄蜂居於蜂房嗎？一個為害於蜂房，一個為害於國家。

哀地孟德：沒錯。

蘇格拉底：雄蜂天生沒有刺，但人類中的雄蜂則有些有刺，有些沒有刺，沒有刺的便是那些年老而沒有能力的貧苦之人，有刺的是那些犯罪作惡的壞人。

哀地孟德：是的。

蘇格拉底：因此，可以斷定，在哪裡能夠看到乞丐，哪裡就有盜竊及一切作惡之徒藏匿於人群之中。

哀地孟德：很對。

蘇格拉底：在寡頭統治下的城邦，能夠看到乞丐嗎？

哀地孟德：肯定的，除了執政者外，恐怕幾乎都是。

蘇格拉底：那麼是不是可以由此斷定這裡必然有許多踐踏法律的罪犯呢？

哀地孟德：當然。

蘇格拉底：如此，是不是可以說，國家有這樣的公民表明了國

家的教育還不夠好，對人的培養還不夠完備，法律制度還不夠完善呢？

哀地孟德：沒錯。

蘇格拉底：以上所說的種種都是寡頭政治的弊病，這裡所列舉出的只不過是其大概，還沒有涉及其他的細節。

哀地孟德：嗯，是的。

蘇格拉底：那麼，我們關於寡頭政治的研究在此就可以告一段落了，接下來應該研究與政治相適應的個人。

哀地孟德：是的。

蘇格拉底：從軍閥政治個人變為寡頭政治個人，它的轉變歷程難道不是與政治變革一樣的嗎？

哀地孟德：請詳細說來聽聽！

蘇格拉底：軍閥執政者的兒子會效法他的父親，力求在言行舉止上都一模一樣。然而有一天他的父親突然遭遇了失敗，失去了他的所有職位，他本來已經是一個具有很高地位的人，但他一旦失敗被牽入政治糾紛，就會受到公審，而審判者早就有打算，所以最終要麼被流放，要麼被處死，被剝奪所有的公民權利，沒收所有財產。

哀地孟德：這是難免的啊！

蘇格拉底：他的兒子目睹這一變故後，他明確意識到自己是一個不幸的人，覺得榮譽是不可靠的，所以他平日的好勝之心也開始慢慢萎縮。又因為貧苦的緣故，他不得不從事營利之道，到了這地步，他心中固有的好勝之心即使不被利欲之心奪走，也會被其奴役。

哀地孟德：是的。

蘇格拉底：當他的思想和好勝心被利欲之心所遮蔽後，就會以此為原則，致力於研究致富之道，崇拜一切致富手段，將之前的好勝心完全轉移到對金錢的追逐上。

哀地孟德：很有道理。

理想國 The Republic

蘇格拉底：人性變化的速度莫過於從好勝者變為貪財者了，這裡的貪財者不就是寡頭政治中的個人嗎？

哀地孟德：是的，這一人格的由來和它的政治由來是一樣的過程啊！

蘇格拉底：那麼，我們現在就可以看一看這種人格與這種政治的相同之處了。

哀地孟德：好。

蘇格拉底：第一點就是都以金錢作為崇拜對象。

哀地孟德：嗯。

蘇格拉底：第二點，兩者都具有勤奮和吝嗇的特性。個人具有這個特性表現為唯利是圖，不肯有些許的消費，對於其他與謀求利益相違背的欲望則極力壓抑著。

哀地孟德：很有道理。

蘇格拉底：他實際上已經是一個卑鄙而又吝嗇的人，凡是有利可圖的就設法得到它，使其能夠擴充自己的財富，然而這樣的人的特性卻是和他所代表的政府是一致的，所以受到眾人的贊許和崇拜。

哀地孟德：沒錯，總之單從財產這一點來看，其政府和個人的特性是一致的。

蘇格拉底：這樣的人你覺得會有文化教養嗎？

哀地孟德：我想是沒有的，如果有就絕不會崇拜瞎子，選擇瞎子作為領導者了。

蘇格拉底：很對。那麼他們既然沒有文化教養，雄蜂的欲望必然會在他們心中生長開來，這種欲望與乞丐和犯法者的欲望一樣，但只是他們平日是以名譽或職位作為其面具，所以各種犯法行為和各種不可告人的欲望就隱藏得很好。

哀地孟德：你說得極其正確。

蘇格拉底：那麼你覺得能從什麼地方發現他們的惡棍特徵呢？

哀地孟德：什麼地方？

蘇格拉底：從最容易受到欺壓的時候，比如撫育孤兒的時候，你可以仔細觀察他。

哀地孟德：沒錯。

蘇格拉底：他們在眾目睽睽之下的交易上是不敢以欺詐的手段來達到自己的目的的，但會以各種相關的名譽以及一些勉強的道德理由來掩蓋他們實際上的奸詐行為。他們也不是不知道奸詐和犯法是作惡的行為，而是被眼前的利益所惑不得不如此。

哀地孟德：是這樣。

蘇格拉底：凡是具有侵佔他人財產的特徵的人都會有像雄蜂一樣的嗜欲，對嗎？

哀地孟德：是的，一定會。

蘇格拉底：大概說來，這樣的人就像這一制度下的國家一樣，同樣分為兩部分，他的善的部分此時尚且能夠壓制惡的欲念。

哀地孟德：是的。

蘇格拉底：因此，跟其他人比起來他還算是較為可敬些的，但是賢人身上的那種真正的真、善、美在他身上是找不到的。

哀地孟德：確實。

蘇格拉底：又由於他吝嗇貪財的緣故，在軍事上或在別的什麼正當事業上總是不肯盡力去爭取勝利，不肯在這些事上面多花錢，怕自己會養成一種散漫使錢的風氣。因此，他們這些人如果遇到與人爭勝之事，就只肯在上面稍微花點錢，其結果是財產保住了，事情失敗了。

哀地孟德：你說得一點兒也沒錯！

蘇格拉底：那麼，他們這種唯利是圖的個性與寡頭政治的特性幾乎是一致的，這不是已經說得很清楚了嗎？

哀地孟德：很清楚了。

蘇格拉底：接下來我們要討論平民政治的性質和起源，在這一

階段取得進展後，再討論這一政治下的個人性格。

哀地孟德：這是我們已有的研究方法。

蘇格拉底：試著想想為什麼寡頭政治會變成平民政治呢？寡頭政治下最重要的事情就是想一日比一日富有，但這樣的欲望是無盡頭的。

哀地孟德：那麼會怎麼樣？

蘇格拉底：寡頭政治的統治者們既然知道自己的政權是靠財富得來的，那麼他們肯定是不願意透過禁止他人揮霍浪費金錢的法律，只有如此，他們才能從中謀取各種利益，或者直接購買他人財產，如此一來自己的財產就可以不斷擴展。

哀地孟德：沒錯。

蘇格拉底：但是在一個國家之中，崇拜財富和樸素節約最終是難以並立的，兩者必去其一，這是不需要多說就能明白的道理。

哀地孟德：是的。

蘇格拉底：所以，在這樣的政治制度下，一些富裕之家會因為揮霍無度淪為無產的貧民。

哀地孟德：這是常見的。

蘇格拉底：但是這些人依舊居住在這個城邦之中，其中有些負債累累，有些已經失去了公民資格，有些仇視吞併自己產業的富人，種種不滿都在這裡彙集一處，革命的念頭就隨之起來了。

哀地孟德：非常精闢。

蘇格拉底：在這個時候，商人市儈會用欺詐他人的手段騙人，就好比蜜蜂用刺蜇人一樣。他們所使用的利器是金錢，用高利息的貸款方式利誘浪費之徒揮霍財產，最後以債權的名義將貸款方所有的財產收為己有。城中的乞丐和貧民多半是由此而來，更可惡的是，那些富人對此視而無睹，絕沒有一點憐惜之情。

哀地孟德：確實是這樣。

蘇格拉底：這種邪惡的風氣一日勝過一日，但統治者卻不願意

設法阻止，人民又不能自我救贖。

哀地孟德：如果補救的話，要怎麼補救才可以？

蘇格拉底：這個方法雖然不能比透過法律禁止浪費好，但是至少是可以使得公民注意道德，那麼城邦中的一些不正當的營利之道就會減少一半。那就是透過法律規定，貸款人自己承擔風險，這樣一來貸款就會成為一種冒險的交易，人們就會不敢輕易去嘗試。

哀地孟德：這確實是一個不錯的補救方法。

蘇格拉底：但是在這一政治制度下，統治者們都是以謀利作為其終極目的，置人民於水深火熱之中。統治者們的後代和一些富貴之家的後代，都會養成一種奢華放蕩的風氣，整日養尊處優，不用勞心，也不用勞力，所以難以約束自身的放蕩行為。

哀地孟德：是的。

蘇格拉底：他們除了謀取利益之外，沒有其他什麼打算，對人民的熟視無睹，就像貧苦者對道德熟視無睹一樣。

哀地孟德：沒錯。

蘇格拉底：這是統治者和被統治者平日裡的相互關係。但是窮人終會有與富人一起共事的時候，或是在道路上，或是在會場上，或是在旅途上，或是在戰場上，這個時候彼此都會留意對方的行為舉止，他們所處的地位越加危險困難，窮人越不會被富人所輕視。在戰場上窮人習慣於辛苦，富人雖然白白胖胖，但稍微奔波就難以支撐，所以這個時候，富人是絕對不會瞧不起窮人的。窮人在這個時候突然覺悟過來，富人也沒什麼了不起的，他們之所以能夠保住自己的財富，只不過是沒有人敢搶他們的，所以等到窮人和窮人走在一起的時候，他們肯定會說：「在戰場上，這些富人都是無能之輩！」

哀地孟德：是的，我知道會有這樣的議論。

蘇格拉底：不健康的身體即使沒有遇到外來病毒的侵襲，也會因為自身內部的原因而生病，何況還有外來病毒的入侵呢？國家

271

也是這樣。一個柔弱之國難以避免他國的干擾和侵略，他們不僅不能對付這些國家，而且還有內部分裂的憂患，所以這樣的國家即使沒有敵人入侵，有時候也是處於風雨飄搖之中。假如城邦中所有的窮人結為一體，成立一個黨派，所有富人也結為一體，那麼這個國家已經不再是完整意義上的國家，即使沒有外患，也難以維持長久了。

哀地孟德：是這樣的。

蘇格拉底：等到黨派紛爭結束後，如果窮人或平民取得勝利，富人有的會被誅殺，有的會被流放，有的則重獲自由之身，於是平民政治在此得以建立，民主制度在此誕生，這裡的執政者由人民選舉而產生。

哀地孟德：是的，無論他們是透過武力來成立的，還是由於富人的恐懼而被迫退讓的，總之這就是平民政治的一個特徵。

蘇格拉底：那麼，這個政府的性質又會是怎麼樣的呢？如果政府的性質明白了的話，那麼這個政治下的個人性格特徵也就可以明瞭了。

哀地孟德：是的。

蘇格拉底：這個政治既然是由平民所建立，那麼人民不都是有自由的嗎？我是說，不僅是言論和行動上有自由，就是其他一切也都享受自由。

哀地孟德：是的。

蘇格拉底：既然如此，那麼生活在其中的每個人都會按照自己的意願選擇自己的生活，對嗎？

哀地孟德：對的。

蘇格拉底：那麼，在這樣的國家之中，會有各種不同的人格，對嗎？

哀地孟德：這是必然的。

蘇格拉底：這樣的國家就好比是衣服上繡有各種各樣的花，而

人們認為最好看的，婦人和小孩認為最美的服裝，莫過於五彩斑斕的衣服了，普通人也是這樣看待政府的。

哀地孟德：是的。

蘇格拉底：所以，要想建立某一制度，最好要去這樣的國家中去尋找。

哀地孟德：為什麼？

蘇格拉底：因為這裡的極端自由，就像是彙聚一切政治制度類型的市場，各種性質的政治制度都能在這裡找到它的原型，遇到合適的就模仿它去建立自己的政府，因為要建立一個政府不能沒有模仿的對象。

哀地孟德：是的，在這樣的國家中，絕對不用擔憂找不到合適的模式。

蘇格拉底：在平民政府下，人雖然有治理的才能，也沒有必要去為人民服務，如果不願意服從上級命令，就沒有必要服從上級；他人出征打戰，你可以完全不用上戰場；他人要休息，你完全可以吵鬧；想要職位也不受法律的限制，整日悠遊於世外也不會被世俗所鄙視。因此，從短時間看，這樣的生活可謂是令人最羨慕的生活方式了。

哀地孟德：就眼前看的話，確實如此。

蘇格拉底：在這裡即便是罪犯也是過得很自在，那些因犯罪而被判刑，甚至是判了死刑或要流放的人，有時候就像平時一樣，在人群中來去自如，而不被他人所注意，我想你也是看到過的。

哀地孟德：是的，看到過不少。

蘇格拉底：因此，極度的寬容也是這種政治的一大特色。它對我們所要求的那些事情是不屑一顧的，即我們之前談論建立理想國的一些根本要義是不會受到他們重視的。我們之前說，除了極少數人之外，如果從小得不到良好的教育，不在善德的陶冶下成長，是絕不可能會成為一個善人的，他們對於這一真理性的見解也被看作

是無關緊要的。

哀地孟德：這一器量真是不可謂不大啊！

蘇格拉底：這些都是平民政治的特色，由此可知平民政治確實是一種令人羨慕的政治，在這一政治管理下，人人都是平等的，人人都沒有等級上的差別。

哀地孟德：這是由這一政治所帶來的必然結果。

蘇格拉底：那麼，我們就可以由此觀察與這一政治制度相適應的個人性格，並且還可以探究他們性格形成的背後因素。

哀地孟德：是的，再好不過了。

蘇格拉底：他們的父親是很吝嗇的，就像寡頭政治家，所以他們所受到的教育和他們的長輩是相同的。

哀地孟德：是的。

蘇格拉底：那麼他們也會像他們的父親那樣吝嗇，控制一切不能帶來盈利的欲望，因為那些欲望對於他們來說是沒有必要的。

哀地孟德：是的。

蘇格拉底：為了能夠使辨論不走彎路，我們需不需要先給欲望下個定義，分清什麼是必要欲望，什麼是非必要欲望呢？

哀地孟德：正是我所期望的。

蘇格拉底：必要的欲望就是人生而不可或缺的那些欲望，凡是有利於人的欲望都可以稱為必要欲望，因為我們對這些欲望的追求是出於天性，而不是其他什麼。

哀地孟德：沒錯。

蘇格拉底：非必要欲望就是可有可無的那部分欲望，這些欲望對人沒有好處，有時反而帶來害處，如果一個人小時候能夠稍加注意的話，這些欲望是可以戒除掉的。我們稱這些欲望為非必要欲望，我想應該是沒有什麼不恰當的。

哀地孟德：是的。

蘇格拉底：現在我們各舉一例對此加以深入的說明。

哀地孟德：很好。

蘇格拉底：對簡單食品的欲求，難道不是必要欲望嗎？我這裡說的「簡單食品」是指我們為了維持健康身體所必需的那些食品。

哀地孟德：是必要的。

蘇格拉底：所以，人對飲食的欲求能給人帶來兩個好處：一個是有益於身體健康；一個是維持我們的生命存在。

哀地孟德：是的。

蘇格拉底：飲食之欲之所以被稱為必要欲望，是因為它是我們維持生命所不可或缺的。

哀地孟德：你之前已經表明過。

蘇格拉底：那麼，欲望超過這一範圍，追求更可口、更奢侈的東西，不就是非必要欲望嗎？這些欲望對人的身體是有害的，如果能在小時候多加留意，戒除這些多餘的欲望是不難的。

哀地孟德：沒錯。

蘇格拉底：我們難道不可以把後者稱為浪費財物的欲望，把前者稱為生理的欲望嗎？因為前者能夠帶給人健康，有利於生產。

哀地孟德：說得很對。

蘇格拉底：人的其他欲望性質都可以以這樣的方法來加以區別。

哀地孟德：好。

蘇格拉底：我們剛才所說的那些像雄蜂一樣的人物都是專門追逐非必要欲望的人，他們實際是成了這些欲望的奴隸；而我們之前所說的那些像寡頭式人物那樣吝嗇的人，他們則是被必要欲望所主宰的人。

哀地孟德：沒錯。

蘇格拉底：那麼，當一個少年經過寡頭式父親的培養後，他的一舉一動剛開始是效法他的父親，但是一旦與雄蜂式的人物接觸，就會嘗到前所未有的快樂，隨之他整個人也就自然而然地發生了變

275

化。這個時候，寡頭政治的那一套宗旨會漸漸地淡去，平民政治的意識會越來越強烈。

哀地孟德：必然會這樣。

蘇格拉底：這一變化和我們之前說的從寡頭政治到平民政治的變化是一樣的。國家內部分為兩部分後，一遇到外部勢力的挑戰，國家內部就會立刻發生變化；年輕人的內心有兩種欲望：一是必要欲望；一是非必要欲望。當後者受到外在事物的誘導後，這一欲望必然會被極大地激發，進而整個人的個性也發生了變化。

哀地孟德：說得很對。

蘇格拉底：假如這個年輕人具有堅定的寡頭思想，或者是他的父親教育得很嚴，這個人的內心必然會出現矛盾，兩部分欲望會處於相互鬥爭的狀態。

哀地孟德：會的。

蘇格拉底：然而，有時候平民政治成分會被寡頭政治成分擊敗，一切都重新回歸到必要欲望上，心靈內部的矛盾又重新被調和，恢復之前的狀態和秩序。

哀地孟德：偶爾會出現這樣的情況。

蘇格拉底：但是，有時候他父親的不當教育，會使他的非必要欲望重新燃起，而且會日漸放大。

哀地孟德：這也是經常看到的。

蘇格拉底：這些非必要欲望之間會相互聯繫，相互支持，一日比一日繁盛。

哀地孟德：沒錯。

蘇格拉底：等到少年的心靈像堡壘一樣被攻破後，它裡面一直以來的善德、真理、原則都已經消失殆盡，一切非必要欲望蜂擁群起，佔領各個角落。

哀地孟德：這也是難以避免的。

蘇格拉底：於是一切虛偽的、不好的惡習就會在他心中落地生

根。

哀地孟德：沒錯。

蘇格拉底：由此帶來的結果是，少年在眾目睽睽之下，重新回到追求非必要欲望的地方，與充滿肉慾的人結為一夥。這時候，他就像國王閉門不納諫一樣，即使有親朋好友的規勸，或老一輩人的諄諄教導，他都置若罔聞。因為這個時候，他內心的善性部分剛與非必要欲望展開過一場激烈的鬥爭，鬥爭的結果是後者取得了勝利，所以善性中的謙讓被視為愚鈍，並被逐出門外，節制被視為懦弱而被踐踏。不僅如此，他還把節儉和有序的消費視為可恥的低賤之事，不值得一提，因此，善性中的所有美德如節制、謙讓、節儉，都已被邪惡的欲望驅逐出去。

哀地孟德：確實。

蘇格拉底：等到少年的心靈被這些不良的欲望占盡後，其他善的欲望也就被驅除乾淨了。這個時候，驕淫、放縱、奢侈、魯莽等這些不良的惡習就會集於一處，以鮮花和歌聲讚美它們，並且還給它們冠以美名，比如會把「驕淫」稱為「學問」，把「放縱」稱為「自由」，「奢侈」稱為「大方」，把「魯莽」稱為「勇敢」，等等。因此，這個少年已經在無形中經歷了人性的大變革，他的本性到此已經全部失去，從前他以執迷於必要和有利的欲望為光榮，現在他以追逐各種肉慾和一些無用的欲望為能事。

哀地孟德：沒錯，他的性格確實是在無形中發生了很大的變化。

蘇格拉底：等到他的性格變了後，花在必要欲望和非必要欲望的金錢和時間將會一樣多，假如他的善性很幸運地沒有被消滅盡，並且等到他年事稍長，人生經歷較豐富，少年意氣用事時期過去後，或許那些被驅逐的善德會有重新回來的一天，但是即使如此，他也不能將惡的那部分盡數去掉。這個時候，善之性與惡之性、必要欲望與非必要欲望會形成一種勢均力敵的狀態，而他則對此一視

同仁，絕不會偏袒任何一方。

哀地孟德：你說得沒錯。

蘇格拉底：這個時候即使是良言相勸，苦口婆心，他也不會採納任何意見。假設有人多次告訴他，欲望之中有善和惡的區分，善的那部分應當值得人們去尊重，但惡的那部分應當被抑制，他肯定會置若罔聞，說欲望沒有善惡之分，並且還說，沒有什麼欲望是惡的。

哀地孟德：是的，他肯定會這樣說的。

蘇格拉底：所以，他的生活便是整天沉迷於各種各樣的欲望中，並且會想使其都得以滿足。有時候他沉迷於飲酒，醉心於唱歌；有時候他拼命地喝水，禁食減肥；有時候熱衷於體育鍛鍊，但有時卻又什麼事也不聞不問。過了段時間，突然想到哲學，他就去研究哲學，突然又想到政治，他就在一些場合發表自己的一些政治見解，想到什麼就說什麼。如果他看到士兵，突然有了羨慕之情，他就會立即投身軍隊，但一旦想到做買賣，他又會立即離開軍營，從事商業活動，所以他一生既沒有原則，也沒有秩序，因為在他看來，這就是理想中的快樂、幸福和自由。

哀地孟德：是的，他認為他所過的生活就是自由、平等的生活。

蘇格拉底：所以他的生活方式非常複雜，集中了多數人的習性，他的人格就像我們剛才所講的平民政治一樣，具有多面性和複雜性。我們之前還說，各種政治制度的模型都能在這裡找到影子，同樣道理，各種各樣的生活方式都能在他的這種人格上找到影子。

哀地孟德：是的，沒錯。

蘇格拉底：他的這種人格無疑是與平民政治相適用的。

哀地孟德：肯定的了。

蘇格拉底：我們已經說明了平民政治以及與之相類似的個人人格，那麼我們接下來該是研究僭主政治以及與之類似的個人人格了，這是所有政治與人格中最美好的一種。

哀地孟德：是的。我們應當研究它了。

蘇格拉底：我們先看下這種專制性的政治是怎麼來的，我想它是從平民政治產生的，難道不是嗎？

哀地孟德：必然是的。

蘇格拉底：那麼，僭主政治從平民政治轉變而來，是不是就像平民政治從寡頭政治轉變而來那樣子呢？

哀地孟德：請你詳細說來。

蘇格拉底：寡頭政治最注重的莫過於金錢，我說得沒錯吧？

哀地孟德：沒錯。

蘇格拉底：但是這一政治由於對金錢方面永無止境地貪求，拋開其他一切與金錢無關的事業，所以最終導致了失敗。

哀地孟德：真的是如此。

蘇格拉底：平民政治也有優點，但是人們對此優點的追求沒有加以限制，這是它最終走向覆滅的根本原因。

哀地孟德：它的優點是什麼？

蘇格拉底：自由！在這個國家中，自由是最寶貴的財富，所以天性愛自由的人都願意居住在平民政治的國家。

哀地孟德：我聽過這樣的話。

蘇格拉底：正是對自由的過分之愛，導致了對其他事物的冷落，所以平民政治也難以持久，僭主政治就這樣在其中產生了。

哀地孟德：它是一個怎樣的產生過程？

蘇格拉底：在平民政治國家中，自由被過度強調，進而帶來了致命的弊端。在這樣的狀態下，執政者如果對此加以限制，人民肯定會加以譴責，罵他們是腐敗的寡頭分子。

哀地孟德：是的，這也是我經常看到的。

蘇格拉底：那些服從執政者的人會被稱為奴隸或沒有用的人，只有平民像當官的樣子，或者當官的能像平民的樣子的那些人，才會受到人們的敬重和推崇。在這樣的國家中，自由真的能夠得到有

效的限制嗎？

哀地孟德：不太可能。

蘇格拉底：這種無政府的狀態就源於此，剛開始會在私人家庭中滲透，最後會波及動物。

哀地孟德：你究竟想說什麼呢？

蘇格拉底：我不過是想說，在這樣的體制下面，父親必然是和兒子同等的，而且有時候甚至會畏懼兒子，作為兒子則會沒有顧忌地與父親平起平坐，慢慢地就沒有了對長輩的敬畏之心。依附於本國的外國人會認為自己和本國公民是平等的，沒有任何的區別，這些都是極端自由的弊端。

哀地孟德：確實。

蘇格拉底：此外，還有許多弊端。比如在這樣的國家中，老師肯定會畏懼學生，會盡量奉承學生，學生則會藐視教師，沒有一絲的尊敬之心，根本不會聽從老師的教導；老者和少年也是如此，少年會和老者並肩爭論，侃侃而談，而老者也喜歡站在少年的中間和他們談笑風生，因為老者擔心別人說他以老賣老，作威作福，所以不敢不事事都取悅少年的心。

哀地孟德：沒錯。

蘇格拉底：在自由達到極點的時候，男女平等享有一切自由，男女之間的自由也同樣沒有限制，不但如此，即使是花錢買來的奴隸，不管是男奴隸，還是女奴隸，都與主人有一樣的自由。

哀地孟德：是的。

蘇格拉底：如果對這一政治不瞭解的人，或者不是親眼所見，絕對會不敢相信，居然連我們養的那些畜生也比其他國家的畜生享有更多的自由。你見過狗和主人一樣平等的嗎？你見過驢馬可以自由無阻地行走在路上嗎？在這個國家，你就可以看到。

哀地孟德：是的，我在鄉村遊玩的時候就見過這樣的情景，所以我認為你的描述是非常準確的。

蘇格拉底：由於人處於極端自由的狀態，他的靈魂對權威力量的知覺是非常敏感的。凡是他人不贊同他的意見，或者他人稍微勸誡他，他就會難以忍受，甚至會勃然大怒，因此，他們不會將法律看在眼裡，因為他們根本不願意讓法律來管他們，束縛他們的自由。

哀地孟德：這是必然的結果。

蘇格拉底：然而，最具威嚴的僭主政治卻是從這裡誕生的。

哀地孟德：這個政治確實很威嚴，但是它是如何在其中誕生的呢？

蘇格拉底：平民政治的失敗和寡頭政治的失敗都是由於走極端的原因，前者是過度愛自由，後者是過度愛錢，一個事物到了極端必然會走向反面，這是真理，它不僅適用於氣候、動物和植物，也適用於政治。

哀地孟德：是的。

蘇格拉底：所以，國家和個人享受極端自由的時候，其實已經變為極端的專制了。

哀地孟德：這是自然的。

蘇格拉底：因此，僭主政治只能從平民政治中產生，因為極端的專制必然產生於極端的自由中。

哀地孟德：這是不用懷疑的。

蘇格拉底：這個不是我們目前所要討論的重點，我想你現在想要知道的是，平民政治的紛亂是怎麼興起的，為什麼平民政治的失敗和寡頭政治的失敗是相同的，對嗎？

哀地孟德：是的。

蘇格拉底：都是由於懶惰和浪費之徒的緣故。在這些人中，較有膽量的被尊奉為領袖，膽小懦弱的就依附於他們，這些人就是我們之前所謂有刺的雄峰和沒有刺的雄蜂。

哀地孟德：這個比喻甚是恰當。

蘇格拉底：這兩類人不論是在寡頭政治國家，還是在平民政治國家中都存在，他們實在是國家的禍根。他們對於國家就像是人身上的疔瘡，所以善於治理國家的人處理這些人就像醫生治療疔瘡，蜂王驅逐雄蜂那樣嚴肅而有效地處理掉。如果他們在城邦中有了根基，就要想辦法盡快將其驅逐，越快越好。

哀地孟德：沒錯。

蘇格拉底：我們現在將平民政治國家中的公民分為三類，以便能夠讓我們更加清晰地闡述平民政治失敗的原因。第一類就是雄蜂之徒，因為極端自由的緣故，這些人在平民政治中比在寡頭政治中要多得多。

哀地孟德：是的。

蘇格拉底：這些人在平民政治國家中的危害特別大，因為在寡頭政治下，這群人是被他人所輕視的，沒有掌握權力的機會，所以它的危害也就小很多。但是在平民政治國家中，掌握權力的幾乎都是這些人，其中比較強悍的去奔走演說，其他的則同聲附和，所以他人反對的聲音也就難以開口，所以幾乎所有的事物都是操縱在他們手裡。

哀地孟德：太對了。

蘇格拉底：第二類則與第一類完全不同。

哀地孟德：是怎麼樣的人呢？

蘇格拉底：是那些有節制和有秩序的人，正因為他們的節制和秩序使他們成為城邦中最富有的人。

哀地孟德：這是自然的。

蘇格拉底：但是為他人所吞食的也是這部分人，他們所處的地位就像蜂房中為雄蜂供給蜜汁的那些蜜蜂一樣。

哀地孟德：是的，自己不能獨立就只能依賴他人。

蘇格拉底：所以富人是雄蜂賴以生存的基礎。

哀地孟德：沒錯。

蘇格拉底：第三類就是平民，這部分人自力更生，生活困難，但是一旦彙集在一起，人數最多，力量也是最大。

哀地孟德：這是當然的，但是沒有利益可圖，他們是不會輕易聚集在一起的。

蘇格拉底：難道他們真的沒有利益可圖嗎？他們的領袖會奪取富人的財產，將大部分留給自己，然後把殘羹剩飯分給其他的人。

哀地孟德：是的，其他一般平民確實不如他們的頭頭多。

蘇格拉底：那些被搶奪了財富的富人，為了保護自己的財產就會不得不竭力與平民抵抗，不是嗎？

哀地孟德：除此之外，也沒有別的方法了。

蘇格拉底：這時，這些富人即使沒有改革政治的意圖，但這個時候卻會被污衊為贊成寡頭政治，專與平民為難的不良分子。

哀地孟德：這是必然的。

蘇格拉底：等到這些富人看到平民始終是不能和他們和平相處，又整天擔心自己的財產會被奪走，於是他們不得不轉而支持寡頭政治。實際上，兩方的矛盾和決裂一半是由誤會所致，一半是由平民領袖的挑撥所致，而富人之所以有革命的舉動，實際上是受了帶刺雄峰們的慫恿，並不是他們的本意。

哀地孟德：你說得沒錯。

蘇格拉底：於是兩方相互污衊，相互訴訟，相互審判。

哀地孟德：沒錯。

蘇格拉底：在平民這面，肯定有一個帶頭擁護平民政治的人，此人必會受到眾多平民的擁護和愛戴。

哀地孟德：是的。

蘇格拉底：這就是僭主政治的來源，剛開始的時候它是以擁護平民的姿態出現在歷史的舞臺上。

哀地孟德：是這樣。

蘇格拉底：他是如何從一個保護者的角色變成僭主的呢？他的

行為不就像崖開提[69]賴徐烏廟中的故事嗎？

[69]希臘地名。—譯者著。

哀地孟德：這是個什麼故事？

蘇格拉底：這個故事是說，凡是在祭祀中，吃了祭品中的人肉必然會變成狼，你聽說過嗎？

哀地孟德：之前聽說過。

蘇格拉底：擁護平民的領袖便是如此。既然有許多平民依賴其智慧，他怎麼能控制得住自己不去殺害本國的不聽他使喚的人呢？他透過污蔑、陷害等卑鄙的手段，將人殺害，或者將其流放，土地被他給剝奪，財產被他侵佔。他的行為最終導致兩種可能的結果，不是被敵人所滅，就是他滅了所有的敵人，成為像狼一樣的獨夫。

哀地孟德：這也是必然的結果。

蘇格拉底：這不就是號召平民起來反對的領袖嗎？

哀地孟德：是的。

蘇格拉底：假設他一時間被富人所驅逐，等到他恢復原有的勢力，將仇敵制服後，那麼他的專制地位不就比之前更加鞏固了嗎？

哀地孟德：沒錯。

蘇格拉底：要是富人們沒有能力將他驅逐，又無法將其送上法庭，置於死地，他們會不會實施暗殺行動呢？

哀地孟德：必然會的。

蘇格拉底：這個時候，任何一個僭主都會借此機會，向人民要求組織一支保護衛隊，他的理由會是「為了保護人民領袖的人身安全」。

哀地孟德：會是這樣的。

蘇格拉底：我想平民會極力贊成他的，因為這個時候，在平民心裡領袖的生命比自己的生命更加重要和寶貴。

哀地孟德：確實會這樣。

蘇格拉底：假設此時有個富人被污蔑為仇視平民的公敵，這

個富人肯定會「飛快逃跑，不敢休憩片刻，不怕他人笑他膽怯、儒弱」。

哀地孟德：是的，這次能夠逃出去的話，就不會再次擔驚受怕。

蘇格拉底：要是被國人捉住的話，他就必死無疑。

哀地孟德：是的，必死無疑。

蘇格拉底：這個時候，所謂平民的保護者已經透過平民的力量除盡一切反對者，竊取國家最高權力，立於萬人之上。此時他還會是平民的保護者嗎？他已經變成了一個十足的僭主獨夫，一個真正的獨裁者。

哀地孟德：沒錯。

蘇格拉底：我們是不是要看看這個人的幸福和這個國家的幸福情況呢？

哀地孟德：應該察看一下。

蘇格拉底：在剛開始擁有權力的時候，他溫和謙恭，滿臉堆著笑容，待人接物無不以禮相待，於公於私都能做到言而有信，負債的窮人他會設法免去其債務，貧困者則予以分配土地。總之，這個時候對於國人的請求他無不周全，其所言所行絕對難以跟僭主獨夫聯繫在一起。

哀地孟德：是的。

蘇格拉底：等到一切外患都被平息，或由於透過合約達成一致的共識後，他會設法挑釁與他國開戰，因為只要一打仗人們自然就需要有一個領袖。

哀地孟德：沒錯。

蘇格拉底：他挑起戰爭的目的不僅是為此，他知道只要一開戰人民就會因為負擔軍費而變得貧困，便會整日奔勞於謀生，那麼人民也就沒有閒暇的時間去顧及造反和革命的事情了。

哀地孟德：是的。

蘇格拉底：假設有一個酷愛自由的人，對他的這一切產生了懷

疑，他就會借敵人之手將其除去，這也是戰爭給他帶來的一個好處之一。正因為這些利益的驅使，他甚是喜歡與他國開戰，成了一個好戰之徒。

哀地孟德：說得極其正確。

蘇格拉底：這樣做，時間久了，他必然會失去人心。

哀地孟德：這是肯定的。

蘇格拉底：所以，政府中的一些執政者與之前擁戴他的人，會在私下議論，有的會良言相勸，有的甚至會當面批評他的所作所為。

哀地孟德：這也是意料中的事。

蘇格拉底：如果他還想繼續維持他的僭主地位，他必須想盡一切辦法剷除這些人，因為如果有智慧的人做他的敵人，他肯定不能肆無忌憚地做他想做的事。

哀地孟德：是的。

蘇格拉底：所以，為了自己的專制統治，他不得不多個心眼留意誰最勇敢，誰最有智慧，誰具有大志，誰擁有大量的財產，然後想方設法將他們盡數除去。

哀地孟德：這也是他不得不做的。

蘇格拉底：至此，國中已經被他重新清洗了一遍，但他的清洗和醫生對身體的清洗不同，因為醫生洗去的是身體上污垢和無用東西，而僭主則正好相反。

哀地孟德：他想要獨裁的話，這也是不得不做的。

蘇格拉底：但他的人生只有兩種路可走：一是與惡人為伍，被國民所厭惡；二是死。

哀地孟德：是的，到了這個地步他就只有這兩條路了。

蘇格拉底：國民越是厭惡他，他就越需要龐大的衛隊，對衛兵的忠誠度也要求越高。

哀地孟德：是的。

蘇格拉底：那麼誰會是他的忠誠者呢？他們又會從哪裡來呢？

哀地孟德：以金錢作為誘餌，還怕沒有人嗎？

蘇格拉底：沒錯，這些人就像雄蜂一樣到處都有。

哀地孟德：是的。

蘇格拉底：他難道不想在自己的領土上得到這些忠誠的衛士嗎？

哀地孟德：怎麼個得到法？

蘇格拉底：他會奪取人民的奴隸，並將他們釋放，授以警衛之職。

哀地孟德：是的，這些肯定會獲得比他人更好的待遇。

蘇格拉底：是的，你看這個暴君的幸福如何呢？他誅殺早期支持他的擁護者，最後他只能信賴和依靠這些人。

哀地孟德：是的。

蘇格拉底：這些人都是城邦中的新公民，是他賦予這些奴隸以新的生命。

哀地孟德：是的。

蘇格拉底：但是自古以來的悲劇都讚揚這些人是極其聰明與智慧的人，於是人們就認為悲劇是帶有強烈政治色彩的作品，這方面歐里庇得斯是最有代表性的了。

哀地孟德：為什麼他是最有代表性的？

蘇格拉底：因為他曾說過「與有智慧的人為伍的僭主必定是聰明的君王」。他這句話的言外之意便是說，凡是與僭主為伍的人都是聰明的人。

哀地孟德：他還說過僭主是神聖不可侵犯的，諸如此類的話他說過很多遍，其他詩人中支持這一說法的也不少。

蘇格拉底：是的，我想像他們這樣聰明的人一定會原諒我們建立理想國，並且也一定會原諒我們不讓他們進入我們的國家，因為他們讚美、擁護僭主制度。

理想國 The Republic

哀地孟德：有他們那樣智慧的人哪能不會原諒我們啊！

蘇格拉底：我想他們會周遊列國，憑藉他們的能言善辨，悅耳動聽的言語，鼓動暴民，使他們向僭主政治或平民政治靠攏。

哀地孟德：是的。

蘇格拉底：為此他們會得到相當可觀的報酬和榮譽，鼓吹僭主制度他們得到的最多，其次是鼓吹平民政治。但是在政治上他們爬得越高，他的名譽就越壞，就像登山者一樣，爬得越高就越氣喘吁吁，最後便無力再往上攀登了。

哀地孟德：你比喻得很對。

蘇格拉底：這些都是題外話，我們言歸正傳，看看僭主是如何維持他那龐大而變化不定的衛隊的。

哀地孟德：假設城邦中有公共財產或屬於神廟的財產，他肯定會將其占為己有，以供養他的衛隊，假如這些財產足夠的話，人民的負擔就會減輕許多。

蘇格拉底：假如這些不夠，那他會怎麼辦呢？

哀地孟德：那麼，他和他的衛隊就要全靠他父輩的財產來維持了。

蘇格拉底：你是說，他和他的那些衛隊要靠平民來養活了嗎？

哀地孟德：是的，他不得不如此。

蘇格拉底：假設人民聽了之後大怒，說兒子已經成人不應該再依賴父親，而應當贍養父親才是公道。父親養育兒子不是為了供奉兒子，受兒子擺佈，而是希望兒子能夠保護他，不受富人貴族的侵犯和虐待。現在，他的所作所為與之正相反，所以人民不得不下令讓他離開城邦，就像父親驅逐不孝子一樣。

哀地孟德：是的，到這個時候父親才看清自己花費了大部分心血撫養的兒子，是這麼一個邪惡的人，但此時想要去除這個強悍的兒子已經不是易事，因為他現在的實力遠遠勝過了他的父親。

蘇格拉底：你的意思是說，到了不得已的時候，他將會有強硬

的舉動，他會鞭撻他的父親嗎？

　　哀地孟德：是的，他會先奪取人民的武裝。

　　蘇格拉底：所以，他是個父之徒，不照顧老人的兇惡之人，這樣可以說是真正的僭主專制了。人民原本想打倒對極端自由不利的人，卻陷入了極端的僭主專制之中，而那些極端自由的平民此時卻成了可憐的奴隸。

　　哀地孟德：說得沒錯。

　　蘇格拉底：我們是不是對僭主政治的本質，以及平民政治如何轉變為僭主專制的過程論說得很充分了呢？

　　哀地孟德：是的。

第九卷 正當政治與不正當政治的樂趣

蘇格拉底：僭主政治已經說明了，那麼接下來應該討論與這一政治相類似的人格了，我應當進一步研究這種人格是怎麼形成的，這種人生是快樂的還是不快樂的。

哀地孟德：對，這是我們所剩下的問題了。

蘇格拉底：我們之前有一個問題，我們還沒有給予回答，你還記得嗎？

哀地孟德：什麼問題？

蘇格拉底：即欲望的性質以及它的種類問題。這個問題我們之前還說得不夠清楚，只有把它說清楚了，我們才能將僭主式的人格說得透徹明白。

哀地孟德：既然如此，我們現在來解決這個問題也不遲啊！

蘇格拉底：是的，我記得當時想要說明的是，欲望之中有非必要欲望，它是被視為違法的，但是人的身上都會有這種欲望。只有法律才能抑制它，使善的欲望得以舒展，也有不能完全抑制住的，而僅僅是善的那部分佔據上風，邪惡的人則正好相反。

哀地孟德：你是指哪些欲望？

蘇格拉底：即在理性和約束力最弱的時候活躍起來的那些欲望。這些欲望像野獸想要享受鮮肉一樣，咆哮若狂，不達目的誓不甘休的樣子。這個時候，節制、謙遜等美德都被其所控制，一切罪惡都有可能發生，比如親、亂倫等大惡都在這個時候毫無顧忌地發生，總之，此時的人會無惡不作。

哀地孟德：說得很對。

蘇格拉底：但在人身心都健康的時候，心中只有高尚和純潔的思想，理想或明辨力在這時候是絕對不會放棄自身的責任，任邪惡的欲望大肆猖獗。它會先讓基本欲望得以滿足，但不會使其過度，從而擾亂其他欲望，只要能夠使這部分欲望在人研究事物的時候不來擾亂就可以了。人的基本欲望安頓好後，接著就是以修養的功夫撫平暴怒的性情，使這部分欲望無從施展。等到這兩部分都得到安頓後，再振奮理性精神提升明辨力，那麼人就可以親近真理，遠離非法的欲望了。

哀地孟德：我認為也是這樣。

蘇格拉底：以上說的其實離開主題了，我說這麼多只是想說明，人都有豺狼之性，它會在我們的理智最弱的時候出來活動，即使是善良的人，有時候也難以避免，你說對嗎？

哀地孟德：我認為完全正確。

蘇格拉底：接著讓我們來看看平民式的人格怎麼樣。他們是由貪財而吝嗇的父親培養出來的，其教育不外乎關於如何賺錢和節儉，其他一切像娛樂或遊玩等都會被視為非必要欲望加以痛　。

哀地孟德：是的。

蘇格拉底：當他遇到對欲望沒有節制的人，他又會生出羨慕之心，不滿意父親的教導，進而變為一個極其放蕩的人。畢竟他的本性不同於他的那些同伴，所以在過了一段時間後，他能夠覺悟到父親的教訓是有道理的，於是他就對兩方面的欲望都不偏袒，保持中立的態度。他自以為這樣子就可以在各種欲望上做到不偏不倚，達到中庸。於是他就從寡頭式人物變成了平民式人物了。

哀地孟德：是的，這是我們一致的看法。

蘇格拉底：白駒過隙，很快他也有了兒子，你說他會像他父親那樣將自己的主張和看法教給兒子嗎？

哀地孟德：這是肯定的。

蘇格拉底：由此我們就可以知道他的遭遇必然會和他父親相同。他肯定跟從極端放蕩的同伴們，他們將其稱為完全自由。這個時候，他父親和朋友肯定會極力勸誡他，使他的行為能夠合於中庸之道，但他那些作惡多端的夥伴們會盡力慫恿他做一些非法的事情。等到他們看到這個少年的父親勢力不是很大，不能事事都能操控，所以就盡量激發這個少年心中最邪惡的欲望，使其能夠成為眾欲望中的領袖，因為這個欲望是很可怕的，它就像是一個萬惡的帶刺的雄蜂。你說我的這個比喻恰當嗎？

　　哀地孟德：不這麼比喻還真難以形容它。

　　蘇格拉底：這一欲望一旦被激發，其他有害的欲望就會蜂擁而起，各個張牙舞爪，以其為中心，就像群蜂在蜂王四周飛鳴，保護它們的王。久而久之，它會像著了魔似的，瘋狂地洶湧澎湃，做出一些匪夷所思的舉動。假設此時善的教育或羞恥感還存留於心中，也很快會被消滅殆盡。

　　哀地孟德：是的，僭主式人格本來就是如此。

　　蘇格拉底：自古以來都說愛情就是專制暴君，也就是這個道理。

　　哀地孟德：是的。

　　蘇格拉底：就像喝醉了的人，不也具有專制暴君的性格嗎？

　　哀地孟德：沒錯。

　　蘇格拉底：人往往在頭腦不清醒或處於癲狂狀態的時候，會認為自己不僅能夠治理人，而且還能治理神，難道不是嗎？

　　哀地孟德：是的。

　　蘇格拉底：由此我們可以知道僭主式的性格是怎麼形成的了。這種人的性格的養成是因為他完全被酒色等嗜欲所奴役，這些嗜好之所以能夠奴役他，還是因為他的本性就近乎惡，或者他的習慣就一直如此，或者是兼具兩者而使然。

　　哀地孟德：必然是這樣。

蘇格拉底：以上說了這種人物的起源和他性格形成的整個過程，那麼接下來，我們是不是要看看他的生活方式如何呢？

哀地孟德：是的，也請你詳細說來。

蘇格拉底：在我看來，當一個人的靈魂被戀愛式的激情完全控制的時候，他就會鋪張浪費，縱情聲色，狂放不羈，其他一切欲望都會受其支配。

哀地孟德：這是必然的。

蘇格拉底：這種欲望會日生夜長地生出許多欲望來，這就需要許多東西來滿足它們，這是多麼可怕的啊！

哀地孟德：是啊！

蘇格拉底：即使他很富有，也很快會揮霍一空。

哀地孟德：然後就是抵押自己的財產和借貸了。

哀地孟德：這是勢所必然的。

蘇格拉底：等到他所有財產都花光了，而他心中的那些欲望卻像嗷嗷待哺的雛鳥，哀鳴求食。他在激情和其他欲望的刺激下，難道不會像發了瘋似的做出難以想像的舉動嗎？難道他不會睜大眼睛看哪些人可以欺負，哪些人的財產可以搶奪嗎？

哀地孟德：這也是勢所必然的。

蘇格拉底：總之一句話，他需要的是金錢，否則他就難以避免痛苦的折磨。

哀地孟德：是的。

蘇格拉底：在欲望一天比一天多的情況下，新增的欲望肯定比舊有的欲望要強烈，甚至可以取而代之，因此，雖然是個晚輩，他的財產也比他父母的多，但是他消耗卻更快，等到他消耗完了自己的財產後，必定會去奪取他父母的那部分。

哀地孟德：自然會是這樣。

蘇格拉底：如果他的父母不肯，他肯定會先用欺騙的手段來騙取父母的信任。

哀地孟德：無疑的。

蘇格拉底：如果這也行不通，那麼他就剩下搶奪了。

哀地孟德：是的。

蘇格拉底：假設他父母不從，稍加抵抗，你說他會不會採用暴力的手段呢？

哀地孟德：肯定會的，我真替他父母感到不幸。

蘇格拉底：對於漂亮的娼妓正常人本來就不會太過理會，而他竟會被她迷惑，將其帶到家中，還會因此責　他小時候須臾不可離的慈愛之母，有時候會因為自己迷戀毫無相關的妙齡孌童去鞭打自己年邁的老父。

哀地孟德：是的，這樣的人確實有。

蘇格拉底：哀地孟德啊，有這樣的不孝之子，他的父母的生活會怎樣啊？

哀地孟德：真是難以想像啊！

蘇格拉底：這樣的人剛開始搶奪父母的財產，等到都花費完後，他心中的各種邪惡欲望則如雛鳥發出哀鳴，乞求餵養，接著他就不得不開始盜竊他人的財物了。他或者會在夜裡盜竊，或者會搶劫路人，或者會盜取神廟中的財物。此時他小時候的善德與明辨是非、分辨善惡的能力都已經被邪惡的欲望所控制，而這些邪惡的欲望擁戴的不是理性而是戀愛式的激情，它自命為其他欲望的保護者，不容許其他異端進入。當他生活在平民政治下，他尚且能夠聽從父親的教訓，服從法律，他的這些邪惡欲望只有在夢中才會出現，或在善德非常薄弱的時候，才會偶爾出現，但是現在在被戀愛式的激情完全控制後，竟然會在光天化日之下將夢中的邪惡欲望變成現實。這大概是因為，他的整個靈魂被戀愛式的激情所主宰後，事事都會聽從它的指揮，其餘一切邪惡欲望也會在此時過來附和，於是殺人放火，無惡不作，其情形就像國家被僭主所統治一樣，因為僭主暴君也是依靠罪大惡極的行為來維護自己的地位以及他的附

和者。他的這些邪惡欲望一部分是來自於外部，受邪惡之人的影響和激發，一部分是來自內部，是他天性中所具有的。這不就是他現實的生活狀態嗎？

哀地孟德：沒錯。

蘇格拉底：假設這個城邦中，這樣的人為數不多，都是德性良好之人，那麼這些少數之人就會去其他僭主專制的城邦，成為那裡的雇傭兵，助虐出戰。如果沒有這樣的機緣，那麼他就會在本國之中做一些小惡。

哀地孟德：會是哪些小惡呢？

蘇格拉底：比如坑蒙拐騙啊，造謠污蔑他人，等等。

哀地孟德：即使這些人不多，作惡也小，但是要是多起來的話，那也不小了。

蘇格拉底：是的。大與小不過是相對而言的，這些小惡雖然比不上僭主暴君的所作所為，但是一旦人數多起來，就會形成一股強大的勢力，再加上無知的平民又從中附和，於是他們會舉薦其中性情最接近僭主暴君的人為他們的領袖。

哀地孟德：確實，也只有與暴君品性相近的人才可以做他們的王。

蘇格拉底：人民要是聽從他的話則好，要是拒絕的話，他就會以之前對付父母的手段來對付人民。凡是人民之中有附和者，則將他們招納過來，給予厚待，這是邪惡欲望和情欲所帶來的可怕後果。

哀地孟德：沒錯。

蘇格拉底：在還未獲得權位之前，他們與一些阿諛奉承的附和者為伍，他們要是有事求別人的話，會以低三下四的姿態表達自己的友誼之情，但當他們達到了自己的目的後，則掉頭就走，不再理睬。

哀地孟德：這些人的行為本來就是這樣。

蘇格拉底：所以，這些人不是暴虐別人的主人，就是被他人所鄙視的奴僕，從來不會和別人交朋友，因此，暴君們也無法體會到自由和友誼的樂趣。

哀地孟德：這是肯定的。

蘇格拉底：如果之前我們對正義的定義是正確的，那麼我們關於非正義的描述不是極其正確嗎？

哀地孟德：是的，非常正確。

蘇格拉底：這些惡人的行為可以用一句話來概括它，在別人善德最薄弱的時候所幻想的事情他們沒有一樣做不到的。

哀地孟德：確實。

蘇格拉底：這種接近於暴君本性的人，執政時間越長，他的專制事業就越加完備。

克拉根（這時插進來說）：這是必然的。

蘇格拉底：那麼這樣看來，最惡的人不是最可憐、最痛苦的人嗎？執政時間越長的暴君不也是受苦最久的人嗎？當然，常人也許不是這麼認為。

克拉根：確實是這樣。

蘇格拉底：那麼專制人格的人不就像專制政治的國家嗎？平民人格的人不就像平民政治的國家嗎？其他人格的人與國家便可以以此類推。

克拉根：是的，沒錯。

蘇格拉底：國家與國家之間的比較應該以是否具有善德和幸福為標準，人與人之間的比較難道就不是如此嗎？

克拉根：當然如此。

蘇格拉底：那麼讓我們以我們理想中的國家與僭主專制的國家做一個比較，前者是賢明的王，後者是專制暴君，讓我們看看這兩個國家的德行如何。

克拉根：肯定是一個最善，一個最惡，正好相反。

蘇格拉底：這是無疑的，但你能斷定這兩個國家在幸福的問題上也是正好相反的嗎？最好在判斷之前，不要只看僭主一個人和他的少數隨從，這樣會難以給出準確的判斷，我們應該深入地觀察他的整個城邦，然後才可以在眾人面前述說各自的意見。

克拉根：這個路徑甚好，但我總覺得僭主專制政治是最惡的，賢人的政治是最善的，我想有識之士都是這麼認為的。

蘇格拉底：瞭解一個人的人格需要十分周密的觀察，其觀察者必須是一個頭腦清晰、目光敏銳，能夠看破一個人的內心世界的人，只有這樣的人才可以勝任。因此，我們所要求的觀察者不應該像一個小孩，看到這個人的莊嚴外表就被其所迷惑，而且這個觀察者還需要曾經與僭主朝夕相處過，瞭解他的日常起居行為，熟悉他的家庭生活，看到過僭主在國家或公民面臨危險時候的表現，只有這樣的人他才能明白地告訴我們僭主的人格與其他類型人格的不同，以及他是幸福的還是痛苦的，如此我們才可以深信。

克拉根：再正確不過了。

蘇格拉底：我們是不是有這樣的判斷能力呢？我們是不是也曾和這樣人格的人接觸過呢？如果是的話，那麼我們可不可以擔任這一任務呢？

克拉根：哪有不可以的道理？

蘇格拉底：但不要忘記國家與個人性格之間都是相似的，我們在判斷的時候，這兩者可以同時並舉，希望你能以你的所見來告訴我。

克拉根：你說的是什麼意思？

蘇格拉底：就先說國家吧！僭主統治下的國家是自由的，還是被奴役的呢？

克拉根：當然是被奴役的。

蘇格拉底：但這一國家中的自由之人還是有的。

克拉根：是的，但是很少，基本上是被奴役的，其中最優秀的

那部分人更加不幸。

蘇格拉底：個人的人格既然與國家相同，那麼他本人也是同等情況。他內心盤踞著各種邪惡的欲望，其中最善、最有理性的那部分被奴役和壓迫著，其中有一小部分的邪惡欲望卻扮演暴君的角色統治全域，所以，這一小部分欲望是所有欲望中最壞、邪惡的。

克拉根：確實。

蘇格拉底：你認為這個人的心是自由的，還是被奴役的呢？

克拉根：在我看來，這是一顆被奴役的心。

蘇格拉底：那麼，受暴君所統治的國家也是絕對沒有自由可言的了，對嗎？

克拉根：是的。

蘇格拉底：那麼，被專制欲望所束縛的靈魂也是沒有什麼自由的咯？因為它如果想要走出去，終會被惡念所困，從而使它感到極其的痛苦。

克拉根：這是必然的。

蘇格拉底：那麼，你說專制下的國家，是貧窮的，還是富有的呢？

克拉根：當然是貧窮的。

蘇格拉底：所以，被專制欲望所主宰的人，必然是貧窮的，苦於不滿足的。

克拉根：是的。

蘇格拉底：這樣的人和這樣的國家難道不是經常處於恐懼和憂慮之中嗎？

克拉根：是的。

蘇格拉底：其他制度的國家會比這個國家有更多的痛苦、憂患、怨恨、悲傷嗎？

克拉根：肯定不會有。

蘇格拉底：個人也是如此，專制暴君的痛苦勝過其他一切邪惡

的人。

克拉根：沒錯。

蘇格拉底：綜上所述，你不認為最不幸的城邦就是僭主專制下的城邦嗎？

克拉根：沒錯。

蘇格拉底：那麼，你覺得僭主式個人會是怎麼樣的呢？

克拉根：應該是所有人中最痛苦的了。

蘇格拉底：我料到你會說錯。

克拉根：怎麼錯了？

蘇格拉底：我認為最痛苦的人不是他。

克拉根：那會是誰？

蘇格拉底：最痛苦的應該是僭主式人格的人，而且他還要不幸地成為一國的僭主暴君。

克拉根：根據以上的推論，你說的確實沒錯。

蘇格拉底：這類問題需要有真知灼見才行，馬虎不得，因為善的生活和惡的生活的區別是一個非同尋常的問題。

克拉根：是的。

蘇格拉底：我們用比喻的方式吧，這或許會說得更加明白些。

克拉根：請講！

蘇格拉底：極其富裕的人和僭主是很相似的，因為他也有很多奴隸，只是兩者在數量上有所差別。

克拉根：沒錯。

蘇格拉底：你覺得他們會安心地過日子，不害怕自己的奴隸嗎？

克拉根：怕什麼呢？

蘇格拉底：是的，不需要怕，但你知道他們為什麼不害怕嗎？

克拉根：沒有其他的，國家有保護人民的職責。

蘇格拉底：是的，但假設有一個富貴之人，他擁有五十個奴隸，

神明用神力把他和他的家人、財產以及奴隸移到一個荒無人煙的地方那裡，國家的力量尚不能觸及，又沒有同道之人的幫助，你說他會不會很恐慌，擔心自己和家人會被奴隸給消滅了？

克拉根：肯定會擔心。

蘇格拉底：在這個時候，他肯定會跟奴隸周旋，做出種種違心的舉動，許諾會給奴隸們自由和幸福，總之，他會變得去巴結起自己的奴隸來。

克拉根：是的，只有這樣他或許可以避免奴隸起來造反。

蘇格拉底：假設神明又給他帶來很多鄰居，但是這些鄰居卻不容許有人去奴役他人的行為，如果有人這麼做了，並且被他們給抓住了，那麼此人會必死無疑。

克拉根：如果這樣，他的境遇會更加難堪，他的周圍全是敵人。

蘇格拉底：這些被戀愛式激情所主宰的富人不正是處於這樣一種境地嗎？他們內心充滿各種欲望和恐懼，終身深居簡出，不敢輕裝出行，只能眼睜睜地看著他人出遊，暗自嫉妒他人的自由。

克拉根：確實是這樣。

蘇格拉底：這樣的人不就是我們說的最不幸的僭主式人物嗎？假如這樣的人不能做平民，卻要做一國的專制暴君，你說他的境況不會更加糟糕嗎？他自己都不能主宰自己，卻要去主宰他人，這不等於要強迫一個病人去打仗嗎？

克拉根：這個比喻甚是貼切。

蘇格拉底：這不就是最不幸和最可憐的人嗎？具有這樣性格，又處在這樣境地中的人，比起你剛才說的最可憐的人，不是更加可憐嗎？

克拉根：是的。

蘇格拉底：因此，真正的僭主暴君實際上卻是一個真正的奴隸。他使用最奸猾的手段奴役他人的時候，同時又用阿諛奉承的手段巴結他人，有時候對那些最惡的人極其尊重，再加上他那無底洞

的欲望，所以整天是惴惴不安，沒有一刻是釋懷的，因此，仔細說來，他實在是世間最不幸和最痛苦的人。

克拉根：說得很有道理。

蘇格拉底：不僅如此，我們之前說過他一旦執政，權力會使他的靈魂更加邪惡，更加嫉妒，更不忠實不可靠，更不正義，更不可交往，城邦中的一切壞事情會隨之不斷擴大和增加，其結果是使其他人也變得像他這樣悲慘可憐。

克拉根：我想，有識之士肯定不會反對你的話。

蘇格拉底：那麼，讓你來做評判員，按照你的意思評比一下這五種人中誰是最幸福，誰是其次，誰是最不幸福，他們依次為賢人型、軍閥型、寡頭型、平民型、僭主型人物，現在就請你做最後的一個裁判。

克拉根：這個不難，他的好壞就依照它的排列順序即可，幸福與不幸福則可以根據善德和惡習的比例就可以做出判斷。

蘇格拉底：那麼我們是否可以對眾人說「哀理斯敦的兒子（克拉根）已經判定最善和最正義者是這個世界上最幸福的人，他最有學識，又最能自制，因此，他也是最有王者之氣。最惡和最不正義者是這個世界上最不幸的人，他是一個十足的暴君，其一切行為都被自身的欲望激情所主宰。」我們是雇傳令官來宣佈，還是由我來宣佈呢？

克拉根：還是你來宣佈吧！

蘇格拉底：你看能不能加上這麼一句：「他們的行為不管是否被神明所覺察，其善與惡、幸與不幸的結論始終是不會因此而改變的。」

克拉根：可以，加上去吧！

蘇格拉底：這是我們的一個證明之一。此外，還有一個需要我們去證明，這個問題同樣具有研究的價值和意義。

克拉根：什麼證明？

蘇格拉底：第二個證明與人心靈有關，我們不是已經將人的心靈分為三部分了嗎？在這三部分劃分的基礎上，我們可以得出一個新的結論。

克拉根：什麼結論？

蘇格拉底：在我看來，這三部分對應於三種快樂、三種欲望和三種統治權力。

克拉根：你說的是什麼意思？

蘇格拉底：我們不說，這三部分有一部分是學習的能力，有一部分是發怒的能力，另外一部分由於性質比較複雜還沒有給予命名，但人們都是以欲望來稱呼這一部分。它包含了飲食以及各種欲望在內，人們都認為這一欲望的滿足手段是金錢，所以又以「愛財」來稱呼它。

克拉根：沒錯。

蘇格拉底：所以第三種快樂是依賴於對金錢欲的滿足，那麼我們以「貪得」或「貪財」作為第三部分的稱謂似乎也可以。

克拉根：我也這麼認為。

蘇格拉底：第二部分的全部能事不就是主宰、跟他人爭勝，以及獲取榮譽嗎？

克拉根：是的。

蘇格拉底：那麼，我們是不是可以稱它為「爭勝」或「好勝」呢？

克拉根：非常恰當。

蘇格拉底：學習能力那部分則專注於對知識和真理的追求，在這三部分中它是最不關心名譽和財產的。

克拉根：確實。

蘇格拉底：那麼我們用「好學」或「愛智慧」來稱呼第一部分不是更恰當嗎？

克拉根：再貼切不過了。

蘇格拉底：但是人的天性都不一樣，有的偏重於第一部分，有的偏重於第二部分，有的則偏重於第三部分。

克拉根：是的。

蘇格拉底：所以，我們假定有三類人，即愛智者、好名者、好利者。

克拉根：可以的。

蘇格拉底：那麼這裡必然會有三種快樂是這三類人的追求。

克拉根：這是必然的。

蘇格拉底：如果你仔細觀察這三類人，問他們怎樣的生活是最幸福的，你會發現他們都會貶低他人的生活境況，稱頌自己的生活方式是最幸福的生活。例如，好利的人必定會誇讚金錢的效力，而認為學問榮譽是虛無縹緲之事，根本比不上金錢來得實在。

克拉根：他們確實會這麼認為。

蘇格拉底：那麼好名者會怎麼認為呢？難道他不會認為金錢所得到的快樂是可恥的嗎？同時，他還不會認為學問上的快樂是微不足道的嗎？

克拉根：他們當然會這麼認為。

蘇格拉底：只有哲學家不會將這兩者作為快樂的追求，他們畢生追求的是學問和真理，並以此為快樂。在他們看來，金錢和榮譽上的快樂是沒有價值的，對此，他們也不屑一顧。

克拉根：確實是這樣。

蘇格拉底：然而，關於這三種生活的性質還在爭論中，至今還沒有一個公認的看法，所以我們今天不是要解決哪種生活是最善的，哪種生活是最惡的，或者哪種是可敬的，哪種是可恥的，而是要判斷出哪種生活是較快樂、超越了痛苦的。在這三種生活的爭論中，你認為誰是最正確的呢？我們又如何斷定它呢？

克拉根：我確實說不上來。

蘇格拉底：我們當以什麼作為判斷的標準呢？難道經驗、學

理想國 The Republic

識、推理不是最可靠、最好的標準嗎？

克拉根：這是肯定的。

蘇格拉底：我們想一想，哪一種人對這三種快樂最有經驗，好利者有過學問和真理上的快樂經驗嗎？哲學家有過金錢上的快樂經驗嗎？

克拉根：能夠在這兩者上都擁有快樂的經驗只有哲學家了。因為哲學家小時候自然免不了有金錢上的快樂，但是好利者沒有追求學問的必要，所以他在學問和真理方面是沒有經驗的，甚至他的一生都沒有體驗過學理論辨上所獲得的快樂。

蘇格拉底：所以，愛智者比好利者在快樂的經驗上高明得多，因為他體驗過這兩方面的快樂，而好利者沒有，對嗎？

克拉根：是的。

蘇格拉底：那哲學家在名利、榮譽上也有過快樂的體驗嗎？

克拉根：既然這三種生活各有各的追求目標，那麼肯定會有各自的崇拜者，所以在名利和榮譽上各自都還有自己的經驗，但是在追求知識和真理的快樂上，除了哲學家之外，就沒有其他人了。

蘇格拉底：那麼，既然哲學傢俱有這三方面的經驗，那他在評判能力上也要比其他人要高明，對嗎？

克拉根：是的，遠勝於其他人。

蘇格拉底：而且他是唯一能夠將知識和經驗結合在一起的人，對嗎？

克拉根：是的。

蘇格拉底：所以評判的能力不是好名者和好利者所擁有的，只有愛智慧的哲學家才具有。

克拉根：你說的是什麼？

蘇格拉底：評判要以推理為前提，只有在推理的基礎上評判才能得以有效進行，而這種能力只有哲學家才具有，難道不是嗎？

克拉根：是的。

蘇格拉底：所以，推理是哲學家的一個有效的手段，對嗎？

克拉根：是的。

蘇格拉底：如果以金錢作為評判的最好標準，那麼愛利者所追逐的會是最真實的。

克拉根：是的。

蘇格拉底：如果以榮譽、好勝或勇敢作為評判標準，那麼好勝者所追逐的會是最真實的。

克拉根：是的。

蘇格拉底：那麼，以經驗、學識和推理作為標準，哲學家所追求的快樂會是三者中最得當和最真實的，因為它都包含了前兩部分，而前兩部分卻不包含這部分。

克拉根：是的，這是推理的結果。

蘇格拉底：那麼，是不是可以說，在剛才所說的三部分中，只有愛智慧那部分是三種中最快樂的，人的靈魂中如果這一部分佔據主要位置，那麼他的生活是最幸福、最快樂的呢？

克拉根：有什麼不可以？具有學識的人是最有評判力度的，他說自己的生活是最快樂的，大家都能相信他說的是真的。

蘇格拉底：那麼誰是緊隨其後的呢？

克拉根：顯然是軍人或者愛榮譽的人，因為這種人生活更接近於第一種人。

蘇格拉底：那麼，排在最後的就是好利者，對嗎？

克拉根：沒錯。

蘇格拉底：正義者已經兩次擊敗過不正義者，這是第三次交鋒了。現在讓我們看看第三次交鋒的結果如何。我曾聽智慧者說過，「除哲學家的快樂外，其他的快樂都不是正當的快樂，哲學家的快樂才是真的大快樂，我們的快樂都是其影子而已。」如果這句話是對的，那麼不正義者的失敗將會是難以挽回的了。

克拉根：是的，但還是請你仔細說來。

蘇格拉底：如果在我問你問題的時候，你能回答我的話，我就慢慢說來。

克拉根：沒問題。

蘇格拉底：快樂是不是痛苦的對立面呢？

克拉根：是的。

蘇格拉底：那麼，你知道人在生病的時候，會說什麼呢？

克拉根：你認為呢？

蘇格拉底：肯定會說，人生最大的快樂莫過於健健康康地活著，雖然在他還沒有生病的時候不覺得這也是一種快樂。

克拉根：你說得一點兒也沒錯。

蘇格拉底：身處痛苦之中的人，他會說沒有什麼快樂比沒有痛苦更加快樂的了，你有聽說過嗎？

克拉根：經常聽到。

蘇格拉底：這樣的事例非常多，人不幸被疾病所困擾的時候，便會將消滅痛苦視為人生的最大快樂，而實際上，不痛苦、不生病只不過是中間狀態，無所謂快樂不快樂。

克拉根：你說得沒錯，人只有在痛苦之中，才會認為免去痛苦是最快樂的事。

蘇格拉底：那麼，當一個人身處快樂之中的時候，突然失去了快樂，這不也會被認為是一件很痛苦的事嗎？

克拉根：是的。

蘇格拉底：那麼，不痛苦、不快樂的中間狀態，即會被人們視為是快樂的，又會被視為是痛苦的，對嗎？

克拉根：沒錯。

蘇格拉底：那麼，不快樂、不痛苦的中間狀態能夠成為真的快樂和真的痛苦嗎？

克拉根：這是不可能的。

蘇格拉底：快樂和痛苦都是感官刺激上的感受，對嗎？

克拉根：是的。

蘇格拉底：我們之前說的無病和無痛實則是中間狀態，無所謂什麼刺激。

克拉根：對。

蘇格拉底：那麼，怎麼可以以不痛苦為快樂，以不快樂為痛苦呢？

克拉根：你說的對，這是不可以的。

蘇格拉底：其實這只是形式上的快樂和痛苦，實際上不是真的快樂和真的痛苦。換言之，不痛苦與痛苦比，則不痛苦者要比痛苦者快樂，不快樂與快樂比，則不快樂者要比快樂的人痛苦。但是，跟真正的痛苦和快樂一比較的話，真偽自然就出來了。

克拉根：你說得一點也沒錯。

蘇格拉底：如果你看一下不痛苦之後的那種快樂，你就不會說不痛苦就是快樂，不快樂就是痛苦了。

克拉根：那是哪種快樂，從什麼地方可以得到？

蘇格拉底：這種快樂很多，就以我們聞到的香氣為例子吧！聞香味確實也是一種快樂的享受，但是肯定不是先要痛苦下，然後才可以，它是突然地來，突然地去，去後也不會給人留下痛苦，對吧？

克拉根：確實。

蘇格拉底：所以，對於不痛苦即快樂，不快樂即痛苦的觀點，是萬萬站不住腳的。

克拉根：是的。

蘇格拉底：然而，人們卻將身體傳遞到心靈的快樂視為最大的快樂，而事實上那不是快樂，只不過是免於痛苦而已。

克拉根：沒錯。

蘇格拉底：人如若以此為快樂的話，那麼他對將來所期望的快樂，也就是這種快樂。

克拉根：是的。

蘇格拉底：我再用假設來說明，怎麼樣？

克拉根：好的。

蘇格拉底：假設自然有上、中、下三級劃分，從下到中，肯定是認為自己上升了，假如這個時候他沒有看到最高級，他不會就此認為自己已經處於最高級了嗎？

克拉根：必然會是這樣。

蘇格拉底：假如他從中下降到了下級，他不會認為自己是由上級下降到了下級嗎？

克拉根：肯定的。

蘇格拉底：這難道不是由於他沒有真正明白上級、中級、下級的區分嗎？

克拉根：是的。

蘇格拉底：然而沒有體驗過真理的人，對事情的理解經常是處於誤解的狀態，所以他們對快樂與痛苦的誤解也就不足為怪了。他們一到不順的時候，便覺得痛苦，當從痛苦中出來，處於中間狀態時，便覺得這是最大的快樂。因此，他們根本就不知道什麼是真正的快樂，所以他們才會將痛苦與不痛苦來做比較，這何異於拿灰色跟黑色做比較，然後認為灰即白？你認為我說得對嗎？

克拉根：我也是這麼認為。

蘇格拉底：我再從另一個角度來加以解釋。饑渴等不是身體的一種空缺表現嗎？

克拉根：是的。

蘇格拉底：無知與愚笨不也是靈魂的一種空缺嗎？

克拉根：確實是。

蘇格拉底：食料與學問不就可以填補二則的空缺嗎？

克拉根：沒錯。

蘇格拉底：肉體與靈魂比哪一個更有價值？

克拉根：當然是靈魂。

蘇格拉底：那麼，由此看來，補足靈魂上的空缺所帶來的快樂才是真正的快樂，如果僅僅是補足肉體上的空缺那不是真正的快樂，因為那只是暫時的、可變的。

克拉根：確實如此。

蘇格拉底：人如果不明白這個道理，放棄高尚的道德追求，僅僅熱衷於酒肉飲食樂趣的追逐，那不就是徘徊於中、下二級，不知道還有更高尚的一級嗎？等他到了中級之後，就覺得自己已經到達了最高級，於是就自足自樂，沒有一絲的進取心，這種情形與走獸有什麼區別呢？沉溺於酒肉，並以此為樂事，這就像牛羊低頭在草地上吃草，吃飽了就滿足了，如果還因此起了爭端，不就像走獸之間為爭奪食物而激戰嗎？

克拉根：你描述得真是惟妙惟肖啊！

蘇格拉底：一味地追逐肉體的快樂，不知真正的快樂是什麼，其結果便會帶來其他更多的肉慾，其行為和舉動必定會進入瘋狂。

克拉根：這樣下去必然會如此。

蘇格拉底：愛好榮譽和名聲，卻不知道真正快樂為何物的人不也是一樣嗎？

克拉根：是的。

蘇格拉底：所以，我們可以相信，凡是好名和好利的人，只有在遵循知識和推理的引導下方能得到真正的快樂。

克拉根：是的。

蘇格拉底：只有在愛智的指引下，各個部分才能各得所宜，各盡其職，那麼最高的快樂就自然會到來。

克拉根：一點也沒錯。

蘇格拉底：如果靈魂不幸地被愛名或愛利部分所主宰，那麼真正的快樂便會遠離，其所得到的只是快樂的影像。

克拉根：是的。

蘇格拉底：那麼，是不是離開學理越遠，其所獲得的快樂就越

理想國The Republic

怪誕，越不真實呢？

克拉根：沒錯。

蘇格拉底：離學理最遠的，不就是離法律和秩序最遠的嗎？

克拉根：是的，這是很顯然的。

蘇格拉底：離法律和秩序最遠的不就是沉溺於酒肉的欲望和僭主暴君的欲望嗎？

克拉根：沒錯。

蘇格拉底：與之最近的不就是哲學家或賢人的欲望嗎？

克拉根：是的。

蘇格拉底：既然如此，僭主暴君必定為過得最不快樂的，哲學家或賢人必定是過得最快樂的，對嗎？

克拉根：對。

蘇格拉底：你知道兩者之間的差距有多大嗎？

克拉根：有多大？

蘇格拉底：快樂有三類，一類是真的，另外兩類是假的。僭主暴君所謂的快樂實際上是虛假的快樂，因為他離開法律和秩序太久了。想要知道暴君的快樂在多大程度上比不上賢人王者的快樂，需要借用數字來說明。

克拉根：願聞其詳。

蘇格拉底：僭主專制在寡頭政治後的第三級，中間隔了個平民政治，對嗎？

克拉根：對。

蘇格拉底：如果這樣，那麼專制暴君的快樂比寡頭的快樂少了三倍，對嗎？

克拉根：沒錯。

蘇格拉底：而寡頭政治是在賢人政治後的第三級，對不？

克拉根：是的。

蘇格拉底：那麼專制暴君和賢人王者的快樂相差的數目便是三

乘以三，整整差了九級。

克拉根：這已經是很明顯的了。

蘇格拉底：這還只是平面上的資料，假設暴君所得到的是一，寡頭所得到的是三，賢人王者所得到的是九，然後將其拉成立方體，那麼其間的差距將會是更大的。

克拉根：是的，這對於算術家來說一眼就能明白。

蘇格拉底：這樣經過三次方的計算後，賢人王者的生活快樂要比僭主暴君多出七百倍，或者也可以說，僭主暴君的生活比賢人王者痛苦七百倍。

克拉根：哇！這兩者的差距真是天壤之別啊！如此說來，正義與不正義，快樂與痛苦的差距也有這麼大了。

蘇格拉底：是的，正義者所得到的快樂，要遠遠勝過不正義者所得到的快樂，而且在道德學識上更是不用說了。

克拉根：是的。

蘇格拉底：我們的討論到了這裡是該回到我們之前所討論的問題上來了。之前有人說，人能夠在正義的名義下行不正義的事，這對於不正義來說完全是有利的，對嗎？

克拉根：沒錯，之前是這麼說的。

蘇格拉底：既然我們於正義與不正義的性質和效果上取得了一致的看法，那麼我們現在就要與這一觀點的提倡者談一談了。

克拉根：應該怎麼跟他討論？

蘇格拉底：我們應該在他面前樹立一個雕像，讓他不會忘記其之前所說的是什麼。

克拉根：什麼雕像？

蘇格拉底：理想中的一個雕像，唯有如鬼神傳說中身兼無數性格的才可以，如滿拉⑦⓪、雪拉⑦①、賽盤⑦②便是。

⑦⓪荷馬史詩《伊利亞特》一獅頭羊身蛇尾的怪物，能噴火。

⑦①荷馬史詩《奧德賽》中的海怪名。

⑫赫西俄德《奧德賽》中一守衛地府的狗，蛇尾，三頭。

克拉根：是有這些傳說。

蘇格拉底：要使這個雕像得以成立，它必須是一個多頭的怪獸，頭有多少個可以自如地增減，並且其中有溫順的，也有兇悍的。

克拉根：即使是能工巧匠也難以雕出這麼一個相像，但是文字是比蠟還容易塑造的材料，瞬間就能完成。

蘇格拉底：此外，還需要再建一個獅子的雕像和人的雕像，第二個雕像要比第一個小，第三個要比第二個小。

克拉根：這個更容易了，我已經為你準備好了。

蘇格拉底：然後將這三者合在一起，變成一個雕像。

克拉根：好的，就依你所言。

蘇格拉底：然後，再給予人的裝飾和外表，使它具有人形，只使其能夠看到外表，但不能看到裡面，不會發覺其有獸類的痕跡。

克拉根：也造好了。

蘇格拉底：於是，我們可以對持執行不正義之事是有益，行正義之事是徒勞的觀點的人做出這樣的回答：「按照你這樣的說法，一方面要放縱多頭怪獸和強悍之獅，另一方面要拋棄人性，這對於他是有益的。這樣子，第三者（人）的命運會掌握在多頭獸和獅子之手，而不能調節和約束它們之間和睦相處，反而使他們相互殘殺，最後都同歸於盡。」

克拉根：這正是贊成不正義者的後果。

蘇格拉底：贊成正義說的必定是與此相反，他會讓這個人像的內部人性控制整個人，管好多頭獸的一舉一動，就像農夫管理好他的禾苗，將好的培養起來，不好的鋤掉，他還會將強悍的獅子引導為自己的助手，以備不時之需。如此，三部分才和諧一致，相互協調，然後才會有莫大的利益。

克拉根：這正是贊成正義說者的意思。

蘇格拉底：由此可見，贊成正義說者是有道理的，贊成不正義

說者絕對是站不住腳的，因為無論從快樂或榮譽，還是利益方面來說，它都不佔優勢，倒處處顯示出正義的應有力量。

克拉根：你說得一點兒也沒有錯。

蘇格拉底：我們要對贊成不正義說者給予理論上的引導，因為他們也不是故意污衊正義，我們應該要這樣問：「親愛的朋友，你難道不認為使獸性服從人性是一件可敬之事，而使人性服從獸性不是一件可恥之事嗎？」我想他們不得不說：「是的。」

克拉根：這當然是沒有說「不」的道理。

蘇格拉底：等他們承認了這一點後，就可以進一步問他們：「假如有人因為貪欲，使他人性中最善的那一部分被罪惡的那一部分所奴役，你覺得這對他會有什麼益處呢？換言之，有人將自己心愛的女兒賣給一個最惡的人為奴，即使其價格再高，也不會有人說這是一種獲利的行為。我想，人要不是到了喪心病狂的地步，是絕對不會認為這是一種獲利的行為，難道不是嗎？」

克拉根：我可以代他回答：「絕對是的」。

蘇格拉底：無節制的人自古就受到世人的輕視，這不就是因為放縱內心多頭獸的結果嗎？

克拉根：顯然是的。

蘇格拉底：傲慢暴躁的人也同樣被世人所輕視，這不就是因為不能管理好內心強悍獅子的結果嗎？

克拉根：沒錯。

蘇格拉底：奢侈與萎靡不振也不為世人所器重，這不就是兩者都會使人變成膽小的無用之人嗎？

克拉根：一點兒也沒錯。

蘇格拉底：假如有人使自己內心的獅性，即激情，服從於多頭獸性，人們不會說他是一個卑鄙無恥之徒嗎？如果因為對金錢和財富的貪求從小就磨滅了他的獅性，而以阿諛奉承為能事，那麼他長大後不就從一頭獅子變成了一隻猴子了嗎？

克拉根：那當然。

蘇格拉底：人們之所以認為暴躁和卑鄙是可恥的就是因為這個緣故。這兩者都是在人內心最善那一部分最薄弱的時候，才會被激發，但一旦被激發出來，人就不能很好地約束和克制內心的各個部分，只能俯首聽從多頭獸和強悍獅子的調遣。

克拉根：這是勢所必然的了。

蘇格拉底：人如果能夠被內心最善那部分所約束，就是服從內心最高的智慧。奴隸就應該成為這種人的下屬，因為如此，奴隸所服從的不是他人而是神聖的智慧。如果不能，則要從外部透過權力來加強了，使他們能夠獲得相等同的管理，只有這樣人才能夠受到同等的對待，真正地享受到自由和平等。

克拉根：說得很對。

蘇格拉底：國家之所以需要法律就是這個原因，只有依賴於法律，依法治國，國家才能得以完善地運行。大人管理小孩，不能放任自流，必須使其受到善的教育，明白公民應有的義務和權利後，才可以讓他自由活動，這也是因為這個緣故。

克拉根：法律的使命就在於此。

蘇格拉底：那麼，還有什麼方法可以證明，人會因不正義、不節制或其他卑鄙的行為獲得好處呢？雖然這些行為或許能夠使一個人變得富有，但最終卻會淪為一個卑賤的無恥之徒。

克拉根：是的，沒有什麼可以證明的了。

蘇格拉底：假如一個人做壞事沒有被發現，沒有獲得應有的懲罰，這有什麼好處呢？他只會因此變得越來越壞，只有已經被發現，並受到懲罰的人才會認識到自己的惡，如此，他內心善的部分才能被恢復過來。這種善的恢復比身體的力道和美觀的恢復要寶貴得多，因為人的心靈要比人的肉體寶貴得多。

克拉根：是的，說得很對。

蘇格拉底：因此，有理智的人應當盡一切努力恢復自己心中固

有的善。首先，要從學習關於善的學問開始。

克拉根：沒錯。

蘇格拉底：其次，要留意自己身體上的進步，之所以如此，並不是因為想透過體育鍛鍊來獲得快樂，體育始終是處於第二的位置，之所以這麼做，是因為透過體育的訓練使自己能夠擁有一個強健的體格，從而避免身體的靈性被其他事物奴役和牽制。

克拉根：有理智的人必須這麼做。

蘇格拉底：在追求財富上，他一定要走正義的道路，不要被世上虛榮和不義之財所誘惑，也不要多聚集無用的財物，免得自己害了自己。

克拉根：是的，他肯定不會這樣做的。

蘇格拉底：他還要常常自省內心是否受到誘惑的干擾，是否和諧，因為我們常常看到財富多了或少了都會導致內心各部分之間分裂，因此，他必須節制自己的財產，不能使其過多，也不能太少，從而避免受到金錢的牽制。

克拉根：是的，應該這樣。

蘇格拉底：在榮譽上，凡是對人格有完善作用的就去接受，而起到反作用的，則不論是公，還是私，都要一概不理。

克拉根：這樣說來，他是不願意從事政治了。

蘇格拉底：不是的。如果是在與自身人格相類似的國家中，他是願意從政的，但是在自己出生的這個國家，就不一定了。

克拉根：我知道你說的是什麼意思。你的意思是說他會願意在我們所建立的理想國中從事政治，但那只是理想中的國家，而現實中不一定有這樣的國家，對吧？

蘇格拉底：也許天上建有這個國家的模型，只要有意願見到這種國家的人，自然會見到，只是在這個世上到底有沒有，那是無關緊要的。

克拉根：我也這麼認為。

第十卷 生活的酬報

蘇格拉底：我回想我們理想國中的各種優點，令我覺得非常滿意的是取締了詩歌的做法。

克拉根：你指的是哪種詩歌啊？

蘇格拉底：就是指模仿類的詩歌。我們現在已經明白了心靈的各個部分，就越加覺得這類詩歌非取締不可。

克拉根：你說的是什麼意思啊，還請你仔細說來。

蘇格拉底：我就直白地告訴你吧，但你不要洩露出去而讓這類詩人聽到。我之所以排斥這類詩歌，是因為這類詩歌對於不明白模仿性質是什麼的讀者或聽眾來說是有害的。

克拉根：請你說得再仔細些！

蘇格拉底：好的。雖然我小時候也十分崇拜花滿，他是這類詩人中的典型代表，但是今天要指責他，真的是難以說出口啊。然而我不能因為個人的愛好而不顧及真理，因此，我也就大膽地說了。

克拉根：對極了。

蘇格拉底：那麼，你是聽我說，還是回答我的問題更好些？

克拉根：你只管問吧！

蘇格拉底：我不知道模仿是什麼，你能告訴我嗎？

克拉根：這我就更不知道了。

蘇格拉底：有什麼不可以的，視力差的人比視力好的人看事物看得更加清楚，也是常有的事情。

克拉根：這話倒不假，但是在你面前我即使有意見想要說也說不來，也不是我一下能夠說清楚的，所以你還是問你自己比較好。

蘇格拉底：那我們就按照老規矩，一起來討論吧！相類似的事物都會在人的心中形成相類似的一個觀念，然後我們會用一個普通名稱來概括它，你能明白我的意思嗎？

克拉根：明白。

蘇格拉底：那麼。現在就以通名來舉一個例子，比如有很多類型和樣子的床和桌子，對嗎？

克拉根：是的。

蘇格拉底：但是床和桌子的種類雖然很多，但是他們只有兩個理念來概括它：一個是床的理念；一個是桌子的理念。

克拉根：沒錯。

蘇格拉底：製造床和桌子的工匠只不過是根據人的需求，再依照這兩個理念來創造心中的床和桌子，其他工人使用的物品，也都是如此。但是，工匠只能依照理念來製造東西，但不能製造理念，對嗎？

克拉根：工匠當然不能製造理念啦！

蘇格拉底：此外，還有一個有神一般技術的工匠，你會怎麼看待他？

克拉根：是什麼人？

蘇格拉底：他能夠創造出萬物和一切工匠所能製造的東西。

克拉根：呀！這到底是什麼人啊！

蘇格拉底：請先不要著急，等下你自然就知道了。這個人能夠創造世間一切的東西，包括天、地、天地間的動植物，還有他自身、諸神以及人，總之，天上天下包括冥間的一切，無不出自他的手。

克拉根：這真是一個精通巫術的人了啊！

蘇格拉底：你不相信我的話吧？你不相信世間竟然有這樣的造物者吧？你也不相信你自己也能成為這樣的人吧！你應該知道，從一個方面看來，他確實有這樣的能力，但從另一個方面看，似乎又沒有。

克拉根：我怎麼也能夠可以呢？我不明白你說的話。

蘇格拉底：這很簡單，你如果想做的話方法很多，但最好、最快的辦法莫過於你拿著鏡子四處照，你就能馬上製造出天、地、太陽、人、動物、植物和你自己，剛才所說的一切都在你的鏡子中了。

克拉根：不錯，但這些只不過是影像而已。

蘇格拉底：這就對了，你馬上就能明白我的意思了。畫家所畫的也只不過是事物的影像，對嗎？

克拉根：這還用說嗎？

蘇格拉底：你的意思也就是說，畫家所畫的東西不是真實的事物，對嗎？但是從另一方面看，畫家畫一張床也算是製造了一張床，這也可以說得通，對吧？

克拉根：是的，不過他所製造出來的只是事物的影像，而不是真實的床。

蘇格拉底：那麼製造床的工匠不也是如此嗎？你難道不會說他不能製造床的理念，他所製造的不過是一張特殊有形的床而已？我的意思是說，只有能夠製造理念的人，才能稱得上是真正的造物者。

克拉根：是的，我已經說過了。

蘇格拉底：那麼，既然如此，他必定不能製造出真實的存在，他所製造出來的不過是真實存在的影像，如果有人說工匠製造出來的床和桌子就是床和桌子理念本身，我們就可以斷定，這完全是錯誤的，對嗎？

克拉根：沒錯，無論如何，哲學家是不會承認的。

蘇格拉底：之所以不會承認，是因為他們所製造的事物不是理念本身，而是對理念的模仿，只不過模仿的很像而已，所以他人不承認也是不足為怪的。

克拉根：是的。

蘇格拉底：那麼接下來，我們就可以討論模仿的本質了，看看

誰才是真正的模仿者。

克拉根：洗耳恭聽。

蘇格拉底：我們還是以剛才的事情為例。現在有三張床，一張是自然的床，即天所造的，我的意思是說，除了天之外沒有人能夠造的。

克拉根：好的。

蘇格拉底：第二張床是木工所製造的床。

克拉根：好。

蘇格拉底：最後一張是畫家所畫的床。

克拉根：好。

蘇格拉底：那麼，造這三種床的人分別是天或神、木匠和畫家，對嗎？

克拉根：是的。

蘇格拉底：神只造一張真正的床，絕不會再造第二張真正的床，因為他不想再造。

克拉根：為什麼？

蘇格拉底：因為造了第二張床，必然會有第三張床，那麼第二張和第三張也會有各自的理念，但事物的理念只有一個，不可以有兩個，這是神不造第二張床的原因。

克拉根：有道理。

蘇格拉底：那麼我們稱神是自然的造物主，可以嗎？

克拉根：有什麼不可以的呢？

蘇格拉底：那我們怎麼稱呼木匠呢，他不也是一個製造床的人嗎？

克拉根：是的。

蘇格拉底：那麼畫家也可以稱為製造床的人嗎？

克拉根：這是不可以的。

蘇格拉底：那麼他所畫的床是一種怎麼樣的關係，我們又怎麼

稱謂他呢？

克拉根：我想，稱他是前面兩種床的模仿者應該是沒什麼關係的。

蘇格拉底：非常好，那麼你是把和自然隔著兩層的製造者，即與理念相距三個等級的製造者稱為模仿者，對嗎？

克拉根：是的。

蘇格拉底：因此，模仿類的詩人也是這個毛病，他和真實之間相距三個級別。

克拉根：確實也是這樣。

蘇格拉底：模仿者是誰，我們已經取得一致的意見，那麼畫家所努力模仿的是什麼呢？是自然事物，還是人工所造之物呢？

克拉根：人工所造之物。

蘇格拉底：那他所模仿的是事物的影像呢，還是事物的真實呢？這是你又需要辨別的。

克拉根：不明白你說的意思。

蘇格拉底：人工製造的床，你可以從各個方面來觀察它，正面看，斜面看，或從背面看，它的形狀雖然會不同，但是床還是這張床沒變，對嗎？

克拉根：是的，不同的只是這張床的各個方面的影像，而不是床本身。

蘇格拉底：很好。我想告訴你的是，即畫家所模仿的是事物的實在本身，還是也只不過是從不同角度所獲得的影像呢？也就是說，他所模仿的是理念，還是影像呢？

克拉根：當然是影像了。

蘇格拉底：模仿者所模仿的東西與真實事物本身差得很遠，因為他們看見事物的一小部分就開始模仿，而他們所見的那一小部分，又不過是那小部分的影像。舉個例子來說吧！假如他要畫鞋匠或木匠，或者其他什麼工匠的，他雖然沒有工匠們的技術和知識，

但是他只要是一個擅長於繪畫的，他肯定能夠借助模仿的技藝畫出一幅漂亮的圖畫，來矇騙小孩和頭腦簡單的人，使他們都信以為真。

克拉根：有道理。

蘇格拉底：假如有人說他見到了一個無所不知、無所不能的人，他的技藝和能力都高出別人一等，真的會有人相信他說的話，並且將它告訴其他人嗎？如果有，那麼這個人必定是一個頭腦簡單的人，受到了別人的欺騙。他之所以會被欺騙，是因為他根本不知道真實與模仿的區別。

克拉根：確實沒錯。

蘇格拉底：人們一直都說花滿和他的同類者們無所不知、無所不曉，天上地下的全都熟諳在心。是的，詩人要是沒有這個能耐又如何能夠寫出偉大的作品呢？雖然這種論調由來已久，我們也非常熟悉，但是我們還是要深究一下這個說法是否準確。在我看來，提倡這一說法的人，或者是被他們高超的模仿技藝所蒙蔽，而不知道這類詩人所描繪的東西已經離真實事物本身相去很遠，因為他們描繪的是影像而非真實事物本身；或者，他們所稱頌的詩人是真的，花滿這類詩人是真的無所不知、無所不曉，他們所描繪的是事物真實本身。你說我們是不是應該探究一下這個問題呢？

克拉根：哪能不認真研究一下呢？

蘇格拉底：假如有人既能模仿事物的影像，又能創造事物的真實本身，那麼這個人會將自己的一生奉獻於影像事業，還是會奉獻於真實事物本身呢？

克拉根：當然是真實事物本身。

蘇格拉底：所以，凡是有智慧的技藝家，不是不知道自己所模仿的是什麼。他如果想要以事物本身為目的，而不只是停留在模仿上，他就應該在生前努力創造真實事物，而不是專門去模仿，然後才會有真的製品流傳下來作為其身後的紀念品，而且他不應該以稱

頌他人為能事，而應該使自己成為別人模仿的對象。

克拉根：如果這樣，他就能獲得更大的榮譽和好處。

蘇格拉底：我們不得不問花滿，但我們所問的不是關於醫術等方面的，因為在他的詩中醫術很少提及，所以我們沒有必要去問他，你有像哀司雷畢之那樣用醫術救人嗎，或問你有留下什麼高超的醫術嗎？我們所要問的是關於他在軍事、政治和教育上的見解，因為這幾個方面經常在他的詩歌中出現。我們可以問他：「親愛的花滿，你詩中所謂的善德等與真理是隔著二級，還是三級的距離呢？你知道什麼樣的教育事業和法律能夠使人的生活變好或變壞嗎？如果你真的知道，那麼請你告訴我你在什麼時候有這樣的經驗的？哪個國家受到你的益處了？來雪提孟治理得好，是因為有賴於敢克，其他大小城邦之所以有好的政績，也都是有賴於賢人的輔佐，比如義大利和雪雪來歸功於加倫達，我們國家歸功於雪倫，那麼有哪個國家是因為你或你制定的法律而得以良好發展的呢？又有誰稱讚你是治國賢人呢？」你說花滿他真的能夠回答嗎？

克拉根：我想他肯定是不能的，即使是花滿的崇拜者們也難以回答。

蘇格拉底：那麼，他活著的時候有什麼戰爭是由於他的帶領和運籌帷幄打贏的呢？

克拉根：絕對沒有。

蘇格拉底：那麼，你聽說過他在技藝或生活上有什麼發明，就像哀爾愛奈加塞或其他天資聰明的發明者那樣，發明新的東西造福人民嗎？

克拉根：一項也沒有。

蘇格拉底：既然他沒有服務於公職，那麼他是人們的導師嗎，即在他活著的時候他有建立私人學校，傳授學業，死後有所謂的花滿遺訓流傳後世，就像畢散谷拉那樣？後世人們之所以稱道畢散谷拉，敬重他，是因為他活著的時候，傳業授道，成為人們的楷模，

花滿也是如此的嗎？

克拉根：從未聽說過。你有沒有聽過克里屋弗勒，他是花滿的學生，他在花滿還在世的時候就已經不受人們重視了。

蘇格拉底：是的。你想想看，如果花滿真的能夠教育人們，真的有關於善的知識，而不僅僅只是模仿，肯定會被世人所稱道，會有很多人愛他，敬他，跟他學習，對吧？就連潑洛推各拉與潑洛笛克之輩，登高一呼「你們要想治理好國家，非跟我學不可」，從之者便無數。同樣道理，假設花滿或黑西真的有提高人們善德的能力，那麼人們必然會崇拜他，讓他做自己的導師，無論需要多少學費，他們都不會去計較，即使花滿不願意以教育他人為事業，也不願意逗留於城市，那些樂於跟他學習的人也會跟隨著他，直到得到他的教育為止。你說對嗎？

克拉根：沒錯。

蘇格拉底：然而我從未聽過有這麼愛花滿的人，其中原因已經很明顯，因為此類詩人，都是以模仿為生，與真理無涉，他們所說的善德，只不過是善德的影像，其情形就像我們剛才所論及的畫家一樣，畫家能夠畫出一個很好的鞋匠，但絕對沒有製造鞋的技藝。他只能欺騙那些沒有這方面知識的人，因為他們看圖畫，只是以圖畫顏色和畫工好不好為標準。

克拉根：你說得很對。

蘇格拉底：詩人也是這樣，他們的音韻與辭藻就是畫家所畫出的顏色，對於詩中論及的事物，不過是略有所知，只要夠他模仿就可以了，所以他們所謂的軍事政治和教育上的真理其實與實在本身差得非常遠。人們之所以會那麼容易被其中的東西所感染，那是因為普通人的學識本身就淺，另外就是詩歌擁有動聽的音韻。假如去掉裡面的音樂色彩和光鮮亮麗的辭藻，代之以日常的語言文字，那麼它馬上便會變得平淡無奇，味如嚼蠟，我想你對於這一點也是深有體會的，是吧？

克拉根：是的。

蘇格拉底：這種著作本來就不美，就像是因為年輕而顯得好看的面孔，當青春已經逝去，它也隨之凋落了。

克拉根：確實是這樣。

蘇格拉底：此外，還有一點是我們不可不注意的，即模仿者只看到事物的影像而看不到真實本身，對吧？

克拉根：沒錯。

蘇格拉底：我們應該在這一點上更加進一步地探討，不要以為已經說得差不多了。

克拉根：洗耳恭聽。

蘇格拉底：畫家能畫馬韁和嚼子[73]，對吧？

[73] 嚼子：馬口中所含的鏈狀鐵片，兩端繫上韁繩，以便駕馭馬匹。

克拉根：沒錯。

蘇格拉底：而能夠製造這些東西的是皮匠和銅匠，對吧？

克拉根：是的。

蘇格拉底：你覺得，畫家真的知道馬韁和嚼子怎麼樣才好用和不好用嗎？我認為即使是製造這些東西的人也未必能知道，只有懂得使用它的騎者才知道。

克拉根：確實。

蘇格拉底：其他的事物也無不如此。

克拉根：請說得更詳細些。

蘇格拉底：不論是什麼事物，都有三種技術，即使用技術、製造技術和模仿技術，對吧？

克拉根：是的。

蘇格拉底：每一個事物的好看與否、好用與否以及與人的各種關係，只有使用這個事物的人才知道得最清楚，對吧？

克拉根：對的。

蘇格拉底：所以，只有有經驗的使用者才能指導製造者，改善

器具，告訴他哪裡好，哪裡不好。例如吹笛者就能夠告訴製笛者，如何製造笛子才能最好用，如果製笛者不是極端愚笨的人，肯定會樂於聽從使用者的意見，加以改進自己的製笛技藝。你說對吧？

克拉根：是的。

蘇格拉底：這兩者，一個是能夠報告笛子的好壞，一個能夠聽從他的意見，進行改良。

克拉根：對。

蘇格拉底：製笛者之所以深信他的話，聽從他的建議和要求，是因為製笛者深知他的話是從經驗中來的。

克拉根：的確如此。

蘇格拉底：那麼模仿者需要這方面的經驗，需要聽從意見對其進行改良嗎？他也需要像製造者那樣需要從使用者那裡獲取經驗的真知嗎？

克拉根：都不需要。

蘇格拉底：那麼，模仿者是不知道自己所模仿的作品是好還是壞，他對此是茫然無知的，對嗎？

克拉根：肯定是的。

蘇格拉底：那麼，他對於自己所模仿的東西是不是沒有真知灼見的呢？

克拉根：是的，肯定沒有。

蘇格拉底：然而，即使他不知道自己作品的優劣，對自己所模仿的對象也缺乏真知灼見，但他卻不會因此而放棄模仿事業，因為他覺得群眾說是美的，那就是美的，然後盡力去模仿。

克拉根：他們確實是這樣做的。

蘇格拉底：我們已經一致同意這個觀點：模仿者對自己所模仿的事物是沒有真知灼見的，模仿只能被當作一種遊戲。所以，花滿他們所寫的詩歌，不管是哪種格調都不能有什麼真正的價值，對嗎？

克拉根：確實沒有。

蘇格拉底：模仿者所模仿的東西不是與真實本身隔著三個級別嗎？

克拉根：是的。

蘇格拉底：那麼，模仿應當屬於哪種能力呢？

克拉根：我不理解你的意思。

蘇格拉底：請聽我慢慢說來。眼前的事物看起來總是要比遠處的事物顯得大，即使它們實際上大小是一樣的，對吧？

克拉根：是的。

蘇格拉底：物體在水上，直的就是直的，但是從水裡看，直的變成彎的，凹的會變成凸的，而實際上事物本身是沒有絲毫的變化，這其中也沒有什麼魔術的成分摻雜其中，之所以如此，是因為我們的視線受到了光線的干擾和迷惑。你說對不對？

克拉根：絕對沒錯。

蘇格拉底：所以就有了標準數和度量衡等來彌補人類在某些方面的不足。這是很有價值的，因為有了這些之後，我們就可以精確地識別事物的大小、曲直等，之前的這個問題也就可以得到很好的解決。

克拉根：是的。

蘇格拉底：依據數目來衡量事物，不就是我們心中理性固有的能力之一嗎？

克拉根：沒錯，是我們的理性能力之一。

蘇格拉底：人用眼睛辨別事物的時候，會說看上去哪個大，哪個小，哪個相等，但同時又會出現自相矛盾，如剛才所說的既大又小，既曲又直的現象，這些都是與標準數目度量不一致的。

克拉根：是的。

蘇格拉底：我們已經承認這種矛盾是不可能的，因為人對一事物同時有相反的見解，這是理性中所不存在的。

克拉根：這一點我們已經說過了。

蘇格拉底：那麼，能夠以數目度量為標準來辨別事物的，是心中較善的那部分，不以此為標準的那一部分肯定是較惡的那部分。

克拉根：這是毫無疑問的。

蘇格拉底：這就是我的結論。繪畫和一切模仿藝術遠離事物的真實本身，是屬於心中較惡的那一部分，與真實數目度量相違背，與真理相違背，所以模仿技藝的無價值性和無真理目的性是確鑿無疑的。

克拉根：確實沒錯。

蘇格拉底：換言之，模仿技藝就像是一個無知之婦改嫁於一個無知之人，其所生的孩子也是一個無知者。

克拉根：這個比喻很貼切。

蘇格拉底：這個結論不僅對於看到的事物適用，對我們所聽到的也適用，即繪畫之外的東西，如詩歌等是如此。

克拉根：我想是的。

蘇格拉底：但我們不能如此粗略地就給詩歌下這麼個判斷，我們要仔細查看模仿類的詩歌是屬於人心中的哪一部分，是較善那部分，還是較惡那部分。

克拉根：好的。

蘇格拉底：我們可以這樣說，模仿者模仿人的行為，不論這個人的行為是出於自願的或是不自願的，作為行為的結果必定會有好運或厄運，然後會有相應的歡樂或痛苦。除此之外，還有別的什麼嗎？

克拉根：沒有了。

蘇格拉底：那麼，人在這幾個方面的見解上是始終如一，還是會有相互矛盾的地方，不能得出正確合理的見解呢？看起來，我這是多此一問的，因為我們之前就講過，對同一事物有相反的見解，無時無刻不充滿於我們的心中，所以人對每一物都有相反的看法和

見解不足為怪。

克拉根：是的，這些我們之前就已經知道了。

蘇格拉底：對，但我們還有一點之前遺漏了，沒有提及。

克拉根：哪一點？

蘇格拉底：我們不是說一個優秀的人物如果失去了兒子或其他心愛的人，他所忍受的痛苦不是要比其他人重嗎？

克拉根：是的。

蘇格拉底：難道是他對痛苦沒有知覺，還是他不是不知道痛苦，只不過他在痛苦上有某種節制呢？

克拉根：應該是後者。

蘇格拉底：請你告訴我，他在眾人面前克制內心的痛苦多一點，還是在獨自的時候多一點？

克拉根：當然是前者多一點。

蘇格拉底：那麼，是不是在他獨居的時候，他會掩飾不住內心的悲痛，做出一些自認為是可恥的，因而也不願意被別人聽到或看到的事呢？

克拉根：會的。

蘇格拉底：這時候，他心中的理性和法律會勸其忍受痛苦，而情感則會慫恿他盡量地發洩出來，是嗎？

克拉根：這樣一來，他的內心就會被兩種相反的力量所牽制，一個要他如此，一個要他不要如此，所以他的身上必然存在著兩種不同的行為取向。

克拉根：是的。

蘇格拉底：一種是要他服從理性和法律。

克拉根：這會讓他做什麼？

蘇格拉底：法律和理性會告訴他，人能夠忍受痛苦是最有智慧的行為，因痛苦而失去理智是沒有任何好處的，況且這種事到底是有益，還是有害的，有誰知道呢？世間的快樂和痛苦本來就無足輕

重，人遇到不幸的事不能自持，只不過是需要得到痛苦時所需的幫助。

克拉根：什麼是痛苦時所需的幫助？

蘇格拉底：就是說，人在遇到不幸的事時要平心靜氣，行為舉止要聽從理性的引導，不能被感情所奴役，像小孩子失去了心愛的玩具一樣，號啕大哭，不去思考補救之道。

克拉根：沒錯，這實在是處理痛苦的最佳方式。

蘇格拉底：所以，只有最善的人才能聽從理性的指引，這也是我們之前所講過的。

克拉根：是的。

蘇格拉底：智識低的人往往回憶種種悲苦往事，並耿耿於懷，心中難以釋懷，這是無理性的，也是沒有益處的，它只會使人變得膽小、儒弱。你認為我說的對嗎？

克拉根：一點兒也沒有錯。

蘇格拉底：這種與理性背道而馳的做法，不就給了模仿者無數的模仿材料嗎？內心受理性主導的人頭腦清醒，穩重鎮定，因此難以被模仿，他也不願意到喧鬧的劇場看他人的模仿，也不會把看戲劇當作一件享樂的事情，因為他知道這些演員對於他們所模仿的東西，自身沒有什麼經驗，更沒有什麼真知灼見。

克拉根：沒錯。

蘇格拉底：因此，專門模仿的詩人實際上他所模仿的不是心中最善的那部分，因為它難以被模仿，想依據它來取悅於觀眾也是他們難以辦到的，所以他們只能從事於情感的模仿，因為這一部分暴躁多變，所以也就容易被模仿。

克拉根：你說得太對了。

蘇格拉底：我們把詩人和畫家放在一塊，我想應該是沒有什麼不妥的，因為他們之間有兩點是非常相似的：一是兩者的作品離真實本身很遠；二是兩者服從的都是感情，毫無理性可言。基於此，

我們絕不能讓此輩進入治理良好的國家。他們以製造影像為能事，不能辨別事物的真實大小，只知一味地激發人的情感部分，損害人的理性部分，人們經過他們的蠱惑後，必定會放縱於自己的情感，不受理性的約束。這與國政把持在惡人手裡，導致善人越來越衰弱有什麼區別呢？

克拉根：沒有什麼區別。

蘇格拉底：然而，我還沒有說及詩歌的最大罪狀呢！這個罪狀便是它會腐蝕最優秀的人，很少有人例外，這是一種多麼可怕的邪惡力量啊！

克拉根：如果真的如你所說，那詩歌真是一個罪大惡極的東西。

蘇格拉底：請聽我說來，當我們聽到花滿或某一悲劇詩人在模仿一個不幸的英雄的時候，他會痛哭流涕，捶胸頓足，呼天搶地，即使是我們當中最優秀的人聽了也會被他的這種感情所感染，心生憐憫，讚美這個詩人是多麼優秀的一個詩人。詩歌越是能夠感動人的情感就越能打動人心，人們就會越喜歡它。

克拉根：這是肯定的。

蘇格拉底：但是當人自身遇到不幸的時候，往往會以節制自己悲哀為自豪，並會強作鎮定，盡量忍耐，因為他相信這才是男子漢的作為，過去於詩歌中所聽到的實在是婦人家的行為。這就是詩歌與現實的不同。

克拉根：確實是這樣。

蘇格拉底：所以，人在痛苦的時候有詩歌中所描述的那些行為實在是令人噁心的，我們應該不屑於去模仿，但是現在居然會有那麼多人讚美這種行為，還表示出同情，你覺得有道理嗎？

克拉根：沒有任何道理。

蘇格拉底：但是從另一個方面看，人們會認為這是有道理的。

克拉根：從哪個方面？

　　蘇格拉底：人在悲傷的時候，每當想發洩心中所受的刺激，卻會被理性強制給壓住，淤積在心中，所以在看到他人悲苦的時候，要不是自己的心靈堅決服從理性，肯定會借此發洩自己心中淤積已久的情感。因為，由於自己本來就積壓了悲傷的情感，而這個時候理想常常會變得警惕，所以人在這個時候也就不會像平日裡那樣理性地對待悲苦之事，而且人們覺得因悲傷放縱自己的情感不是一件可恥的事情。所以，即使人在這個時候放縱自己的悲痛之情，人們也會認為他是合理的。有幾個人能明白他人在遇到不幸的時候，自己要鎮定，自己在遇到不幸的時候，他人也要堅忍克制呢？否則，人就會在不知不覺中成了一個放縱悲傷的人。

　　克拉根：你說得一點兒也沒錯！

　　蘇格拉底：喜劇不也是一樣嗎？平時一些滑稽的行為你會認為是可恥的，不值得一顧的，但是當這些行為在劇場的舞臺上出現的時候，或在日常的說笑中聽到的時候，你不會覺得那是一件令人厭惡的事情，即使沒有多少理性在其中，也能給你帶來歡樂。這不是與悲劇的效果一樣嗎？人本來就有愛搞笑的天性，但始終是被理性所克制著，因為擔心會被他人所輕視，所以每次想要表達出來卻始終沒有做出來。然而，現在卻因為看喜劇，認為搞笑是一件很開心的事，不知不覺中自己也就成了一個愛插科打諢的人。

　　克拉根：沒有理性的制約，人確實會放縱自己。

　　蘇格拉底：喜怒哀樂以及一切情感欲望無不如此。人要提高道德修養和快樂，這種種情感應該受到理性的調節，而不能任其自由發展，然而模仿類的詩人不僅不以理性約束情感，反而蠱惑情感，使其越來越放縱，讓理性失去應有的調控作用。

　　克拉根：事實也說明了這一點。

　　蘇格拉底：因此，當你聽到花滿的崇拜者說花滿是希臘的教育者，他詩中所歌頌的東西對人類是大有益處的，人們應該學習它，要將其奉為處世原則的時候，你要尊重這個人，因為說這樣話的

人，不是什麼壞人，而是由於他的水準就只有這麼高。而且，我們也承認花滿是詩歌中的巨擘，是應該受到尊敬的，但是同時我們應該拒絕這類詩歌進入我們的城邦，因為一旦讓其進入，城邦中的公民就會被快樂和悲傷的情感所左右，而不再聽從法律和理性約束。

克拉根：我深有同感。

蘇格拉底：既然我們已經詳盡地說明了這種詩歌的害處，我們應該以此為依據堅決拒絕這種藝術，決不懈怠，但是怕就怕他們責備我們太過於草率了。因此，我們要委婉地告訴他們我們拒絕的理由，然後再跟他們說，哲學和詩歌自古以來就是有勢不兩立的爭吵，有許多詩句可以證明，如什麼「狗向著主人叫」「能說善道哪算才能」等等。我們還要以循循善誘的方式告訴他們，如果你們能證明這類詩歌確實對城邦的治理是有益處的，我們也會很歡迎的，絕不會無故拒絕，因為我們也不是不知道詩歌的美，只不過真理更加重要，不能因自己的所好而背棄真理。克拉根啊，花滿的詩歌藝術著實美麗動人，我想你也是深有領會的，你受其誘惑估計還不下於我呢。

克拉根：一點兒也沒錯啊！我確實非常喜愛他的詩歌。

蘇格拉底：如果他們在詩歌上做了改進，不再與真理背道而馳，那麼我們是不是容許他回來呢？

克拉根：是的。

蘇格拉底：對於崇拜花滿的人我們也要給以自新的機會，他們雖然不一定會詩歌，但是只要能夠用散文的方式申明花滿的詩歌不僅令人感到愉快，而且還能有益於人類，並有確切的證據，那麼我們又何嘗不歡迎呢？

克拉根：沒錯。

蘇格拉底：假如不能做出確證的辯護，那麼我們即使很喜愛它，也要嚴肅地拒絕它，就好像我們看見一件非常喜愛的物品，但取之不義，那麼我們還是要強制地約束自己。我們生活在這樣的

城邦，對花滿的喜愛從小就已經深入腦海，所以在聽他們辯護的時候，一定要注意，要是他的作品不符合真理，我們也不能有些許的寬容之心。唯有如此，或許可以避免像小孩子那樣被甜言蜜語所迷惑。至於為什麼我們要對他們如此嚴格，這一點我們已經說了很多遍了，無非就是這類詩歌與真理背道而馳，十分有害於人心。

克拉根：我同意你的看法。

蘇格拉底：我們這場鬥爭到此不可不謂激烈，它關係到一個人成善，還是成惡的關鍵，因此我們不能被榮譽、權利、金錢以及詩歌所渲染的情感力量所動搖，而始終要將正義與美德放在第一位，這是一件多麼不容易的事啊！

克拉根：你說得沒錯，我相信其他有識之士肯定也會贊成你的看法。

蘇格拉底：但是我們還沒有論及至善美德所應獲得的最大報酬。

克拉根：難道還會比以上所論及的報酬還要大嗎？如果是這樣，這真是不可思議啊！

蘇格拉底：在我們短暫的生命裡，怎麼會有什麼極大的報酬呢？人從生到死的時間怎麼能夠與永恆的時間相比較呢？

克拉根：是的。

蘇格拉底：一個永恆不滅的事物它是與人的生命時間相關呢，還是與永恆的時間相關呢？

克拉根：當然是與永恆時間相關。

蘇格拉底：你知道人的靈魂是永久不滅的嗎？

克拉根（瞪大眼睛望著蘇格拉底）：不不，你難道要這麼主張嗎？

蘇格拉底：是的，這是我所應該主張的，而且你也應該這麼主張。想要證明這個想法是非常容易的。

克拉根：我覺得這不是一件容易的事，你既然這麼認為，那就

請你說來聽聽。

蘇格拉底：請聽我說，物有善、惡之分，對嗎？

克拉根：是的。

蘇格拉底：具有毀滅和腐敗性質的是惡，具有保存和改善性質的是善，對嗎？

克拉根：是的。

蘇格拉底：事物都有善的一面和惡的一面，我想你不會否認這一點吧？比如，眼睛瞎了這是眼睛的惡，也是人身體上的疾病之一；再比如糧食變質、木頭腐爛、鋼鐵生銹等，所以不論是什麼事物，天生會有病或惡，你說對不對？

克拉根：是的。

蘇格拉底：事物在經過惡或病的侵害之後，這個物也會逐漸變成惡，最終導致它的崩潰或覆滅。你認為對嗎？

克拉根：沒錯。

蘇格拉底：那麼，這是惡與該物所具有的關係，即惡能毀滅該物。假如惡不能毀滅一事物，該事物就不會毀滅，因為善當然是不會去毀滅事物的，不善不惡也不會去毀滅事物，對吧？

克拉根：一點也沒錯。

蘇格拉底：那麼你知道有損害人的靈魂的惡嗎？

克拉根：有的啊，而且還很多，比如剛才所討論的不正義、懦弱、無節制、無知都是。

蘇格拉底：你認為這些真的能夠毀滅靈魂嗎？我們不能因為人的不正義行為毀了自己，而得出不正義是毀滅心靈的惡。如果你有這樣的看法，那你就大錯特錯了。我再以身體的例子來說吧！與身體連帶的天生之惡是身體上的疾病，它能夠從內部逐漸侵蝕人的身體，最終使其滅亡，剛才所說的鋼鐵等也都是由於內部特有的惡在起作用。你認為我說的對嗎？

克拉根：是的。

蘇格拉底：那麼我們再來看靈魂是怎麼樣的。不正義和其他的惡是靈魂本身所具有的嗎？它能夠從靈魂內部生出來逐漸毀滅靈魂嗎？靈魂在與不正義接觸後，能被其置於死地嗎？

克拉根：這肯定是不能的。

蘇格拉底：因此，有人說事物不被自身所特有的惡所毀滅，卻能被別的事物的惡所毀滅，這是一個多麼矛盾的說法啊！因為，不論是不正義還是其他的什麼惡，這些都不是靈魂本身的惡。

克拉根：確實有點矛盾。

蘇格拉底：再拿食品來說吧！發黴與腐爛這是食品特有的惡，不能說人需要食品，而就認為人的身體被食品的惡所毀滅，即使人吃了它後，確實生病而死。就當是這樣，這仍然不是由食品的惡來毀滅的，而是被身體特有的惡，即疾病所毀滅的。因此，說食品的惡能夠毀滅人的身體這是我們所萬萬不能同意的。

克拉根：嗯，非常有道理。

蘇格拉底：所以，從這一推理看來，顯然靈魂是不能被其他人的惡所毀滅，也不能被自身肉體的惡所毀滅。

克拉根：沒錯。

蘇格拉底：因此，當有人說靈魂或其他事物不被自身的惡所毀滅，卻能被其他事物的惡所滅，我們應當斷然地給予否認，即使不否認，我們也不能說身體的疾病或刀殺能夠毀滅人的靈魂。人即使被碎屍萬段，靈魂終究是不滅的。如果不能證明靈魂會因肉體的疾病而變得越來越惡，那麼這個說法就難以成立。

克拉根：沒錯，靈魂哪有會因為肉體的疾病而變惡的呢？

蘇格拉底：然而，那些不承認靈魂不滅的人會公然否認我們的主張，他們會說面臨死亡會使靈魂變得更惡、更不正義。如果這個說法是正確的，那麼不正義對人的靈魂是致命的，就好比疾病對於身體，不正義就會成為殺死不正義者的武器。然而事實卻非如此，多行不義者不是因為不正義而死，而是因為他人所施加的懲罰而

死，難道不是嗎？

克拉根：兩者間確實是不同的，如果不正義是不正義者的致死武器，那麼人們也就無須畏懼不正義，因為如果這樣，不正義就是一個能夠除惡的東西。所以我不相信上面的話是正確的，而且在我看來，正好是相反的，不正義只要有權就會殺人，不僅能殺人，而且還能夠使殺人者活著，遠離法律的制裁。

蘇格拉底：你說得太對了。身體中固有的疾病和惡不能殺死靈魂，那麼他物身上的惡又豈能損害靈魂使其滅亡呢？

克拉根：是的。

蘇格拉底：這不就是靈魂不滅的證明嗎？

克拉根：是的。

蘇格拉底：此外，還有一種說法也是沒有根據的，我們千萬不能被其所迷惑，即靈魂的性質是複雜的，且各不相同。

克拉根：你的意思是什麼？

蘇格拉底：我的意思是說，靈魂既然是不滅的，那麼它的結構必定是最完美的，內部必定是單一和諧一致的，而不是由各種複雜的成分所構成。你懂我的意思嗎？

克拉根：現在明白了，你說得很有道理。

蘇格拉底：我們對靈魂不滅這一點的證明已經很透徹，沒有必要將能夠證明它的例證都一一舉出來。但是我們要是想看見靈魂的真相那是不容易的。因為靈魂一直以來被身體或其他的惡所遮蔽，想要看見它，沒有極其敏銳的目光是不行的。為了能夠看清靈魂的真相，我們必須依靠理性，唯有如此我們才能一步步看清它，正義和不正義的真相同時也會顯現得更加清楚。我們現在所謂的普通人的靈魂，就像是海神克拉之像，身體被蔓草所遮蓋，由於時代久遠四肢也不成樣子了，像的底部被海草和蛤類東西所圍繞，所以想要看清它的整個樣子，怎麼可能呢？人的靈魂也是如此，它被數以千百計的惡所遮蔽，我們要想看見它，不格外地用心怎麼可能呢？

克拉根：你說得很對，那麼用什麼方法才能看清它呢？

蘇格拉底：我們應當從愛智慧那部分上來察看，看看它與其相互聯繫的各種美德的關係，並且試著去思考它是否始終能以愛為一切的前提，以一切永恆不滅的美德為輔佐。如果是這樣，那麼它就能脫離苦海，像神像從海裡升起，除去身上所有的髒東西，由此我們就可以看見它的真相，知道它到底是由複雜的成分所構成，還是由單一的成分所構成。遮蓋靈魂真相的那些惡我們已經說得很清楚，這裡就不再複述了。

克拉根：沒錯。

蘇格拉底：該說的我們都已經說過了，只有正義的報酬還沒有提及，這是你所謂花滿和黑西曾論及的部分。在我看來，正義是最有益於靈魂的，無論有沒有古各斯的戒指，我們都應該以正義為嚮導。

克拉根：你說得十分對。

蘇格拉底：我們現在不妨論述正義與其他美德所應獲得的報酬，這些報酬不管多大都是來自於人和神，他們或是生前獲得，或是在死後才獲得。

克拉根：說說看。

蘇格拉底：那麼你之前的那些假設都可以取消了。

克拉根：什麼假設？

蘇格拉底：當初在討論的時候，你假定不正義者像正義，正義者像不正義，雖然你也認為這個不是事實，也瞞不過神和人，但是為了能夠辨別真正的正義與真正的不正義之間的區別，我們還是做出了這個假定，你還記得嗎？

克拉根：是的，我還記得。

蘇格拉底：正義與不正義已經判明，我們應當為正義請求，凡神和人所給予的榮譽以及一切報酬應當一一還給正義，因為我們現在已經證明正義能夠到達真理，不欺騙，也不會辜負以正義為生活

原則的人，所以正義所應得的報酬要悉數歸還，使正義者能夠真正體驗到正義的光榮。

克拉根：你的請求很公正。

蘇格拉底：第一件需要歸還的是正義者與不正義者的性質，這兩者神都非常清楚。

克拉根：是的。

蘇格拉底：這兩者都是神所深知，其中之一是神所愛的，剩下的是神所恨的，難道不是嗎？

克拉根：必然是的。

蘇格拉底：神所愛的以及來自於神的，除了因前世的罪孽受到懲罰外，都是至善至美的，對嗎？

克拉根：是的。

蘇格拉底：那麼，正義者即使貧困，或有疾病，或有患難等，其實這些都是有益於他生前或生後的，因為人行正義實踐的是神的美德，神一定會助佑他。

克拉根：沒錯，人能夠以神為楷模，神肯定是不會拋棄他的。

蘇格拉底：那麼，行不正義之事的人，所得到的結果不就正好相反嗎？

克拉根：這是肯定無疑的。

蘇格拉底：難道這些不是神賜予正義者的勝利獎品嗎？

克拉根：當然是的。

蘇格拉底：他們能得到什麼呢？狡猾的不正義者就是失敗賽跑者，剛開始健步如飛，遠遠超越眾人，過一會兒就因上氣接不上下氣，各種醜態都會出來，這哪能期望他們能夠跑到終點，拿到獎品呢？真正的賽跑者能夠從始至終從不懈怠，所以才能跑到最後，取得勝利。正義者也是如此，他有堅忍不拔的毅力，終生不會被惡的事物所影響，所以才能取得最大的光榮和報酬。

克拉根：確實如此。

蘇格拉底：凡是之前被視為不正義者的好處，現在悉數歸於正義者，因為正義者在年長後要想治理國家就可以治理國家，想要娶誰家的女兒就可以娶誰家的女兒，想要跟誰攀親家就可以跟誰攀親家。而不正義者即使小時候不被多數人所覺察，但是最後沒有一個不被國人和外國人所鄙視的，有的甚至會被鞭撻，被殺害，被拷打，之前你認為正義者所遭受的厄運他們都會嘗到。你覺得我說得對嗎？

克拉根：你說得太對了。

蘇格拉底：這就是神與人所賜給正義者活著的時候的大報酬，正義本身所獲得的報酬還不算在裡面。

克拉根：是的，這些報酬件件都是正當可靠的。

蘇格拉底：然而這些報酬雖然已經夠多的了，但是還是不能和其死後所得的好處相比，因為正義者死後所獲得的報酬要遠遠勝過其生前所得到的一切。我應該跟你詳細地說明，這樣我們對於正義和不正義的問題就有一個徹底的明斷，希望你能靜靜地聽著。

克拉根：好的，這是我最愛的。

蘇格拉底：我給你講個故事吧，但是這個故事不像哀而雪諾的故事那麼簡短，這是一個關於大英雄安的故事。安是屋梅牛的兒子，出生於丕弗樓城邦，他在一次戰爭中不幸被殺死，死後十日屍體被找到，全身還未腐爛，於是家人就將他的屍體運了回去。但在第十二天，當人們正要將他的屍體下葬的時候，他卻突然復活了，而且還跟人們講述了他這十二天在另一個世界的所見所聞。他說，當他的靈魂離開身體後，走了很長一段路，一起上路的有不少人，他們來到了一個很奇妙的地方。這裡地上有兩個孔，相距很近，而天上也有兩個孔，與地上的孔遙遙相對，法官在天地之間坐著，審判每一個來到這裡的人。經過審判後，正義者從右邊的孔升到天上去，不正義者則從左邊的孔降到地下去，每個人的背上都會寫有各自的判決，上面寫著他們生前的所作所為。等他走近後，法官判他

去人世傳遞消息的職務，命令他將這裡所看到的一切轉述給人類。初次判決生效後，他看到鬼魂們紛紛去往右邊天孔和左邊地孔，有的從天空而上，有的從地孔而下，同時也看到有些鬼魂從右邊地孔出來，他們形容憔悴，風塵僕僕，也有一些鬼魂從左邊天孔下來，他們則容貌整潔，面帶微笑。他們像從很遠的地方來，現在欣然來到一片草原，搭起帳篷，像過節一樣。他們之間好多是熟人，見面後都相互寒暄，來自地下的會問天上的情況，來自天上的也問地下的情形。來自地下的述說自己一千年在地下所遭遇的痛苦時（他們來一趟這裡就需要一千年），邊說邊痛哭，那情況真是慘不忍聞啊！來自天上的則述說他在天上所經歷的快樂，聽了令人羨慕不已。克拉根啊，我想把它全都說出來給你聽，但是這需要很長時間，總之，人在活著的時候所犯下的罪，死後每一件會得到十倍的償還。換言之，也就是一百年受罰一次，因為在人間一百年為一世，所以死後在地下一千年受罰十次。例如，有人在生前殘害多條人命，或投敵叛國，或有其他相類似的行為，每一項都要得到十倍的懲罰，同樣的道理，正義者和勇敢者所做的好事也是以十倍的倍數給以報酬。他還講到了出生即死或只活了很短時間的嬰兒，但這些都不重要，就不再複述。他描述說褻瀆神靈、虐待父母、殘害他人這些罪要比其他的罪大一些，其所受到的懲罰也會比其他的罪重。安說有一次他就親耳聽見有人問：「哀提在哪裡啊？」（哀提比安早了整整一千年，他曾是丕弗樓城邦的專制暴君，殺害自己年邁的父親和哥哥，犯了無數大罪。）回答者說：「他沒有來這裡，他也不會來這裡了。」接著這個回答者就講了以下極其恐怖的事。他說，當他看著四周將要出洞的時候，哀提與許多同伴忽然出現，那些同伴生前大都是專制暴君，其他的大都是有相類似的罪惡者。當這些人正要準備出洞的時候，沒想到洞口突然發出了「嗚嗚嗚」吼聲，禁止他們出洞，因為他們還沒有受足應有的懲罰。吼聲出現後，立馬就會有一個面目猙獰的人出現，將他們綁回來，扔到地上，用鞭

子抽打，並將他們扔到荊棘芒刺中拖走，打入地牢，並將他們生前所犯的罪行告訴每一個經過的人。安說這是他們見過的所有事情中最可怕的，當時他們也正好到了洞口，要是萬一也發出吼聲，那遭遇將會和哀提他們一樣。所以，在出洞的時候他們各個惴惴不安，等到出了洞之後，則各個為自己感到慶幸。這就是不正義者為其所犯下的罪惡所受的懲罰，正義者所獲得的報酬則與此相反。在草地住了七天後，第八天他們不得不繼續上路，經過四天後，他們又來到了一個地方。從這個地方可以看見一條光柱，這條光柱從天而降，連接天地兩端，它的顏色像彩虹一樣，只是比彩虹更加明晰和清澈。又過了一會兒，他們來到了光柱下面，看見了整個光柱，它的形狀像布，又像船的橫樑，這是天的樞紐，「需要」桅杆就繫於光柱的上下兩端，世界的循環運動就是圍繞這條杆而進行。杆的尖端是鋼質的，而它的螺環或渦卷部分是銅或其他什麼材質做成的，螺環的形狀跟人間用的差不多，它的中間是空的，凹進去的，空的部分有更小螺環填充，較小部分裡面又有更小的填充，如此一共有八個，就像大小相套的碗。各個環的邊都繫在上端，下端的部分高低相同，呈平面形，光柱就從這碗的中線點穿過。最外面那一個碗最寬，裡面七個都要小一點，它們依次是：第六個、第四個、第八個、第七個、第五個、第三個，剩下的第二個最窄。最外層的邊，顏色也最複雜（應該是恒星），第七個碗的邊最亮（應該是太陽），第八個碗的邊的光亮是第七條邊的反射（應該是月亮），第二個碗的邊與第五個碗的邊的顏色都差不多，但比前面這幾條要黃一些，（應該是土星和水星），第三個碗的邊最白（應該是金星），第四個碗的邊稍微有點紅（應該是火星），第五個碗的邊稍微有點白（應該是木星）。當這七個碗一起轉動的時候，裡面七個向另外一個方向轉，這當中第八個轉得最快，其次是第七個、第六個與第五個，因為這三個是連在一起轉動的，再次是第四個和第三個，最慢的是第二個。這頂桅杆在「需要」的膝上旋轉，而在每一個碗的上半邊

上都會站一個美麗的海女神，口裡唱著歌，與八個碗一起轉動，所以在八個碗轉動的時候會有八個女神同時唱和。此外還有三個女神，各自居於自己的位置，她們之間彼此的距離差不多。她們是「命運」三女神，「需要」的女兒。她們的名字分別叫賴急西、克洛沙和哀出洛伯。她們身穿白色長袍，頭戴花環，與海神女一同唱和。賴急西唱的是過去的事，克洛沙唱的是現在的事，哀出洛伯唱的是將來的事。克洛沙在唱的同時右手轉動螺環的外圈，哀出洛伯則以左手轉動螺環的內圈，而賴急西用左手和右手同時幫著轉動外圈和內圈。

安他們到達這裡後，先要去賴急西這邊，這時候有一個傳遞旨意的神使出來，叫大家排列成隊，然後從賴急西的腿上取下鬮和各種生活模式，放在安他們等人的前面。使者自己登上高臺對大家宣佈：「請聽『需要』的女兒賴急西的神意：你們有重新做人的機會，請看這裡這些都是你們的新生活，你們的命運決定在你們自己的手裡，由你們自己選擇，而非由天來決定。誰拈到第一號，誰就首先選擇自己的命運，其餘的都依照所拈到的號進行。你們所選擇的就是你們來生的生活，美德多少都由自己來選擇，就看你們現在對美德重視到什麼程度了，這與神無涉。」說完之後，他就把鬮撒在他們面前，每個靈魂就近拿起一支鬮，然後打開看看自己的號碼是多少。唯獨安沒有撿，因為神使不允許他撿。接著神使把各種生活模式放在地上，它的數量要比在場的人數多很多，模式種類也無奇不有，有各種動物的生活，有各種人類的生活，其中僭主的生活也是非常完備，有終生在位的，有半途失敗變為極端貧困者的。名人榮譽生活的種類也很多，有以美貌和武力聞名的，有以顯赫的功績和閱歷為後世所稱道的，與此相反，以　名而得名的也有不少。此外，各種婦女的各種生活模式也很完備。與各種命運相關的是金錢上的貧富、身體上的強弱，有些是貧弱混搭一起，有些是富強混搭一起，有時候富強集中於一個人身上，也有處於強弱之間的。克

拉根啊，這時候是一個人最兇險的時刻，不可不萬分小心啊！人在這個時候應該拋棄一切學問，專注於此，以求得辨別善惡的能力。假如自己沒有這個能力，那麼就應當尋師拜友，請求指導，使自己在選擇自己命運的時候，能夠獲得幸福的生活。人們應該將以上各項好好地研究一下，要明白它們對美德會有哪些影響，還要知道每一種生活模式與貧富有什麼關係，與出身貴賤有什麼關係，以及與強弱、愚敏、在野或在朝都有哪些關係，明白它們對美德，對人的幸福都會帶來哪些影響。只有充分理解這些，靈魂的本性也就明白了，自然就能夠斷定什麼是較善的生活，什麼是較惡的生活，以此來選擇自己的命運就不會有什麼錯誤了。所以，凡是使人的靈魂趨於更不正義的生活，便可稱之為較惡的生活；凡是使人的靈魂趨於更正義的生活，便可以稱之為較善的生活。其他的一律不予考慮，因為我們已經知道這種選擇是最好的，不論是在生前還是在死後。對於真理，人們應該抱有一種至死不渝的心，即使是在死後也要如此，這樣到了冥間仍然不會被利祿、權利所迷惑，以免作惡多端害了自己。總之，人應該選擇較善的生活模式，因為這是獲得幸福的唯一道路。神的使者在大家選擇自己的生活模式之前，又說道：「即使你們之中最後選擇的也沒關係，只要他的選擇是謹慎、明智的，照樣能夠在來生獲得快樂的生活。所以第一個選擇的不要輕率，最後選擇的不要氣餒。」話一說完，第一個靈魂上來選了一個最大的僭主暴君生活。這個人大概已經被僭主暴君的奢靡腐爛的生活所迷惑了，在選擇之前沒有多想，沒有看到其中包含了殘害自己親生骨肉的命運。在他選擇完之後，他細想了下，頓時覺得命運淒涼，於是捶胸大哭，怨恨之心油然而生。他已經忘了神使的警告：個人的命運掌握在自己的手裡，是好，是壞，由你自己選擇，選好後就不能怨天尤人。這個靈魂是從天上來的，他的前生是一個良好的公民，但他的善是由他周圍的風俗習慣所養成的，而不是透過學習得來的。凡是做出這樣選擇的靈魂大都是來自天上，他們沒有受

過苦、受過累，而那些來自地下的靈魂已經吃過各種苦，在選擇的時候就不敢再次輕率。正因為這個緣故，大多數善惡會出現相互交換。

安又說，人能夠在活著的時候，埋頭於哲學的學習，而且在輪到他選擇的時候又不是最後一個，那麼不僅他的這一世的生活是幸福的，來生來世也會是幸福的，在人間和冥間的道路都將是平坦的大道。安還告訴我們，有些選擇很奇怪、很可笑，也很可憐，這些選擇大都取決於自己生前所受到的遭遇。他說他曾見過沃非的靈魂選擇了天鵝的生活，因為他生前是被一群婦人害死的，所以他非常痛恨婦女，不願意再被婦女所生。他又看見塞滿拉的靈魂選擇了夜鶯的生活。飛鳥之中也有夜鶯和天鵝等選擇人類的生活。他又看到第十二號靈魂自願選擇了雄獅的生活，他一看原來是阿及克的靈魂，他生前遭遇了不平之事，所以也不願意再做人。接著是哀克孟納，他選擇了雄鷹的生活，原因跟阿及克差不多。選擇進行到一半的時候，輪到了阿脫來思太，她素來羨慕大運動員，所以就選了運動員的生活。下一個是潘諾貝的兒子哀畢，她選擇了身負絕藝的婦人，再接下去是滑稽家算塞，他願投生做猴子。拿到最後一號的是屋笛散，他對生前的事業和野心已經厭倦，所以仔細思考了一下，想要做一個沒有責任的閒人。這種生活模式當時誰也沒有看到，他得到後，欣喜不已，說即使是第一個選擇的人，要是看到了，必定也會選擇它。總之，不僅有人變為動物的，動物變為人的，還有溫馴動物變為兇悍的，兇悍變為溫馴的，也有善人變為惡人，惡人變為善人的，各種各樣的都有，就不一一詳述了。選擇完後，所有的靈魂都按照所拈到的號碼依次來到賴急西面前。賴急西依照每個人自己的選擇一一給予相應的命運，他們的來生就這樣定了下來。接著眾靈魂被帶到克洛沙處，克洛沙在旋轉的螺環中批准了他們的新命運。然後他們再被帶到哀出洛伯處，敲定命運之線，使其在來世之中不可更改。從哀出洛伯處出來後，他們不再從原路返回，而是

經過「需要」的寶座下出去，並於酷熱中，來到了「忘記」平原，這是一處荒廢之地，沒有一寸草，也沒有一棵樹。晚上他們到了「不留意」河畔，這裡的河水無法用瓶子來盛，他們都被要求在這裡喝若干的河水，而沒有智慧的則要喝得更多。喝完之後，所有之前的事情便忘得一乾二淨。在等到夜間休息的時候，突然雷電交加，他們就被均衡地灑向人間，其形狀就像流星灑落一樣。只有安不被允許喝這裡的河水，至於他如何復活過來的，他自己也不知道，只知道在早晨醒來的時候就已經躺在墓地了。

克拉根啊，這個故事流傳至今都還是完備無缺的，如果我們相信它，聽從它的指示，那麼我們也能流傳不滅，安穩地穿過「忘記」平原，我們的靈魂也不會受到任何的玷污。因此，我們要相信天道，以天道為引導，以正義和美德為標準，要相信靈魂是永恆不朽的，它有忍受一切善和惡的能力。唯有如此，我們才能在今生和來生像勝利者領獎時那樣，贏得神人的共同愛戴；也唯有如此，我們才能在現世，以及在將來我們所描述的千年旅途中獲得幸福安樂的生活。

自卑與超越

生命對你意味著什麼

《夢的解析》作者佛洛伊德昔日的愛徒、人本主義心理學之父阿弗雷德·阿德勒帶你積極找尋生命的意義，告訴你自己應該怎樣過好這一生。提高自制力，過自己想要的生活！

阿弗雷德·阿德勒 (奧地利)
Alfred Adler/原著
李青霞/譯者

名家名譯
大師智慧

What Life Should Mean To You

心理學先驅阿弗雷德·阿德勒的巔峰著作
人類個體心理學中最卓越的作品及創始人

精神分析學派代表、個體心理學經典
一部流傳將近百年的心理學暢銷鉅著
全世界近二十多種版本銷售上千萬冊

華志書號：C402：NT260

古斯塔夫‧勒龐 (法)
Gustave Le Bon/原著
吳松林/譯者

本書把心理學的作用帶到了世界的最頂端。
是社會心理學領域中最具影響力的著作。
深刻思考群體行為並意欲有所作為的人們，
都應該閱讀本書。

烏合之眾
大眾心理研究

The Crowd A Study
Of The Popular Mind

名家名譯
大師智慧

心理大師古斯塔夫‧勒龐的巔峰之作
佛洛伊德讚譽為一本當之無愧的名著

一部政治、經濟、管理的心理學經典
一部流傳將近百年的心理學暢銷鉅著
全世界近二十多種版本銷售上千萬冊

華志書號 :C401:NT240

· · · · · · NOTE · · · · ·

NOTE

國家圖書館出版品預行編目資料

理想國 / 柏拉圖 (Ploto) 原著；吳松林，林國敬譯.
-- 初版 . -- 臺北市：華志文化，2018.02
　面；　公分 . -- (世界名家名譯；3)
譯自：The Republic
ISBN 978-986-95996-2-7(平裝)

1. 柏拉圖 (Plato, 427-347 B.C.) 2. 學術思想
141.4　　　　　　　　　　　　　　106024666

系列／世界名家名譯 3
書名／理想國(The Republic)

作　者　柏拉圖(Plato)
執　行　編　輯　楊雅婷
美　術　編　輯　簡煜哲
封　面　設　計　楊雅婷
文　字　校　對　王志強
企　劃　執　行　陳欣欣
　　　　　　　　張淑琴
總　編　輯　黃志中
社　長　楊凱翔
出　版　者　華志文化事業有限公司
電　子　信　箱　huachihbook@yahoo.com.tw
地　址　116 台北市文山區興隆路 4 段 96 巷 3 弄 6 號 4 樓
電　話　02-86637719　FAX:02-86637750
印　製　排　版　辰皓國際出版製作有限公司

總　經　銷　商　旭昇圖書有限公司
地　址　235 新北市中和區中山路二段三五二號二樓
電　話　02-22451480
傳　真　02-22451479
郵　政　劃　撥　戶名：旭昇圖書有限公司（帳號：12935041）

出　版　日　期　西元二○一八年二月初版第一刷
書　　　　　號　C403
版權所有　禁止翻印

Printed In Taiwan

華志文化

華志文化